WALTER HOTZ

# KLEINE KUNSTGESCHICHTE DER DEUTSCHEN BURG

WALTER HOTZ

# KLEINE KUNSTGESCHICHTE DER DEUTSCHEN BURG

1979

WISSENSCHAFTLICHE BUCHGESELLSCHAFT
DARMSTADT

CIP-Kurztitelaufnahme der Deutschen Bibliothek

**Hotz, Walter:**
Kleine Kunstgeschichte der deutschen Burg / Walter Hotz. — 4. Aufl. — Darmstadt: Wissenschaftliche Buchgesellschaft, 1979.
ISBN 3-534-03693-X

Bestellnummer 3693-X

Vierte Auflage 1979

Druck und Einband: Wissenschaftliche Buchgesellschaft, Darmstadt
Printed in Germany
Schrift: Linotype Garamond, 9/11

ISBN 3-534-03693-X

## INHALT

# VORWORT

Einer Kunstgeschichte der deutschen Burg muß es um zweierlei zu tun sein: zum ersten die Form und die in ihr wirksamen Gesetze aufzuzeigen, zum anderen den geschichtlichen Hergang der Entstehung, Entwicklung und Ausbreitung sowie der Zerstörung dieser Gestaltungen zu beschreiben. Sie unterscheidet sich daher sowohl von der Burgenkunde als auch von der Burgengeschichte, sosehr sie sich beiden Gebieten nachbarlich verbunden weiß. Die Anwendung kunstwissenschaftlicher Methoden auf die deutsche Burg als historisches Phänomen führt zu einer neuen Systematik, deren Begriffe eine Ordnung des Stoffes und eine Beurteilung seines Wertgehaltes ermöglichen sollen. Bei der Fülle der Objekte kann das Anliegen dieser „Kleinen Kunstgeschichte“ nur an verhältnismäßig wenigen Beispielen – rund 400 – verdeutlicht werden. Ihnen entspricht die Auswahl der Bilder, der Grundrisse und der Schnitte. Viele Burgen konnten nicht erwähnt werden. Ihre Auslassung ist kein Urteil über ihren künstlerischen Wert.

Die Auswahl aus der umfangreichen Burgenliteratur wurde auf solche Werke, meist jüngeren Datums, beschränkt, deren Aussagen zum Thema wichtig erscheinen. Aber auch der Beitrag des älteren Schrifttums und der vielen kleinen und bescheidenen Veröffentlichungen für die Erforschung und Erhaltung deutscher Burgen wurde nicht verkannt. Einen besonderen Hinweis verdient das große Werk von Bodo Ebhardt „Der Wehrbau Europas im Mittelalter“, dessen reiches Planmaterial die ergiebigste Quelle für die wissenschaftliche Behandlung der Burgen als Bauwerke bildet.

Der Verfasser darf schließlich der Wissenschaftlichen Buchgesellschaft, die eine ursprünglich umfassender geplante Kunstgeschichte der deutschen Burg für diese handliche Ausgabe vorgeschlagen und ihrer Herstellung große Sorgfalt gewidmet hat, insbesondere Herrn Dr. Reinhardt Hootz, seinen geziemenden Dank sagen.

Reinheim/Odenwald, im November 1964 *Dr. Walter Hotz*

# EINLEITUNG: DIE BURG ALS KUNSTWERK

Das deutsche Hauptwort „Burg“ scheint unserem Sprachgefühl mit dem Tätigkeitswort „bergen“ verwandt. Der Begriff deutete also gleich auf die vornehmste Aufgabe einer Burg hin, Menschen und Werte zu schützen. Doch die Anklänge weisen nur die Richtung. Das indogermanische Wort „Burg“ begegnet in Europa zuerst bei den Griechen, die den Turm πύργος nannten. Die Römer übernahmen das Wort zur Bezeichnung eines Wachtturms, „burgus“. Mit diesem antiken Erbe ist auch unser Begriff „Burg“ befrachtet.

Heute spricht man in sehr weitem Sinne von „Burgen“. Man wendet es auf jeden Wehrbau an, der eine sichtbare architektonische Geschlossenheit aufweist. Die in die Erde eingegrabenen Befestigungen der Neuzeit oder einzelne Kampfstände werden nicht als „Burgen“ bezeichnet, dagegen andere Baukomplexe recht verschiedener Art und Zweckhaftigkeit, wenn ihr Erscheinungsbild burgenähnliche Züge besitzt.

Die kunstgeschichtliche Betrachtung des Bauwerks „Burg“ gilt einer bestimmten geschichtlich geprägten Lebensform. Wir verstehen darunter nicht nur einen bewohnbaren Wehrbau oder einen wehrhaften Wohnbau, sondern eine eigentümliche, für ihren Schöpfer, den Adel, repräsentative Bauform. Sie ist stets mehrfunktionell und darum in ihrer Gestalt auch mehrgliedrig. Sie hat zwar ihre Vorläufer und ihre Nachwirkungen, gelegentlich auch Nachzügler, aber ihre entscheidende Prägung erfolgte in den acht Jahrhunderten, die in der deutschen und abendländischen Geschichte durch zwei Herrscherpersönlichkeiten gleichen Namens: Karl den Großen (768–814) und Karl V. (1519–1556) begrenzt wird.

Die Bezeichnungen der Burg, deren sich die Urkunden und Chroniken bedienen, lauten lateinisch: castrum, castellum, arx, turris, munitio, ferner palatium und im weiteren schon die angeschlossene Siedlung einbeziehenden Sinne auch civitas, oppidum oder gar urbs; deutsch: Burg, Haus, Festes Haus, Turm, Stein,

Pfalz, im späten Mittelalter Schloß, Kastell und dann Festung oder Feste (Veste). Diese Begriffe sind auch häufig in den Eigennamen der Burgen enthalten.

Die in den Kämpfen der Völkerwanderungszeit und beim Austrag von Gegensätzen innerhalb der Stämme heranwachsende Führungsschicht, insbesondere der fränkische Adel, hat das nachrömische Europa auf einen neuen Ordnungsgedanken verpflichtet. Diese Staatsform gab sich unter Karl dem Großen als das christlich verstandene Reich zu erkennen. Fortan war das Imperium, seine Translatio und zu Zeiten auch seine Renovatio die ständige Aufgabe des gewählten und gekrönten Oberhauptes, des Kaisers. Aber dem Imperium war das Sacerdotium, verkörpert im Hirtenamt der Kirche, unlösbar verbunden. Größe und Tragik des Mittelalters werden im Zusammengehen und im Auseinanderstreben dieser beiden Wesenheiten offenbar. In dem Raum, den die Schwertmacht des Kaisers schützte, und in dem der Glaube an das Reich Gottes und die priesterliche Binde- und Lösegewalt wirksam waren, entstanden ebenso Dome wie Burgen. Sie ergänzen einander. Und ihre künstlerische Aussage ist nur ganz zu begreifen, wenn in Anschauung der einen stets auch die andere Möglichkeit gesehen wird. Wo deren geprägteste Vertreter, der Mönch und der Ritter, eins wurden – in den geistlichen Ritterorden – gewann gerade der Burgenbau eine große Überzeugungskraft.

Die „Burg", von der hier die Rede sein soll, insonderheit die deutsche Burg, hat – von der in einer bestimmten Grenzlandsituation entstandenen Bauern- und Kirchenburg abgesehen – der Adel geschaffen und mit Leben erfüllt. Bereits in karolingischer Zeit treten neben den Uradel, die auf Grund ihrer Herkunft Freien, die Ministerialen, Gefolgsleute des Königs, deren Freiheit durch die Verpflichtung zum Waffendienst für den König eingeschränkt war. Aus diesem Stand ist nach dem überall in der Geschichte wirksamen Gesetz, das den erfolgreichen Waffenträger emporhebt, der Dienstadel geworden, der zusammen mit dem Uradel durch das Lehenswesen an der vielgestaltigen Verfassung des Reiches teil hatte. Schon die Ottonen förderten diese Entwicklung. Aber erst unter den Hohenstaufen wurden die Reichsministerialen bewußt und planmäßig als zuverlässige Vertreter kaiserlicher Politik eingesetzt, und die von ihnen erbauten Burgen die festen Stützpunkte des Reiches. Dieser Dienstadel wuchs mit dem Erbadel zu einem neuen Stande, dem Rittertum, zusammen. Praktisch waren die Reichsministerialen schon unter Friedrich Barbarossa ebenbürtig geworden, wenn auch die letzten Reste ihrer ursprünglichen Unfreiheit erst im Laufe des 13. Jahrhunderts schwanden.

Die Hohe Zeit des Rittertums war auch die schöpferische Zeit des Burgenbaus. Die in der Dichtung des Minnesangs und des Heldenlieds formulierte Hinwendung zu ästhetischen Werten, die neu gewonnene Freude an der Weltlichkeit zeichnen auch die Burg dieser Epoche aus. Burgen werden als Kunstwerke geschaffen.

Der Schritt vom Zweck- und Nutzbau zum Kunstwerk geschah, wie stets, im geistigen Bereich. Er war getan im selben Augenblick, in dem mit der Burg die Absicht einer gültigen und vorbildlichen Gestaltung kund ward. Das Trachten nach Form schuf aus der einfachen Wehranlage das denkmalhafte Gebilde, das uns mit dem Begriff „Burg" gegenwärtig ist.

Die Burg als Bauwerk hat verschiedene Bestandteile, die ihre Besonderheit ausmachen. Ihre Architekturelemente sind Mauer, Tor, Turm und Haus – wobei mit dem letzten Wort auch die Kapelle, das Gotteshaus bezeichnet wird. Diese vier Bauteile sind zugleich Wesensmerkmale und als solche an jeder Burg, teils voll ausgebildet – auch in Abwandlungen – teils nur rudimentär, vorhanden. Sie sind ineinander verzahnt und miteinander verschmolzen.

Der Rang einer Burg als Kunstwerk wird von der Art und Weise abhängen, wie diese Elemente zur Geltung gebracht wurden und wie ihre Einordnung geschehen ist, welches Gesamtbild die Burg an sich und im Verhältnis zu ihrer Umgebung bietet und welche Schmuckformen zur Bereicherung einzelner Bauglieder angewendet wurden.

Die geschichtliche Erscheinung der mittelalterlichen Burg setzt den Steinbau voraus, wiewohl ganze Teile – und nicht nur untergeordnete Bauten – in Holz oder Fachwerk ausgeführt sein konnten. Auch die Struktur mancher Bau- und Schmuckformen macht es deutlich, daß sich das künstlerische Denken noch weithin in den Archetypen der Holzbauweise bewegt. Auf geistvolle Art zeigen das die Burgen der Hohenstaufen, wo beispielsweise die genuin dem Steinbau verbundenen Buckelquadern mit den genauso ursprunghaft dem Holzbau entstammenden säulengetragenen Bogenstellungen monumentale und durch Formenschönheit ausgezeichnete Kompositionen ergeben, wie überhaupt die Leistungen der Hohenstaufenzeit die Blüte des deutschen Burgenbauens darstellen.

Die Beschränkung des Themas dieser Kunstgeschichte auf die deutsche Burg ist nicht nur vom Gegenstand, sondern auch vom Raum her geboten. Die Länder deutscher Zunge – einschließlich derer, die ehemals zum deutschen Sprach- und Volksgebiet gehörten – sind heute noch die burgenreichsten in Europa. Das Burgenlexikon von Curt Tillmann (1958/61), das alle nachweisbaren deutschen Burganlagen erfaßt, zählt 19 000 Einheiten auf. Darunter sind 6 500 als Burgen, Ruinen oder Burgreste erhalten; unter 6 600 zwischen 1550 und 1880 erbauten Schlössern besitzt ein großer Teil noch namhafte Burgreste oder ist anstelle von Burgen errichtet; weiter sind 5 900 völlig verschwundene Burgen genannt.

Bodo Ebhardt gibt in seinem dreibändigen Werk: Der Wehrbau Europas im Mittelalter (1939/58) die Zahl der deutschen Burgen mit rund 10 000 an. Für Frankreich hat man 40 000 befestigte Anlagen und Burgsitze des Mittelalters berechnet, von denen aber nur noch rund 1 000 vorhanden sind. In England und Schottland werden 600 Burgen gezählt. Über 100 Burgen wurden durch die Kreuzfahrer im Heiligen Land errichtet.

Unter diesen Burgen sind viele Anlagen nicht mehr in ihrer architektonischen Gestalt zu erkennen und darum in ihrer Qualität höchstens noch nach Grundrissen, Plänen, Abbildungen oder Fragmenten zu beurteilen. Auf zahlreiche Plätze lassen sich allenfalls kulturgeschichtliche Kriterien anwenden. Dennoch bleiben genug Bauten, in denen sich die Burg als Kunstwerk bekundet.

Man wird indes drei Stufen dieser Einreihung unter die Kunstwerke zu unterscheiden haben:

### *1. Burgen als gewollte Kunstwerke*

Hier war in der Planung ebenso wie bei der Ausführung künstlerischer Formwille am Werk. Hier war es – um diese Architektur der Staatsgesinnung und des Machtbewußtseins dichterisch zu charakterisieren – „der Geist, der sich den Körper baut“, der dem gesamten Baukomplex sein Gepräge von der Grabensohle bis zur Turmspitze gab. Es sind kunstvolle Gebilde, deren Grundrisse bereits die berechnende Vernunft von Baumeister und Bauherrn am Werke sehen, deren Aufbau aber Gestalt werden läßt, was an kämpferischer Selbstbehauptung und auch an geistiger Verpflichtung auf Ritterethos und geschichtliche Notwendigkeit in ihren Urhebern lebte.

### *2. Burgen als gewordene Kunstwerke*

liegen dort vor, wo zwar die ersten Anfänge des Mauer-, Tor-, Turm- und Hausbaus noch schlicht und ohne einen anderen Anspruch als den der Wohnsicherheit geschahen, wo aber mit der Zeit neue Bauten dem Ganzen ein neues Gesicht gaben, so daß man von einer „naturgewachsenen“ Architektur reden konnte, die „zwangsläufig zum Kunstwerk“ wird, weil auch bei ihr „treibende Kräfte mit letzter Notwendigkeit in einer überraschenden Reihe fester Typen Gestalt“ gewinnen (Clasen).

### *3. Burgen als Kunstwerke, deren ästhetische Werte erst Verfall und Zerstörung bewußt gemacht haben*

Das dürfte von recht vielen Anlagen gelten. Hat doch die Art des malerischen Sehens, das die Romantik des 19. Jahrhunderts lehrte, auch die Burgen wieder entdecken helfen. Zunächst als Attribute einer heroischen oder idyllischen Landschaft – ebenso wie sie bereits in den Tafelhintergründen der spätgotischen Malerei erscheinen –, dann aber doch mit ihren eigenen wesenhaften Merkmalen. Die Romantik weckte und pflegte die auch heute noch unter diesen Vorzeichen weit verbreitete Liebe zu den Burgen als den von Sage und Geheimnis umraunten Denkmalen ferner Geschichte.

Von hier aus führt der Weg zur Wiederherstellung von Burgen und zu Neubauten mit den Stileigenschaften und oft auch den Namen einer Burg, die eine ganze fruchtbare Epoche des Historismus auszeichnen.

# I. DIE BAUFORM DER BURG

## A. Gliederung der Burgen

Auch für den Burgenbau, so vielgestaltig er ist, waren architektonische Gesetzmäßigkeiten gültig, die sich aus Zweck und Aufgabe dieser Anlagen herleiteten. Da aber jede Burg ein mehrteiliges Bauwesen darstellt, ist eine Beurteilung nur im Blick aufs Ganze möglich. Aufschluß über die Planung gibt stets der Grundriß, aber für die Bewertung ist das vollendete Werk entscheidend.

Der Versuch, die Burgen nach bestimmten Typen zu gliedern und sie zusammenhängenden Gruppen zuzuweisen, ist öfter unternommen worden. Am einfachsten ist die von Carl Schuchhardt nach Grundrissen vorgeschlagene Einteilung in sächsische Ringburgen und fränkische Turmburgen. Sie geht aber an der Vielfalt und Mehrschichtigkeit des Burgenbaus vorbei und ist in dieser Prägnanz nicht brauchbar. Bodo Ebhardt hat eine Zuordnung an festumrissene Bautypen überhaupt abgelehnt und gesagt, daß die einzige Regelmäßigkeit der Burgen ihre Unregelmäßigkeit sei. Er hat seinerseits jedoch eine Einteilung nach der geographischen Lage vorgenommen. Karl Heinz Clasen hingegen gibt eine recht reichhaltige Typenübersicht, die er an drei Grundformen anschließt: die Ringburg, die Abschnittsburg und das Kastell. Er bietet damit der kunstgeschichtlichen Betrachtung die notwendigen Ordnungsbegriffe an. Doch wird man bald feststellen, daß auch sie zur Charakteristik und Bewertung nicht ausreichen.

Die Burg als Bauwerk und Kunstdenkmal läßt sich nur in einer gleichsam dreidimensionalen Betrachtung erfassen, die erstens ihre Bauform, zweitens ihre geschichtliche Eigenschaft und drittens ihre landschaftliche Lage berücksichtigt.

1. Gehen wir zunächst an die *Gliederung nach der Lage.*
   Wir haben hier zu unterscheiden:

1. *Höhenburgen* (Gipfelburgen, Bergrückenburgen, Felsenburgen).
2. *Hangburgen,* zu denen auch die seltenen, künstlerisch im allgemeinen unergiebigen Höhlenburgen zu rechnen sind.
3. *Tiefburgen* (Wasserburgen, Uferburgen, Hafenburgen).
4. *Talsperren.* Sie greifen häufig auf die anschließenden Hänge und Höhen über.

2. Die Gliederung der deutschen Burg *nach ihren geschichtlichen Eigenschaften* muß die Ausgangslage des für Bedeutung und Form entscheidenden Ausbaus berücksichtigen, denn in zahlreichen Fällen war gerade die historische Stellung einer Burg erheblichen Veränderungen unterworfen. Es ergeben sich hier folgende Gruppen:
   1. *Reichsburgen.*
   2. *Allodiale Burgen,* meist von Angehörigen des Ur- und Hochadels erbaut.
   3. *Ministerialenburgen.*
   4. *Landes- oder Territorialburgen.*
   5. *Ganerbenburgen.*
   6. *Kirchen- und Klosterburgen.*
   7. *Ordensburgen.*
   8. *Stadt-, Dorf- und Gutsburgen.*

3. Die Gliederung der Burgen *nach der Form* ist verständlicherweise am reichhaltigsten. Sie muß an der Kernburg vorgenommen werden. Vorburgen und Zwinger wurden nach anderen Gesichtspunkten erbaut.
Auch die Burganlagen treten wie alle Architektur als Zentralbauten oder als Axialbauten in Erscheinung. Die ordnende Mitte der Zentralanlagen konnte ein Gebäude – meist ein Turm – sein, sie konnte aber auch im unbebauten Hofe liegen. Ähnliches gilt von den Axialanlagen, deren Mittellinie nicht unbedingt einen geraden Verlauf nehmen muß, sondern gebogen oder geknickt sein kann. Daraus ergibt sich folgende Gliederung:

   1. *Zentralanlagen*
      a) Turmhügelburgen.
      b) Ringburgen und Randhausburgen ohne Mittelturm.

c) Ring- und Randhausburgen mit Mittelturm (bei b und c ist der Bering kreisförmig oder als unregelmäßiges Mehreck gebildet).
d) Ring- und Randhausburgen mit mehreren Türmen.
e) Wohnturm- und Turmpalasburgen.
f) Quadratische Burgen.
g) Regelmäßige Mehreckburgen.

2. *Axialanlagen*
a) Rechteckige Burgen mit Zentralturm.
b) Rechteckige Burgen mit Frontturm.
c) Mehreckige Burgen mit Frontturm.
d) Mehreckburgen mit mehreren Türmen.
e) Ovalförmige Burgen mit Mittelturm.
f) Ovalförmige Burgen mit zwei Türmen.
g) Schild- und Mantelmauerburgen.
h) Keilförmige Burgen.
i) Mehrgliedrige Burgen ohne beherrschenden Turm.
k) Abschnittsburgen.

Vielfach liegen auch Begegnungen oder Durchdringungen der einzelnen Typen vor. Die mehrhundertjährige Lebensdauer brachte oft starke Veränderungen des ursprünglichen Typus mit sich. In der Beschreibung einer Burg empfiehlt es sich daher, den architektonischen Typus, den der erhaltene Bestand bietet, anzusprechen und ihn nach geographischer Lage und geschichtlicher Eigenschaft zu erläutern. So werden die meisten Anlagen einzuordnen und einer systematischen Betrachtung zuzuführen sein. Freilich, Ausnahmen von der Regel wird es immer geben!

Die soeben entworfene formale Gliederung soll an Beispielen erklärt werden.

## B. Zentralanlagen

### *1. Turmhügelburgen*

Es hat sich in der Burgenkunde eingebürgert, die einfachen Turmhügelburgen, die auf einem rundum aufgeschütteten Hügel stehen, „Motten“ zu nennen. Das Wort „motte“ ist französisch und vom lateinischen „mota“ abgeleitet. Ausdrucksvoller und deutlicher erscheint uns der Begriff „Turmhügelburg“. Es gibt auch, wie den Turm *Luschenau* in Württemberg, solche Türme auf natürlichen Hügeln. Auch dem „Gescheibten Turm“ in *Gries* bei Bozen dient Z 1
der gewachsene Boden als Baugrund. Der Turm ist kreisrund und von einem doppelten Mauerring umgeben.

Die von Theodor Wildemann beschriebene Burg *Althochstaden* an der Erft im Rheinland – der Hügel ist inzwischen der nahen Braunkohlengrube zum Opfer gefallen – ist bereits vor 1244, vermutlich 1192 zerstört worden. Eine neue Burg wurde auf Veranlassung des Erzbischofs Konrad von Hochstaden in einiger Entfernung gebaut. Dieser Vorgang ist bezeichnend, hat aber auch seine technischen Gründe: der um den Turm herum angeschüttete Hügel gab kein tragfähiges Fundament ab. Auf ihm ließ sich deshalb kein Neubau errichten. So finden wir öfter im Bereich oder in der Nähe von Burgen die Reste der älteren Turmhügelanlagen.

Die Burg *Dreieichenhain* in der Mainebene südlich von Frankfurt, Z 2
Mittelpunkt der Verwaltung des bedeutenden Reichsforstes Dreieich ist eine Axialanlage mit ovalförmigem Bering und Mittelturm aus dem 13. Jahrhundert. An die Ringmauer herangerückt ist der Palas, ihm gegenüber liegt die ehemalige Burgkapelle, die heute – barockisiert – als Pfarrkirche dient. In dieser Burg hat sich, einbezogen in die jüngere Anlage, nicht nur der Turmhügel, sondern eine ganze Turmwand erhalten. Sie gehörte zu einem mächtigen quadratischen Wohnturm des 11. Jahrhunderts (Jahrringchronologie: 1085), dessen Erdgeschoß gotisch mit Kreuzgewölben auf einer Mittelstütze versehen wurde. Die folgenden Geschosse waren flachgedeckt.

Man hat beobachtet, daß bereits die frühmittelalterlichen Turmhügelburgen in der Regel von einem hufeisenförmigen Wall begleitet waren, der die Vorburg enthielt. Der Bau dieser Turmhügelburgen

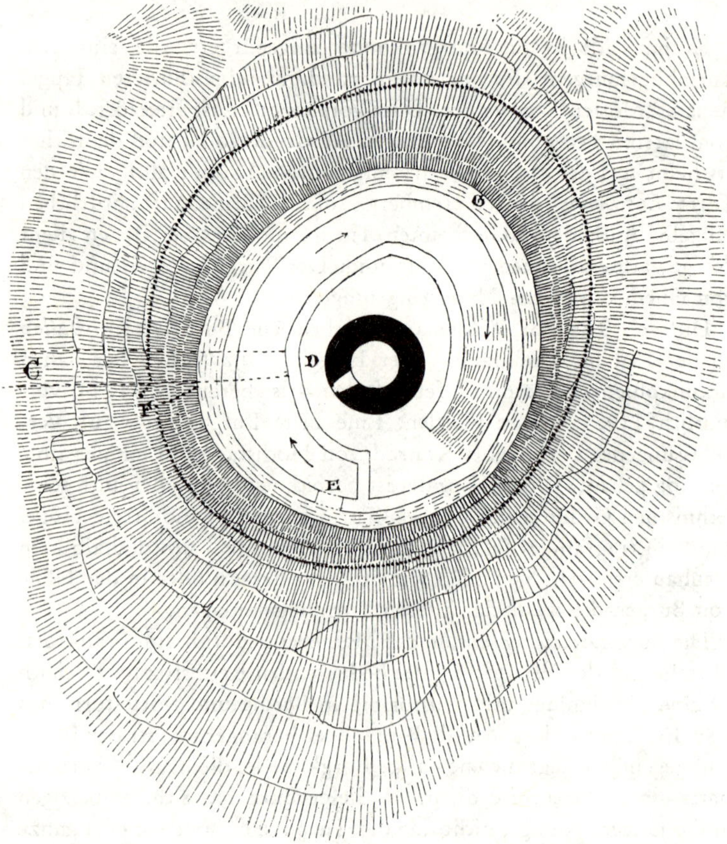


Z 1 Bozen-Gries (Südtirol), Gescheibter Turm nach Essenwein II, 15

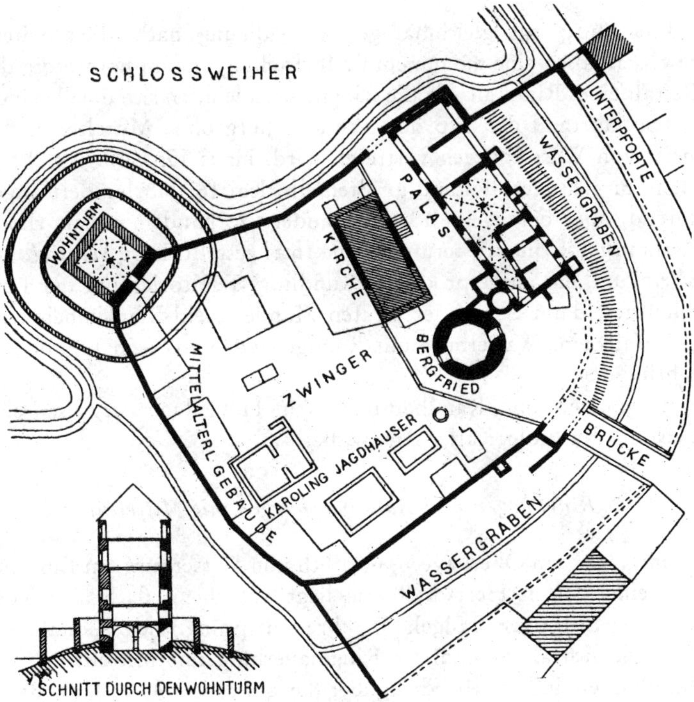


Z 2 Burg Dreieichenhain (Hessen), Grundriß nach Bronner II, 15

beginnt im Rheinland, nach Renard, um die Jahrtausendwende. So zeigt der die Geschichte Wilhelms des Eroberers schildernde Teppich von Bayeux eine stilisierte Turmhügelburg des 11. Jahrhunderts, die einem Reiterangriff ausgesetzt ist.

### 2. *Ringburgen und Randhausburgen ohne Mittelturm*

Eine Burg mit gleichmäßiger Verteidigung nach allen Seiten,
gewissermaßen eine monumentale Igelstellung, nahm notwendig die
Gestalt eines Rings an. An die Ringmauern lehnten sich die Gebäude
an. So entstand der Typ der Randhausburg ohne Mittelturm, der
meist von Wasserburgen vertreten wird. Haus *Vischering* in Westfalen,
im heutigen Bestand größtenteils dem 16. Jahrhundert angehörend,
aber bereits im 13. Jahrhundert vorhanden, ist als runde
Z 3 Kernburg auf eine wasserumflossene Insel gestellt. Burg *Seinsfeld* im
Rheinland, ein ausgesprochener Rundling, Territorialburg der Lützelburger,
dann Lehen der Grafen Manderscheid-Blankenheim, ist
gleichfalls eine Wasserburg mit Randgebäuden aus dem 14. und 15.
Jahrhundert.

Ringmauer- und Randhausburgen in Höhenlagen erweisen sich meist als Nachfolger alter Ringwälle.

### 3. *Ringburgen und Randhausburgen mit Mittelturm*

Z 4 Burg *Haag* in Oberbayern, nördlich von Wasserburg am Inn, war
Sitz einer freien Herrschaft. Sie liegt auf einem flach ansteigenden
kegelförmigen Hügel. In ihrer ursprünglichen Gestalt erweist
sie sich als ansehnliche Ringmauerburg mit Mittelturm. Die
Randhäuser sind abgebrochen, aber der gewaltige, 40 m hohe Berg-
T 88 fried, zugleich Wohnturm, blieb erhalten. Er ist aus Bruchsteinen mit
bossierten Eckquadern aufgemauert und trägt ein spitzes, von Ecktürmchen
begleitetes Dach. Sein Inneres ist durch einen Kamin heizbar.
Es enthält noch die alten Balkenlagen. Die oberen Fenster sind
mit Sitznischen versehen. Um 1200 wurde dieser Turm erbaut.

Eine staufische, gotisch veränderte Randhausburg mit rundem
Z 5 Mittelturm ist die Gipfelburg *Lindenfels* im Odenwald. Trotz ihrer
starken Zerstörung ist sie bei erhaltener Außenmauer in ihren

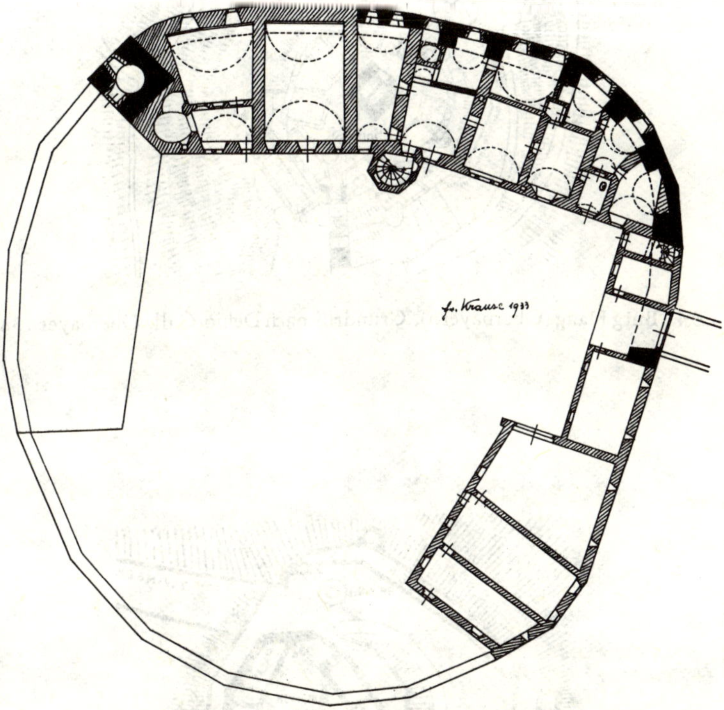


Z 3 Burg Seinsfeld (Rheinland), Grundriß nach Wildemann 22

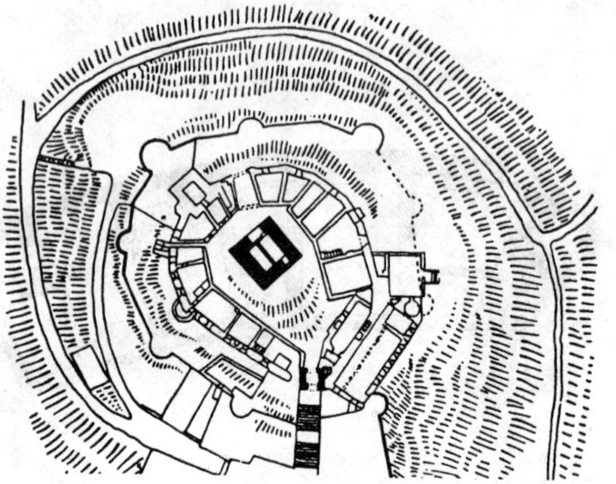

Z 4 Burg Haag (Oberbayern), Grundriß nach Dehio/Gall, Oberbayern 367

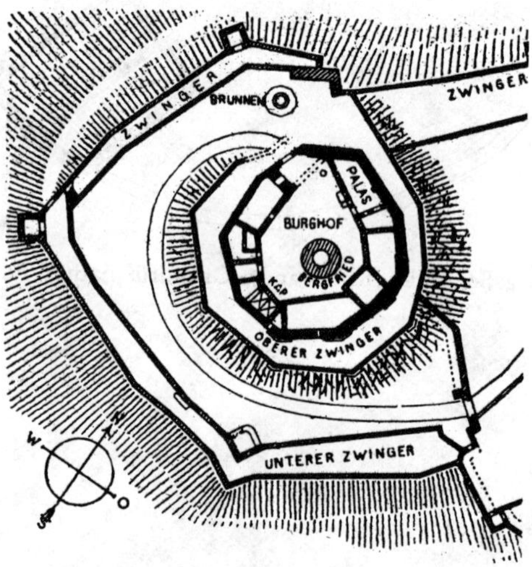


Z 5 Burg Lindenfels (Odenwald), Lageplan nach Bronner II, 95

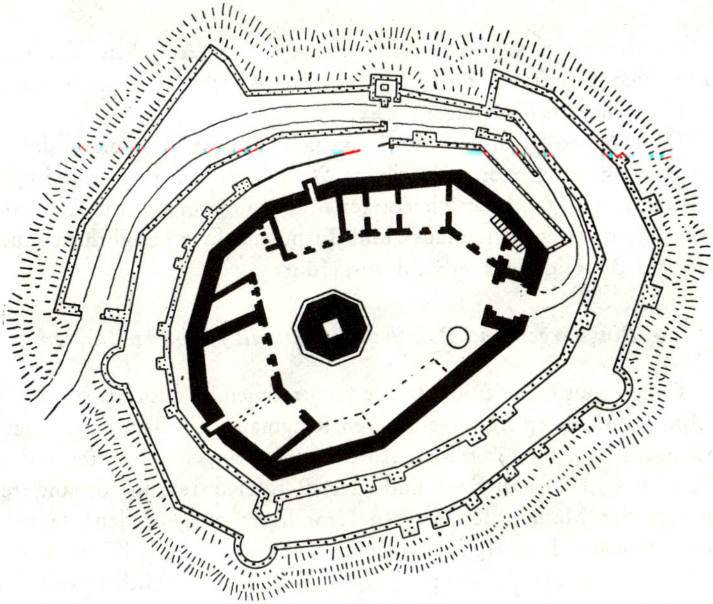

Z 6 Burg Steinsberg (Kraichgau), Grundriß nach Hartmann u. Schwarz aus Ebhardt I, 15

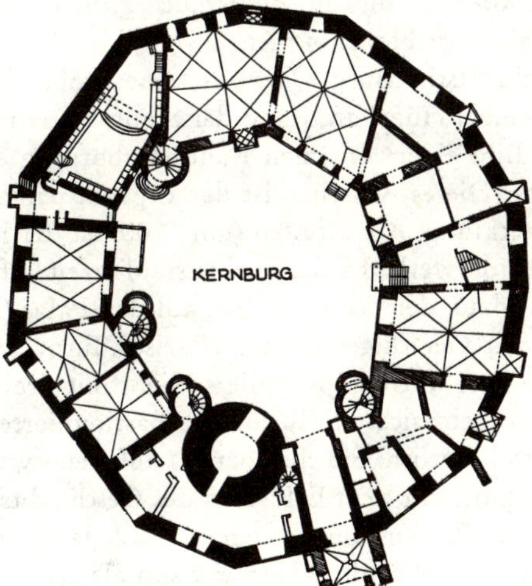


Z 7 Burg Büdingen (Oberhessen), Grundriß nach Dielmann 10

Gebäuden noch gut erkennbar. Ihr einstiges Aussehen, das den zentralen Rundturm mit einem spitzen Kegeldach bekrönt zeigt, hat uns Merian überliefert.

Den Namen „Kompaß des Kraichgaus" führt ihrer unvergleich-
Z 6 lichen Lage wegen die Gipfelburg *Steinsberg*. Um den achteckigen
Mittelturm legt sich ein vieleckiger Mauerring, an den die Gebäude
T 84 angelehnt waren. Ringmauer und Turm sind in vorzüglichem staufischem Buckelquaderverband ausgeführt.

### *4. Ringburgen und Randhausburgen mit mehreren Türmen*

Dem Typus der Randhausburg zuzurechnen ist auch die staufische
Z 7 Ministerialenburg *Büdingen*, deren Ringmauer ein dem Kreis angenähertes Dreizehneck bildet. An die Mauer angelehnt waren Palas, Kapelle und Wirtschaftsgebäude. Der Bergfried steht in Tornähe frei hinter der Mauer. Bei neueren Grabungen aufgefundene Fundamente zeigen die Burg mit einem zweiten großen gleichfalls exzentrisch errichteten Rundturm versehen. Er war möglicherweise der ursprüngliche Hauptturm und könnte seinem Format nach auch als Wohnturm gedient haben.

Ferner gehören zu diesem Typus auch größere Anlagen, sowohl Tiefburgen als auch Höhenburgen.

Z 8 Die mitteldeutsche Burg *Querfurt*, eine großartige, dreitürmige
Anlage auf einem Hügel am Rand der Stadt, bietet in ihrer heutigen Gestalt das Bild einer zentralen Randhausburg, in deren Mitte die Kapelle steht. Dieses Aussehen ist das Ergebnis einer jahrhundertelangen Entwicklung. Am ältesten (um 1100) ist der runde Bergfried in gutem Quaderwerk. In der Hohenstaufenzeit erfolgte auch hier der große Ausbau, der sich vor allem auf den Palas („Fürstenhaus") und die beiden viereckigen Türme (Pariser Turm, Marterturm) er-
Z 48 streckte. Die kreuzförmige Kapelle schließt mit drei Apsiden. Über
der Vierung erhebt sich ein Turm. Die bastionnierten Außenwerke sind spätmittelalterlich. Sie sind bereits auf Feuerwaffen eingestellt und wurden kurz vor dem Erlöschen des Geschlechts (1496) erbaut.

Die von den Grafen von Öttingen im 12. Jahrhundert angelegte
*Harburg* über dem Wörnitztal erweist sich als große zentrale Rand-
T 181 hausburg in Höhenlage mit mehreren Türmen und turmartigen Bau-

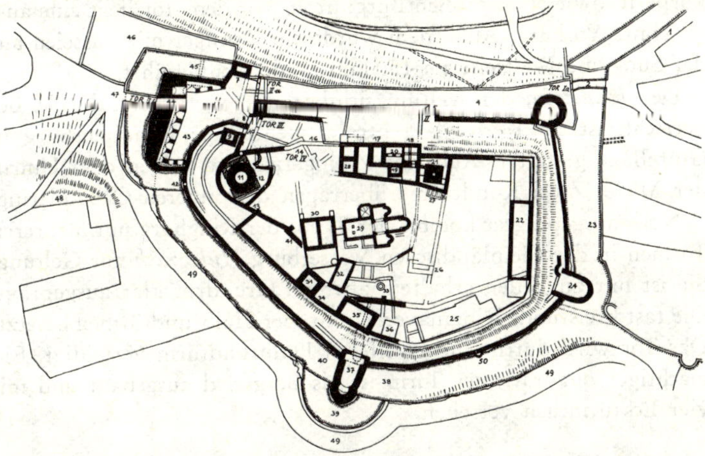

Z 8 Burg Querfurt (Bez. Halle), Lageplan nach Wäscher Taf. 98

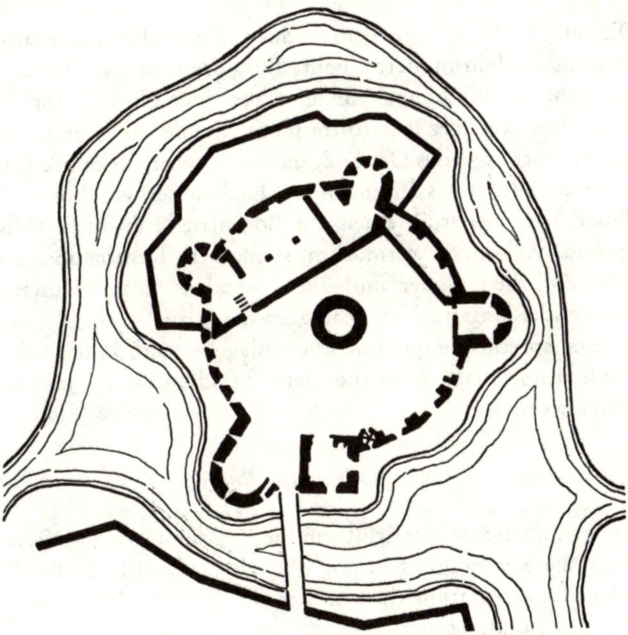

Z 9 Burg Hülchrath (Rheinland), Grundriß nach Inv. aus Ebhardt I, 144

körpern sowie einer großen Burgkirche. Vor dem Tor liegt eine ausgedehnte Vorburg. Außerdem wurde ein Zwinger mit Basteien auf der Süd- und Westseite im 15. Jahrhundert aufgeführt.

Der *Hanstein,* der weithin sichtbar das westliche Eichsfeld beherrscht, ist im Kern als zentrale, mehreckige Randhausburg in Gipfellage gestaltet. Auch die Zwingermauern folgen dem Umriß der Mitte. Zwei Rundtürme überragen den inneren Gebäudering.

Noch ausgeprägter kommt der Typus der Ringburg mit mehreren
Z 9 Türmen in der rheinländischen Wasserburg *Hülchrath* zur Geltung. Sie ist nur zu Teilen erhalten, aber im Grundriß klar ausgeprägt. Die fast kreisrunde Ringmauer ist mit vier Halbrundtürmen besetzt. Das Tor wird durch einen weiteren Halbrundturm verteidigt. Ein mächtiger quadratischer Turm ist als Bergfried ausgebaut und mit vier Ecktürmchen versehen.

### *5. Wohnturm- und Turmpalasburgen*

Die als Zollburg auf dem rechten Rheinufer unterhalb von
Z 10 Worms im 14. Jahrhundert erbaute Burg *Stein* ist zwar heute völlig verschwunden; wir können sie aber aus einer alten Zeichnung beurteilen. Ein kräftiger Rundturm inmitten einer kreisrunden Mauer besaß ein vorkragendes Geschoß, das mit Zinnen abschloß. Darüber erhob sich mit etwas geringerem Durchmesser ein hoher Turmzylinder, der wiederum einen auf Bogenfries ruhenden Wehrgang trug und von einer vermutlich steinernen Kegelhaube gekrönt wurde. Zwischen Mauer und Turm standen einige Häuser. Zwei konzentrische Wassergräben schützten die Burg.

Z 11 Eine entsprechende quadratische Anlage hat sich in der *Oberburg in Rüdesheim* erhalten, welche vielleicht schon im 11. Jahrhundert errichtet worden ist.

### *6. Quadratische Burgen*

Die quadratische Grundrißform bietet sich an, wo eine freie Lage eine gleiche Verteidigung ermöglicht, aber auch für große Bauten, die der Repräsentation dienen, wie die Kastelle Friedrichs II. in Unteritalien und Sizilien.

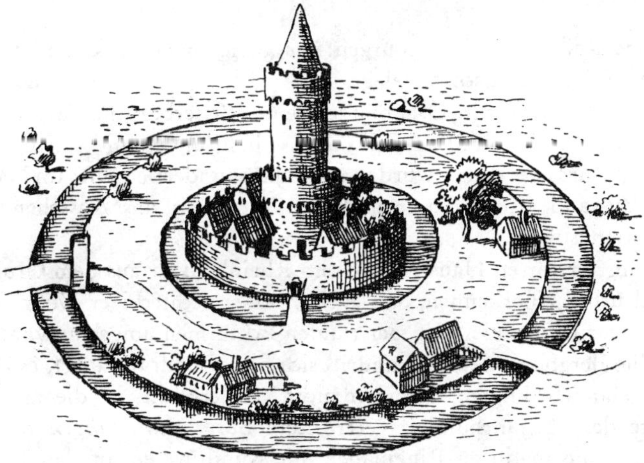

Z 10 Burg Stein bei Worms, Ansicht nach Merian

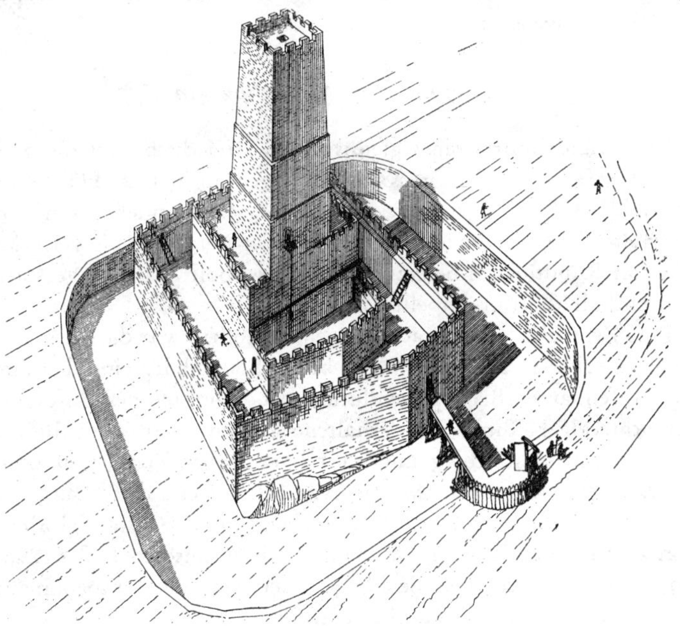

Z 11 Oberburg in Rüdesheim am Rhein, Rekonstruktion nach Essenwein I, 14

Eine Reihe von Wasserburgen vor allem in Holland und Flandern sind quadratisch angelegt.

Burg *Marschlins* in Graubünden, eine Wasserburg mit ursprünglich vier Flügeln, an den Ecken mit drei halbrunden und einem vollrunden Turm versehen, wurde im 13. Jahrhundert erbaut. Im heutigen Zustand erinnern nur noch die Türme an das Aussehen des Gründungsbaus.

Z 12 Beim zerstörten Haus *Heyden* im Rheinland ist aus dem Grundriß deutlich zu erkennen, daß ein zentraler, rechteckiger Wohnturm von einer Ringmauer mit vier runden Ecktürmen umgeben war.

Eine Bergburg, deren Grundriß sich dem Quadrat nähert, es aber aus geländebedingten Gründen nicht voll erreicht, ist die um die
Z 13 Mitte des 13. Jahrhunderts errrichtete Burg *Neuleiningen* in der Pfalz. Eine mächtige Ringmauer mit Rundtürmen an den Ecken grenzt das Burggeviert oberhalb der mit der Anlage verbundenen Siedlung ab. Der gotische Palas war, ebenso wie andere Bauten, an die Mauer angelehnt.

### *7. Regelmäßige Mehreckburgen*

Die Grundrißform eines gleichseitigen Dreiecks besitzt die wohl vom Grafen Dieter von Katzenelnbogen in der 2. Hälfte des 13. Jahrhunderts gegründete und im 14. Jahrhundert ausgebaute
Z 109 Burg *Auerberg* (Auerbacher Schloß) an der Bergstraße. Zwei Ecken sind mit Rundtürmen besetzt, die dritte ist bollwerkartig verstärkt und enthält die Burgkapelle.

Eine Zentralanlage auf achtseitigem Grundriß war die Burg *Egis-*
Z 14 *heim* im Ober-Elsaß, die namengebende Stammburg eines berühmten Grafenhauses. Bis zur Revolution stand inmitten des Hofes noch ein achteckiger Turm. Die erhaltene Außenmauer zeigt Buckelquadern mit Randschlag und ist zu staufischer Zeit, wohl gegen 1200, entstanden. Entwicklungsgeschichtlich stellt diese Burg eine bemerkenswerte Vorstufe zu Kaiser Friedrichs II. Castel del Monte dar. Der Planung liegt die Maßeinheit des römischen Fußes (29,64 cm) zu Grunde, so daß die Länge jeder Seite der Oktogonmauer 40 Fuß, des Turmes 13 Fuß beträgt.

Ein langgestrecktes Sechseck bildet den Grundriß des von Kaiser

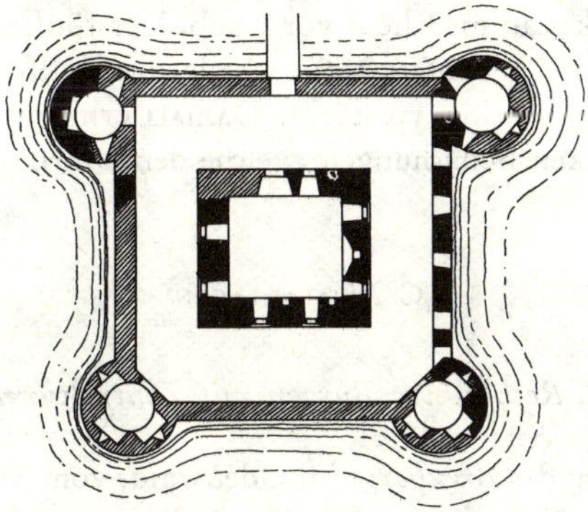

Z 12 Haus Heyden (Rheinland), Grundriß nach Wildemann 30

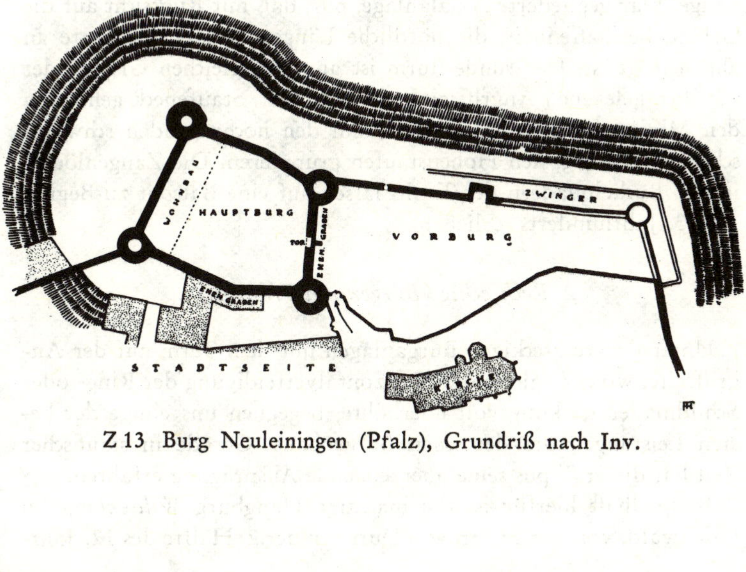


Z 13 Burg Neuleiningen (Pfalz), Grundriß nach Inv.

Z 15 Ludwig dem Baiern 1326 errichteten *Pfalzgrafensteins* auf der Felseninsel Falkenau im Rhein vor Caub. Der fünfseitige Bergfried
T 161 ist stromaufwärts gerichtet. 1607 wurde die Zollfeste noch durch eine erkerartige Bastion verstärkt. Damals erhielten die Gebäude auch ihre barocken Bedachungen, welche den Umriß der Burg stark beleben.

## C. Axialanlagen

### *1. Rechteckige Burgen mit Zentralturm*

Z 16 Die Kernburg des *Breubergs* im Odenwald, vom Vogt des Reichsklosters Fulda über dem unteren Mümlingtal errichtet, hat den Grundriß eines ungefähren Rechtecks. In der Hofmitte steht der mächtige quadratische Bergfried. Die übrigen Bauten folgen dem
T 58 Zug der Ringmauern. Ein Tor mit Bogenfries auf Maskenkonsolen führt in das innerste Geviert der im 15. und 16. Jahrhundert stark erweiterten Burg.

Z 68 Die Bergburg *Staufeneck* in der schwäbischen Alb ist eine rechteckige, klar gegliederte Axialanlage, nur, daß mit Rücksicht auf die Geländebeschaffenheit, die nördliche Längsseite von der Mitte an abgeschrägt ist. Der runde Turm ist aus dem gleichen Grunde der nördlich gelegenen Angriffseite näher gerückt. Staufeneck gehört zu den Ministerialenburgen, die sich um den hochragenden schwäbischen Kaiserberg, den Hohenstaufen gruppieren. Die Zangenlöcher in den Buckelquadern des Turms lassen auf eine Bauzeit zu Beginn des 13. Jahrhunderts schließen.

### *2. Rechteckige Burgen mit Frontturm*

Unter den rechteckigen Burganlagen mit dem Turm auf der Angriffseite, wo er zugleich die Horizontalverteidigung der Ring- oder Schildmauer wirkungsvoll überhöhte, begegnen uns einige der besten Leistungen des deutschen Burgenbaus. Gerade in staufischer Zeit hat dieser Typus seine überzeugende Ausprägung erfahren.

Z 17 Beispielhaft hierfür ist die mächtige Hangburg *Wildenberg* im Odenwald, von den Herrn von Durne in der 2. Hälfte des 12. Jahr-

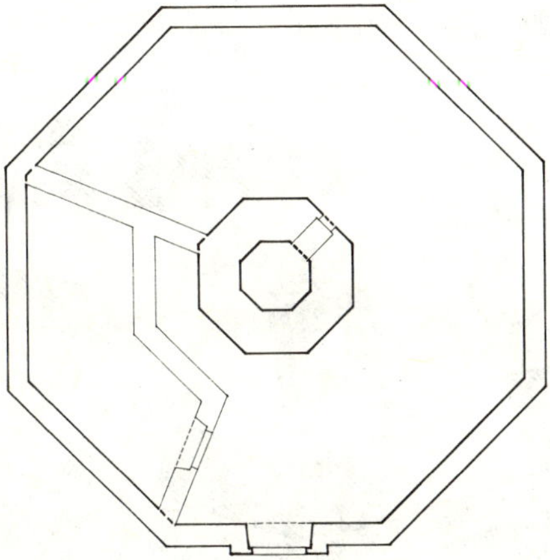

Z 14 Burg Egisheim (Elsaß), Grundriß nach Merkelbach 69

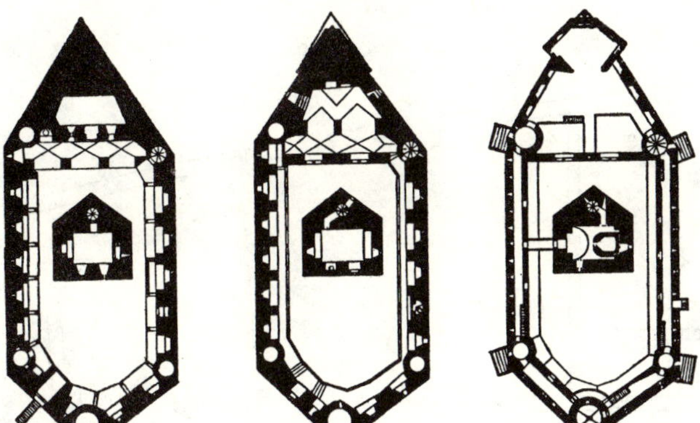

Z 15 Pfalzgrafenstein bei Caub am Rhein, Grundriß nach Ebhardt I, 42

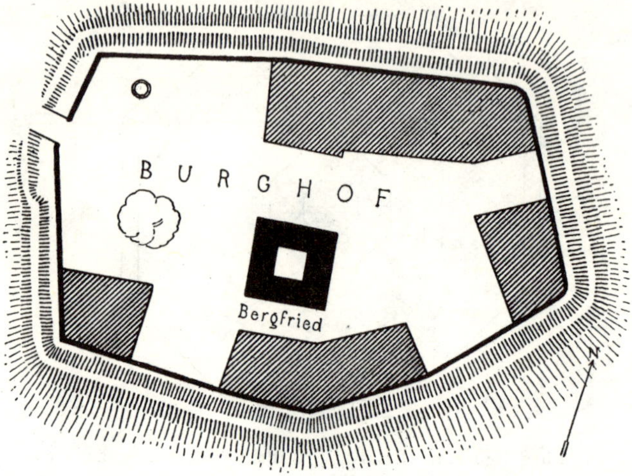


Z 16 Burg Breuberg (Odenwald), Grundriß der Kernburg nach Bronner I, 18

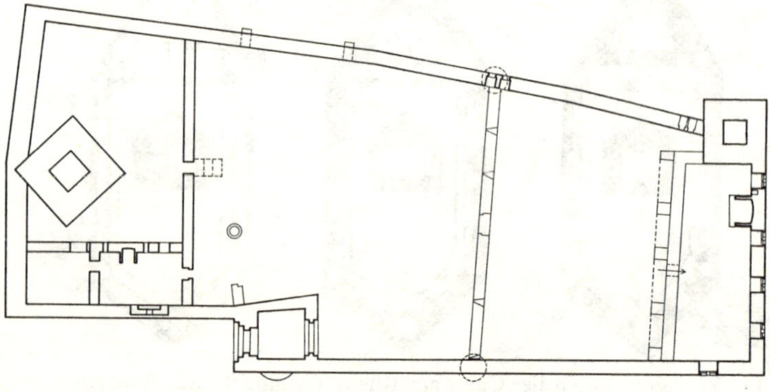

Z 17 Burg Wildenberg (Odenwald), Grundriß der Kernburg nach Hotz, Wildenberg 35

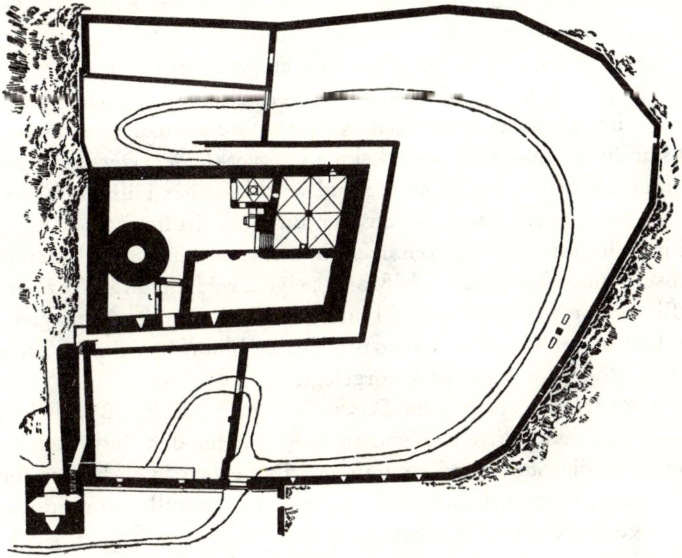

Z 18 Burg Kinzheim (Elsaß), Grundriß nach Ebhardt I, 378

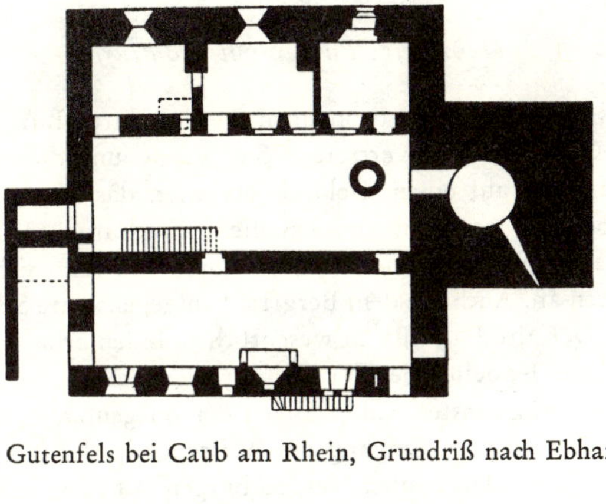

Z 19 Burg Gutenfels bei Caub am Rhein, Grundriß nach Ebhardt I, 417

hunderts erbaut und im frühen 13. Jahrhundert um ein prächtiges Saalstockwerk erweitert. Hier wird die südliche Schmalseite des Burggevierts durch eine Schildmauer verstärkt, in deren Mitte ein übereck gestellter, quadratischer Bergfried eingreift. Der Palas nimmt die nördliche Schmalseite ein. Die Außenmauern sind fast
T 42 vollständig mit gewaltigen Buckelquadern verkleidet. Der Reichtum
T 43 an Schmuckformen ist bedeutend und wird in seiner Fülle und Viel-
T 97 gestalt von keiner anderen staufischen Burg übertroffen.

Eine ähnliche, im Ganzen freilich einfachere und in kleinerem
Z 18 Maßstab ausgeführte Grundrißform zeigt die Hangburg *Kinzheim* im Elsaß. Die Schildmauer wird hier von einem Rundturm tangiert.
T 117 Das beiden gemeinsame Mauerstück bleibt blockförmig dem Turm bis zur Höhe der Plattform vorgelegt.

T 80 Die *Rudelsburg* über dem Felsenufer der Saale bei Bad Kösen weist einen rechteckigen Grundriß auf, in dem der Bergfried als Frontturm die Südwestecke einnimmt. Er beherrscht nicht nur die Schildmauer, sondern auch das Tor und den parallel zur Schildmauer verlaufenden Torzwinger.

Noch strenger ist die aus zwei Längsflügeln mit massigem qua-
Z 19 dratischem Frontturm bestehende Höhenburg *Gutenfels* über Caub am Rhein aufgebaut. Die Baukörper erreichen eine starke, blockhafte Wirkung. Die Burg war um die Mitte des 13. Jahrhunderts im Besitz der Falkensteiner.

### *3. Mehreckige Burgen mit Frontturm*

Z 20 Die Mehreckburgen mit Frontturm werden durch Burg *Bruck* in Lienz in Ost-Tirol gut vertreten. Sie wurde um die Mitte des 13. Jahrhunderts auf einem Gelände errichtet, das bereits von den Römern bebaut war. Ein machtvoller, quadratischer Bergfried
T 89 schirmt die Angriffseite. Die übrigen Bauten schließen sich in zwei Längstrakten an. Auch die dem Bergfried entgegensetzte Schmalseite ist bebaut. Der alte Palas ist zu wesentlichen Teilen erhalten, ebenso die romanische Kapelle über der Torfahrt.

Zu den einprägsamsten Schöpfungen der Burgenbaukunst gehört
Z 21 die Burg *Ortenberg* am Eingang des Weilertals in den Vogesen. Sie vertritt den Typus der axialen Mehreckburgen mit Frontturm (wenn

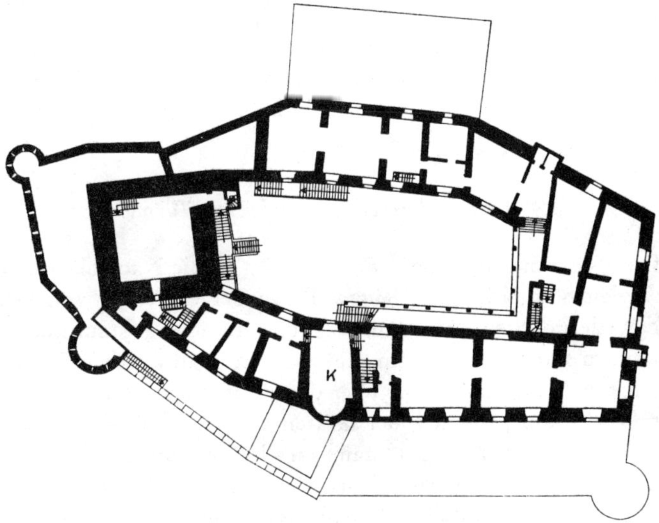


Z 20 Burg Bruck bei Lienz (Osttirol), Grundriß nach Dehio, Tirol 126

Z 21 Burg Ortenberg (Elsaß), Grundriß nach Ebhardt I, 64

man sie nicht unter die Schildmauerburgen einreihen will, was aber mit der beherrschenden Stellung des Turms nicht ganz zu verein-
T 121 baren ist). Hier ist die ganze gesammelte Kraft eines Wehrbaus in der polygonen Mantelmauer mit dem fünfeckigen Turm dahinter vereinigt.

### *4. Mehreckburgen mit mehreren Türmen*

Die elsässische Gipfelburg *Frankenburg* ist die Nachfolgerin eines
Z 22 zu Teilen noch sichtbaren Ringwalls an der Gabelung von Leber- und Weilertal. Sie ist eine langpolygone Anlage aus staufischer Zeit mit einem starken Rundturm. Ein zweiter, quadratischer Turm von geringerer Mauerstärke tritt über den Bering hervor. Die Frankenburg war die Stammburg der Grafen von Werd, in deren Familie sich lange Zeit das Landgrafenamt im Elsaß forterbte.

Eine der umfangreichsten deutschen Burgen ist die über dem Tale
Z 23 der fränkischen Saale bei Bad Neuhaus gelegene *Salzburg,* eine Ganerbenburg. Das Gelände war ursprünglich im Besitz des Reiches. Kaiser Otto III. schenkte die Burg dem Bischof von Würzburg, der sie als Lehen an mehrere Ritterfamilien vergab. Zur Zeit Karls des Großen ist in Salz ein Königshof bezeugt. Die Schenkungsurkunde Ottos III. erwähnt „castellum et curtem nostri juris Salze dictam", d. h. sie unterscheidet die Burg vom Königshof. Und wenn man auch die heutige Burg nicht mit dem karolingisch-ottonischen Königshof gleichsetzen kann – ihre Mauern gehören großenteils dem 12. Jahrhundert an –, so dürfte sie diesem Hof doch als Lager- und Zufluchtsburg beigeordnet gewesen sein (wofür sich neuerdings auch R. Schmidt einsetzt). Ihr Grundriß läßt sich als großes Dreieck beschreiben. An der abgestumpften Spitze lagen von Anfang an die Hauptbauten, dort befindet sich auch der Brunnen. Die gegen die Angriffseite gerichtete Grundlinie ist wie ein Bogen gespannt und mit vier quadratischen Türmen, darunter dem Torturm, besetzt. Weitere zwei Türme stehen auf der Südmauer und abermals zwei Türme im Burginnern. Die Türme gehören in ihrer jetzigen Form
T 90 dem 12./13. Jahrhundert an. Doch läßt sich auf der Südseite noch erkennen, daß die Burg ursprünglich mit einer gezinnten Mauer umgeben war. Die Aufteilung des Burgareals in mehrere Ansitze

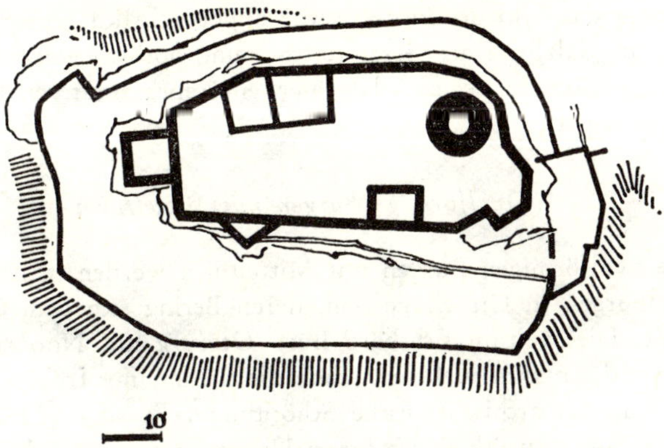


Z 22  Frankenburg (Elsaß), Grundriß nach Will 98, 4

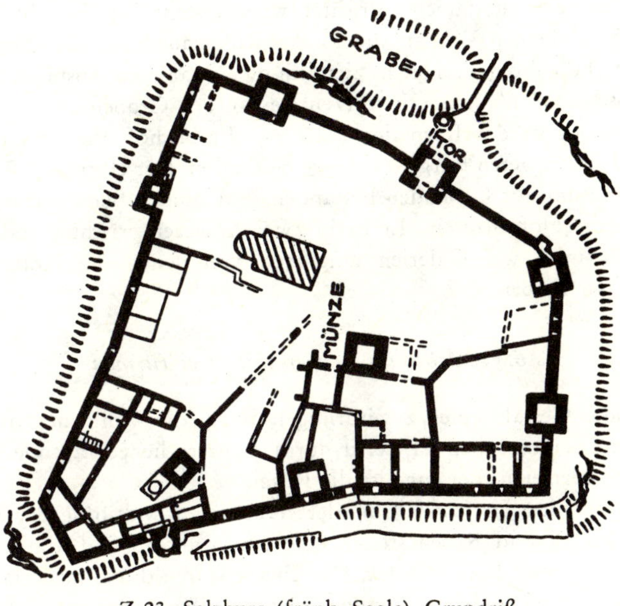


Z 23  Salzburg (fränk. Saale), Grundriß

hat zwar das Bild des Hofes etwas unübersichtlich gemacht, doch bleibt die Salzburg als Gesamterscheinung höchst bemerkenswert.
T 114 Einzelne Bauteile zeigen, daß hier ein repräsentativer Bau geschaffen wurde.

### 5. *Ovalförmige Burgen mit Mittelturm*

Die ovalförmigen Burgen mit Mittelturm werden in der Regel Höhenburgen in Gipfellage sein, deren Bering sich dem Gelände anpaßt. Die weithin sichtbare Burg *Otzberg* am Nordrand des
Z 24 Odenwaldes nimmt vielleicht schon die Stelle einer früheren Wallburg ein. Als architektonische Schöpfung geht sie wohl auf das Kloster Fulda zurück. Nach ihrem Übergang an Kurpfalz wurden sie von den Pfalzgrafen, besonders von dem großen Festungsbauer Ludwig V. im 16. Jahrhundert ausgebaut. Ein runder, noch zu Beginn des 19. Jahrhunderts mit einem steinernen Kegeldach versehener Bergfried, der im 14. oder frühen 15. Jahrhundert vielleicht auf älterem Fundament errichtet wurde, steht frei im Hof. Die Gebäude lehnen sich an die innere Ringmauer an. Ein Zwinger wiederholt ihren Verlauf in ziemlich gleichmäßigem Abstand. Seine geböschten Außenmauern stürzen steil in den Graben ab.

Ähnlich ist der Kern der 1210 von Erzbischof Theoderich von Köln gegründeten Burg *Godesberg* beschaffen. Der elliptische Bering ist ringsum mit Gebäuden bestanden. Ein runder Bergfried nimmt etwa die Hofmitte ein. Er ist in zwei Absätzen errichtet und war früher mit zwei Galerien umgürtet, von denen die Kragsteine erhalten blieben.

### 6. *Ovalförmige Burgen mit zwei Türmen*

Diese Gestalt einer zweitürmigen Burg, die von einer ovalen Ringmauer umgeben ist, wird durch mehrere hervorragende Bauwerke vertreten. Berglage ist die Regel.

Die beiden im 13. Jahrhundert erbauten Rundtürme der Burg
Z 25 *Saaleck* bei Bad Kösen stellen eine sehr schlichte und klare Ausprägung dieser Bauform dar. Die Türme waren durch mantelartige Mauern miteinander verbunden. Vor dem Westturm war ein drei-

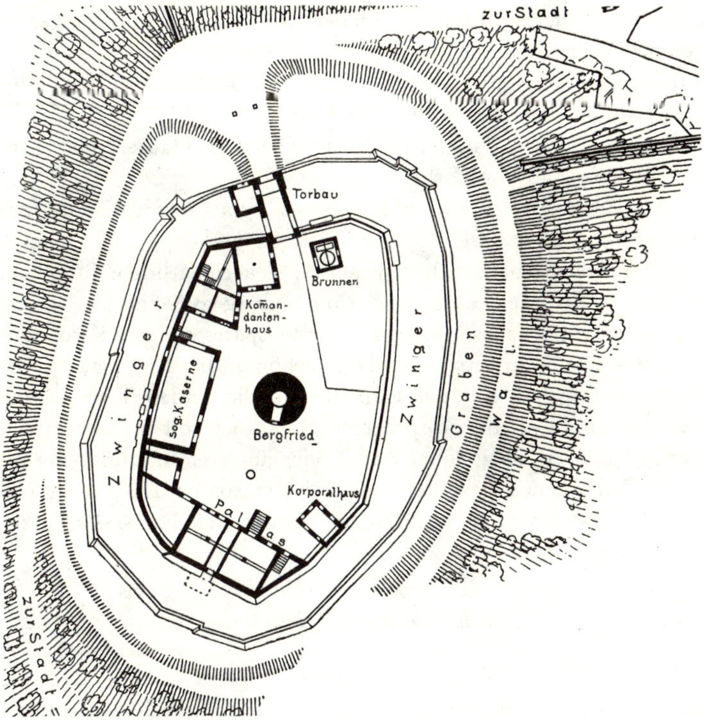


Z 24 Burg Otzberg (Odenwald), Grundriß nach Bronner I, 6

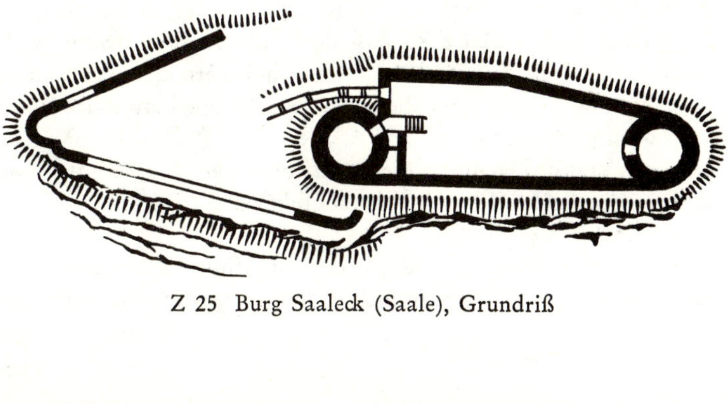

Z 25 Burg Saaleck (Saale), Grundriß

eckiger, in einen halbrunden Schalenturm mündender Zwinger gegen die Angriffseite errichtet.

Eng verwandt mit dieser Anlage ist die Höhenburg *Hohandlau* im Elsaß aus dem späten 13. Jahrhundert. Sie bildet einen einzigen, von zwei Türmen flankierten Palas. Die dem Hause zugekehrten Turmwände sind abgeflacht.

Am bedeutendsten aber wurde dieser Typus durch die staufische
Z 26 Herrenburg *Münzenberg* in der Wetterau verkörpert. Zwei mäch-
T 29 tige Rundtürme beherrschen nicht nur den eigentlichen Burgraum, sondern auch die Landschaft. Münzenberg ist eine der frühen
Z 64 Burgen der Barbarossazeit und dürfte spätestens 1174 vollendet gewesen sein. Zur ersten Anlage gehören die Ringmauern, der Palas, der Torbau mit der Kapelle und die beiden Türme, wobei nicht feststeht, ob der Westturm anfänglich schon in Steinen oder nur in Fachwerk aufgeführt war. In der jüngeren Stauferzeit erhielt dieser Turm einen geböschten Sockel. Im späten 13. Jahrhundert wurde an der nördlichen Längsmauer ein zweiter Palas, der Falkensteiner Bau errichtet.

### *7. Schild- und Mantelmauerburgen*

Die Schild- und Mantelmauerburgen begegnen uns im deutschen Burgenbau vornehmlich unter den Bergrücken- und Hanganlagen.
Z 27 Gewaltige Schildmauern besitzen die Burgen *Scharfeneck* im Pfälzer
T 116 Bergland und *Wasenburg* in den Vogesen. Der Kern der Schildmauer von Scharfeneck besteht aus einem Felsriff, in das mehrere Hohlräume und Gänge gehauen sind, die hier den Zutritt zur Burg ermöglichen und verteidigen, während auf der Wasenburg die Schildmauer nur abwehrt, so daß der Palas in ihrem Schutze die Pracht seiner Fenster entfalten kann. Im Innern der Schildmauer ist eine von der Mauerkrone her über eine Treppe betretbare Wächterstube ausgespart.

Auf der staufischen Burg *Liebenzell* über dem Nagoldtal ist der
T 86 Bergfried in die Schildmauer eingebunden und bildet mit ihr eine gemeinsame Abwehrfläche.

Eine reine Schildmauerburg war die von Ministerialen der Grafen
T 87 von Tübingen um 1200 erbaute Burg *Berneck* im Schwarzwald. Die

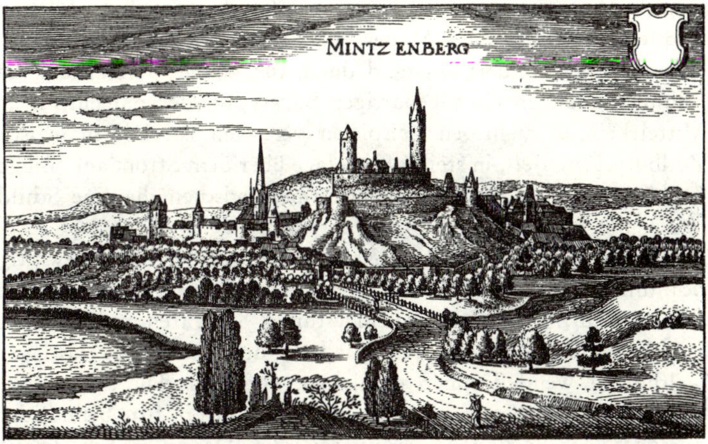


Z 26 Burg Münzenberg (Wetterau), Ansicht nach Merian

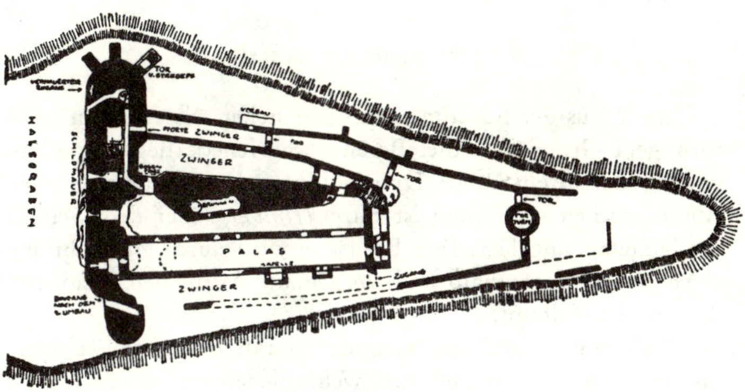


Z 27 Burg Scharfeneck (Pfalz), Grundriß nach Dehio/Gall, Pfalz und Rheinhessen 220

Schildmauer trägt einen Wehrgang, dessen Enden durch kleine Ecktürmchen mit Satteldächern betont werden. Die Gebäude der Burg duckten sich hinter diese Mauer.

Im 14. Jahrhundert entstand durch turmartige Verstärkung der Schildmauerenden ein eigenartiger Burgtypus, der namentlich am Mittelrhein in mehreren Beispielen vertreten ist. Die mainzische
T 154 Zollburg *Ehrenfels,* in steiler Hanglage über dem Strom am „Binger Loch“ errichtet, zeigt zwei Rundtürme, zwischen die eine Schildmauer mit doppeltem Wehrgang gespannt ist.

Die katzenelnbogische Burg *Reichenberg* war durch eine gewaltige
Z 28 Schildmauer geschützt. An ihr ragten 43 m hohe Türme auf (einer
Z 29 davon ist im 19. Jahrhundert eingestürzt). Sie waren im Kern rund,
T 153 jedoch in ihrem oberen Teil durch je drei halbrunde Vorlagen, welche die Wendeltreppen enthielten, verstärkt. Die Schildmauer enthielt mehrere Kammern, und über der in ihrer Mitte befindlichen Torfahrt darf die Kapelle vermutet werden. Der an die Schildmauer anstoßende Burgraum umschrieb ein Fünfeck. Er wurde, wohl gegen Ende des 15. Jahrhunderts, durch einen Palasbau mit halbrundem Ostabschluß erweitert. Er stützt sich seitlich auf kasemattenartige Baukörper, welche die Ostfront zusammen mit Geschützständen unter dem Palas und einem nach Südosten vorgeschobenen Rundturm in eindrucksvoller Weise verstärkten.

### 8. *Keilförmige Anlagen*

Dem Typus der Schildmauerburgen stehen die Anlagen auf keilförmigem Grundriß nahe. Bereits Scharfeneck liegt ein Plan zugrunde, der in ein langes Dreieck hinter der Schildmauer ausläuft. Ausgesprochen keilförmig ist Burg *Trimberg* über den Weinbergen
Z 30 des Saaletals angelegt. Ihre Breitseite wird durch eine Schildmauer abgeschirmt, deren halbrund vorgebaute Mitte den quadratischen Bergfried aufnimmt.

Z 31 Keilförmig ist auch die Grundrißgestalt der Burg *Baldenau* im Hunsrück. Sie gehört zu jenen Wehranlagen, mit deren Hilfe Erzbischof Balduin von Trier im 14. Jahrhundert seine Herrschaft sicherte und den Widerstand des Adels brach. Obwohl sie, wie die anderen Burgen Balduins, in ungewöhnlich kurzer Bauzeit errichtet

Z 28 Burg Reichenberg (bei St. Goarshausen), Ansicht nach Dilich

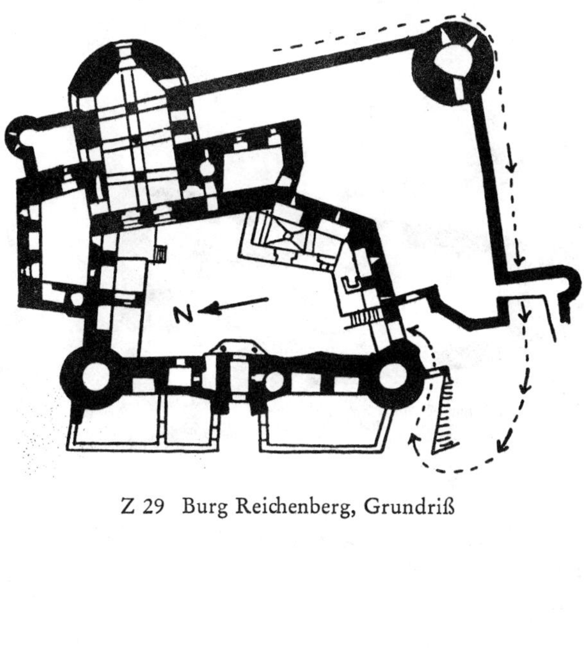


Z 29 Burg Reichenberg, Grundriß

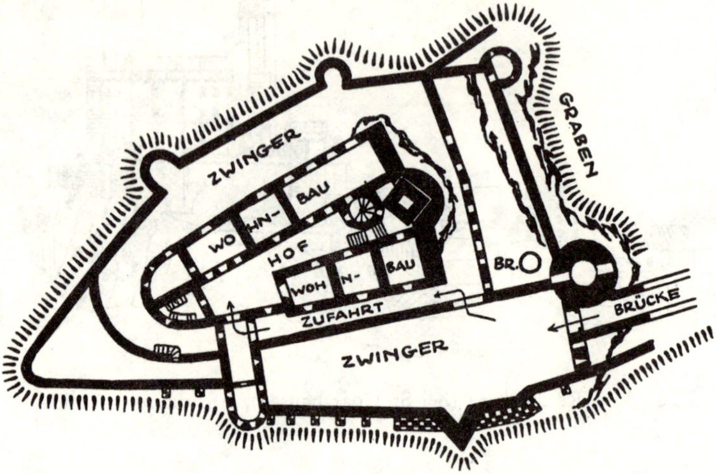


Z 30 Burg Trimberg (fränk. Saale), Grundriß

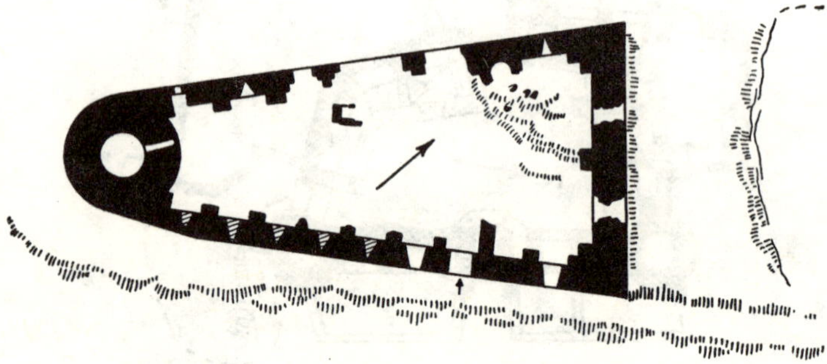

Z 31 Burg Baldenau (Hunsrück), Grundriß

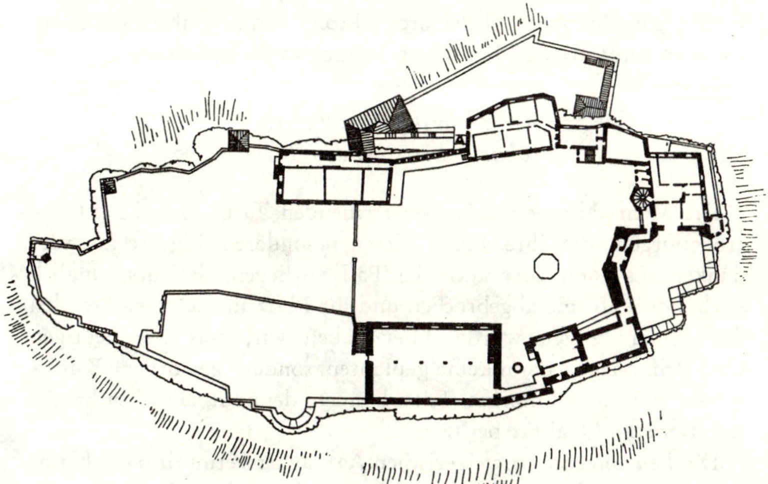

Z 32 Lenzburg (Aargau/Schweiz), Grundriß nach Schmidt, Burgen des deutschen Mittelalters 12

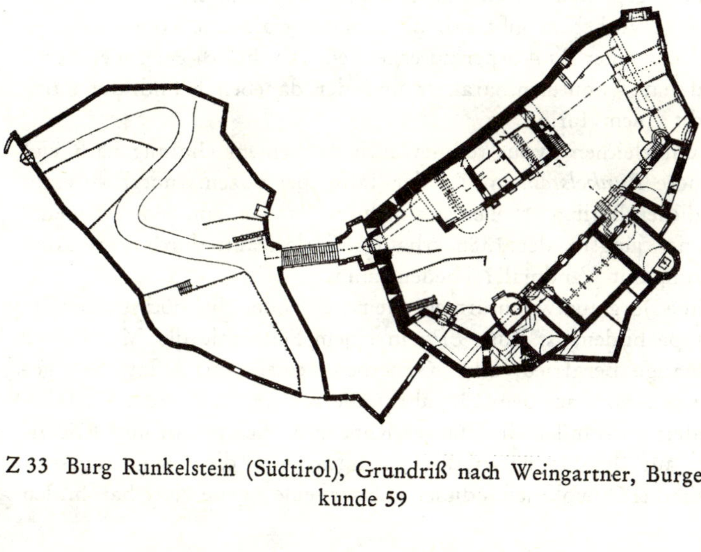

Z 33 Burg Runkelstein (Südtirol), Grundriß nach Weingartner, Burgenkunde 59

wurde, entbehrt sie nicht der architektonischen Schönheit, die schon aus dem sorgfältigen Plan dieses Turmpalas ersichtlich wird.

### *9. Mehrgliedrige Burgen ohne beherrschenden Turm*

Die Mehreckburgen ohne beherrschenden Turm sind meist Ganerbenburgen, die ihre Form dieser besonderen Eigenschaft verdanken. Es kann aber auch der Fall vorliegen, daß ursprünglich vorhandene Türme abgebrochen und ihr Platz in die anwachsenden Bauten einbezogen wurde. Hier haben wir, was den heutigen Grundriß angeht, dann keine geplanten, sondern gewordene Kunstwerke vor uns. Einzelne Teile können dennoch eine beachtliche künstlerische Qualität besitzen.

Z 32 Die *Lenzburg* im schweizerischen Aargau ist vermutlich die Nachfolgerin einer alemannischen Volksburg, die zu einem im Tal gelegenen Herrenhof der Aargaugrafen gehörte und von dorther angelegt und unterhalten wurde (R. Schmidt), ähnlich wie es auch für die fränkische Salzburg anzunehmen ist und hier wie dort verwandte Formen zeitigte. Während aber der Umriß der Salzburg noch von Türmen gegliedert wird, die sich auch aus dem Bild des Grund-
T 135 risses hervorheben, gibt sich die Lenzburg als eine kompakte Abfolge einzelner Baukörper zu erkennen. Ihr südlich gelegener Bergfried hat Wohnturmcharakter und der daneben befindliche Palas gleicht einem Turm.

Zum gleichen Typus rechnet auch der seinem Umfang nach viel
Z 33 kleinere *Runkelstein* im Tal der Talfer bei Bozen. Innerhalb eines länglichen Berings erheben sich mehrere Palasse, von denen nament-
T 184 lich der jüngste, der 1385 erbaute Vintlertrakt, durch seine Ausstattung mit Wandmalerei bedeutsam ist.

Eine Burg aus Wohntürmen, die miteinander eine höchst reizvolle
Z 34 Gruppe bilden, ist Burg *Eltz* in einem Seitentale der Mosel. Der ehemalige Bergfried, allen Ganerben gemeinsam, „Platteltz“ genannt, stammt aus dem 13. Jahrhundert. Vom 14. bis zum 17. Jahrhundert entstanden die Häuser Rübenach, Kempenich und Roden-
T 163 dorf auf dem langgestreckten Felsgrat, der die Grundrißgestalt bestimmt. Obwohl jedes dieser Häuser seine eigene Note hat, bilden

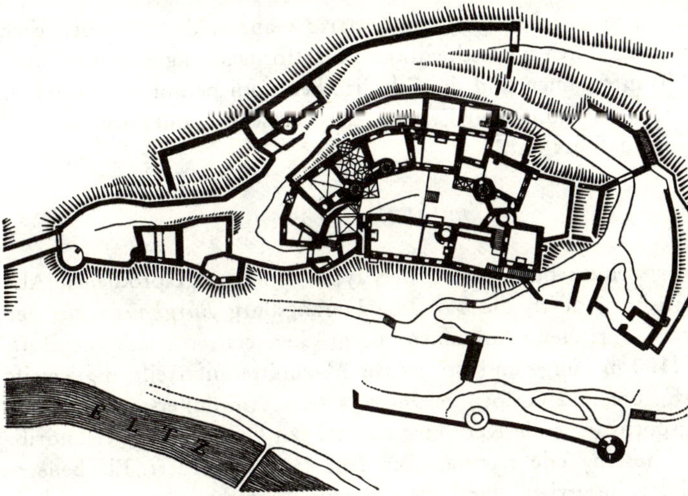


Z 34 Burg Eltz (Mosel), Grundriß nach Gr. Baudenkmäler: Eltz

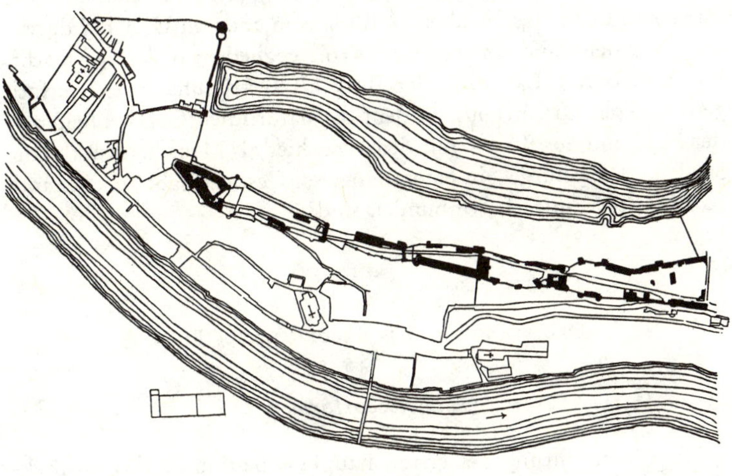

Z 35 Burg Burghausen an der Salzach, Plan der Gesamtanlage nach Ebhardt I, 11

sie doch zusammen ein unauflösbares Ganzes, dessen malerischer Charakter durch unterschiedliche Einzelformen, ungleiche Geschoß- und Traufenhöhen und die Ecktürmchen noch betont wird, und so zu der Vorstellung von Eltz als der deutschen „Burg schlechthin" (Dehio) geführt hat.

### *10. Abschnittsburgen*

Am weitaus besten wird der Typus einer ausgesprochenen Ab-
Z 35 schnittsburg durch die bairische Herzogsburg *Burghausen* an der Salzach vertreten. Auf einem Bergrücken erstreckt sich die Burg auf 1100 m Länge und ist in sechs Abschnitte unterteilt, die jeweils durch Tore und Gräben geschützt waren. Am äußersten Ende des Bergsporns liegt die Kernburg auf nahezu keilförmigem Grundriß. Ihre ältesten Teile stammen aus dem 13. Jahrhundert. Ein beherrschender Bergfried war hier ursprünglich nicht vorgesehen, doch übernimmt ein die Schildmauer flankierender Rundturm seine Funktion. Er ist erst in spätgotischer Zeit errichtet worden, als Burghausen im Zeichen drohender Türkengefahr neu befestigt wurde. So entstand das einzigartige Bild einer Burg mit einer erstaunlichen Längenausdehnung, die aber im Blick vom anderen Ufer her durchaus noch den Eindruck einer planvoll gegliederten Anlage macht.
T 168 Die horizontale Lagerung der Burg als Bekrönung eines vierfach geschichteten Organismus, in dem die natürlichen Gegebenheiten – der Fluß und der Berg – mit dem, was hier als Menschenwerk – die Stadt und die Burg – in einem längeren Geschichtsablauf entstand, zu schönster Eintracht verbunden sind.

## D. Bestandteile des Bauorganismus Burg

### *1. Die Wehrformen*

Die Linienführung des ersten Bauplans bestimmte das architektonische Grundgesetz der Burg. Seine Verwirklichung aber machte das Bauwerk erst in seinen einzelnen Bestandteilen anschaulich.

a) Die Ringmauer.

Die Ringmauer einer Burg ist ihr schlichtester Bauteil, weil sie ausschließlich Zweckbau ist. Ihre Wände waren tunlichst sorgfältig aus Quadern oder großen Bruchsteinen gemauert. Der unerläßlichen Mauerstärke wegen setzte man häufig zwischen die Wandschalen einen füllenden Kern aus kleinsteinigem Verband mit reichlicher Mörtelbindung.

Charakteristisch für viele staufische Burgen, vor allem des 12.
Jahrhunderts, ist die Belebung ihrer Außenmauern durch Buckel-
quadern. Die rechteckig behauenen Steine von manchmal bedeu- T 31
tenden Abmessungen wurden auf der Sichtfläche nur durch Rand- T 44
schlag glatt abgearbeitet, während der Spiegel bossiert blieb. Die T 55
Gründe dieser neuen Werkweise werden verschieden erklärt: ein-
mal mit dem Bestreben, einem belagernden Feind das Heraufschieben
der Sturmleitern an den Mauern zu erschweren; zweitens hatte die
Verwendung von Buckelquadern den Vorteil, daß viele zur völligen
Glättung des Steines nötige Arbeitsstunden eingespart wurden.
Sicherlich hat jedoch für die Verwendung von Buckelquadern auch T 85
mitgesprochen, daß von ihnen eine starke monumentale Wirkung
ausging. Der staufische Buckelquader bringt ein neues wesentliches
Element im deutschen Burgenbau zur Geltung. Die hoch aufgeführ- T 87
ten Schildmauern aus Buckelquadern, wie wir sie auf der *Wasen-
burg*, auf *Blankenhorn* oder *Berneck* antreffen, bezeugen ein ent-
wickeltes Architekturbewußtsein. In *Pfäffingen* haben wir den T 130
Sonderfall, daß einzelne bossierte Steine über die gesamten Außen-
wände des Wohnturms verteilt sind.

In der Wandfläche der Ringmauern waren an geeigneten Stellen schmale, rechteckige Schartenfenster oder Schlüsselscharten eingelassen, die zur Beobachtung oder zum Beschuß dienten – manchmal finden sich innerhalb der Mauerdicke Schießkammern oder Gelasse. Im 15. und 16. Jahrhundert werden die Schartenmündungen oft durch bossierte oder ornamentierte Umrandungen betont, gelegentlich nehmen sie die Form von Fratzenmäulern an.

Die Mauerkrone war meist gezinnt. Die frühe Rechteckform der Zinnen wurde aber, vor allem im Süden, vielerorts durch Rundzinnen oder in der Mitte der Windberge eingekerbte, sogenannte „Schwalbenschwanz"-Zinnen ersetzt. Über die Zinnen schob sich

meist das Dach eines gedeckten Wehrgangs aus Holz. Dieser saß entweder der Mauer auf oder er ruhte auf inneren Bogen- oder Pfeilerstellungen. Manchmal kragte er auch nach außen vor, selbst dort, wo es uns befremdlich anmutet, wie am Kapellenturm von
T 41 *Wildenberg* oder an der Mantelmauer von *Ortenberg* im Elsaß.

T 121 In gotischer Zeit pflegte man die Wehrgangzone durch Vorsetzen der Wand über Rundbogenfriesen zu betonen. Dabei ging man nur selten soweit wie im zeitgenössischen italienischen Burgenbau, wo die Ausbildung einer Mauerkrone auf weit ausladenden Konsolen üblich war. Dagegen fanden die ebenfalls aus dem Wehrbau Italiens kommenden Fußscharten (Maschiculi) im 15. und 16. Jahrhundert auch in Deutschland Anwendung. Ein – allerdings erst 1725 ff. errichteter – Turm der Feste *Marienberg* oberhalb von Würzburg trägt daher seinen Namen. Eine Vorform dazu war der Geschützturm des *Hohenrechbergs* aus dem 15. Jahrhundert.

Niederer, schmäler und nicht immer mit der gleichen Sorgfalt erstellt waren die Zwingermauern. Sie umgaben die Kernburg in mehr oder minder großem Abstand.

b) Die Türme

In den Verlauf der Mauern waren oft Türme eingebunden. Sie hatten Teil an der Mauer, flankierten sie streckenweise und bezeichneten Ecken oder Knicke. Häufig waren sie nur als Schalentürme ausgebildet.

Der Turm ist als wichtigster Wehrfaktor einer Burg auch Gegenstand mannigfacher künstlerischer Gestaltung geworden. Das gilt hauptsächlich vom *Bergfried.* Diese Bezeichnung ist ein erst in der Burgenkunde des 19. Jahrhunderts verbindlich gewordener Begriff, unter dem der eine Burg beherrschende Wartturm, zugleich ihr letzter Zufluchtsort, verstanden wird. Öfter nötigte die Besonderheit der Burg zur Errichtung mehrerer Bergfriede.

Der Platz des Bergfrieds ist von Fall zu Fall gewählt worden. Grundriß und Höhe sind recht verschieden. Allen Bergfrieden eigen ist jedoch ihre Festigkeit – die sich manchmal noch im Artilleriefeuer moderner Kriege bewähren mußte –, das Vorhandensein einer Wächterstube und der hochgelegene Eingang. Die häufigsten Grundrißformen sind Kreis und Quadrat. Es gibt aber auch zahlreiche

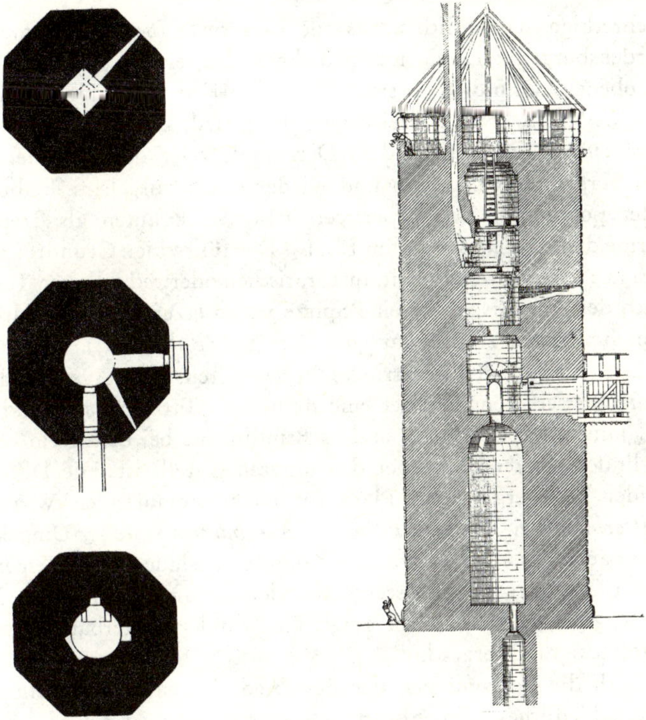

Z 36 Burg Steinsberg (Kraichgau), Bergfried. Schnitt und Geschoßgrundrisse nach Essenwein I, 89—92

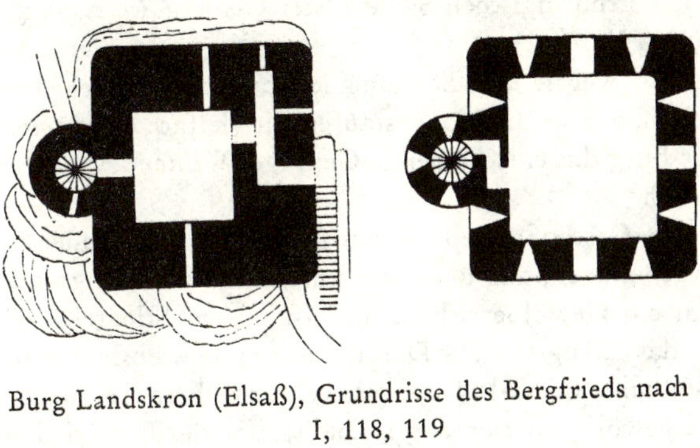

Z 37 Burg Landskron (Elsaß), Grundrisse des Bergfrieds nach Essenwein I, 118, 119

Z 36 mehreckige, namentlich achteckige Bergfriede (*Steinsberg*, mehrere
Ordensburgen). Einen merkwürdigen, zu einem Rhombus verschobenen Grundriß besitzt der Bergfried auf der Oberburg
*Manderscheid*. Einen dreieckigen Bergfried finden wir auf dem
Z 122 *Haldenstein* in Graubünden. Der runde oder quadratische Kern
des Bergfrieds wurde hin und wieder durch vorgelegte halbrunde
oder polygonale Baukörper verstärkt. Sie konnten als Treppen-
Z 37 türme dienen (*Landskron* im Elsaß). Der fünfeckige Grundriß ergab
sich aus der Notwendigkeit, quadratischen oder rechteckigen Türmen
nach der Angriffseite zu eine Spitze vorzusetzen. Auch Rundtürme
erhielten solche schiffbugartigen Vorsätze (*Bolkoburg*).

Der Aufbau des Bergfriedes in zwei Teilstücken verschiedenen Durchmessers kennzeichnet eine Reihe von Türmen namentlich des 14. Jahrhunderts. Meist sind es Rundtürme, bei denen ein oberer Zylinder konzentrisch über den unteren gestellt ist. Die Differenz beider Teile ergibt den Platz für einen umlaufenden Wehrgang (*Osterburg* bei Weida, *Büdingen, Auerbacher Schloß*). Umgekehrt kann auch das Obergeschoß auf Konsolen ausladen, wie es einer der schönsten Burgtürme Österreichs, der „Münzerturm“ der Burg
T 177 Hasegg zu *Hall* in Tirol zeigt. Ein runder Unterbau trägt ein
zwölfeckiges Obergeschoß.

Auch die Bekrönungen der Bergfriede bieten insofern ein recht
unterschiedliches Bild, als spätere Zeiten öfter geschweifte mehr-
T 161 stufige Hauben und zierliche Laternen auf die Türme gesetzt haben
T 204 (*Breuberg, Pfalzgrafenstein, Schallaburg*). Gemauerte Spitzhelme
treffen wir im thüringischen Saale-Elster-Gebiet (*Rudelsburg, Saal-*
T 80, 82 *eck, Schönburg*).

Bergfriede, welche die Schildmauer tangieren oder gar in sie
hineingreifen, wie sie die Hohenstaufenzeit vielfach errichtete, geben
häufig der Burg das entscheidende Gepräge (*Wildenberg, Kinzheim,*
T 85 *Gräfenstein*).

Die innere Geschoßeinteilung des Bergfrieds wurde meist in der
Weise vorgenommen, daß über dem untersten, als Gefängnis dienenden Raum ein Gewölbe sich schloß. In seinem Scheitel blieb eine
Öffnung, das „Angstloch“. Die folgenden Geschosse dienten als
Wächterwohnung oder als Treppenhaus. Auch diese Geschosse waren
Z 38 manchmal gewölbt (*Rittersdorf*). Die Treppe des Bergfrieds wurde

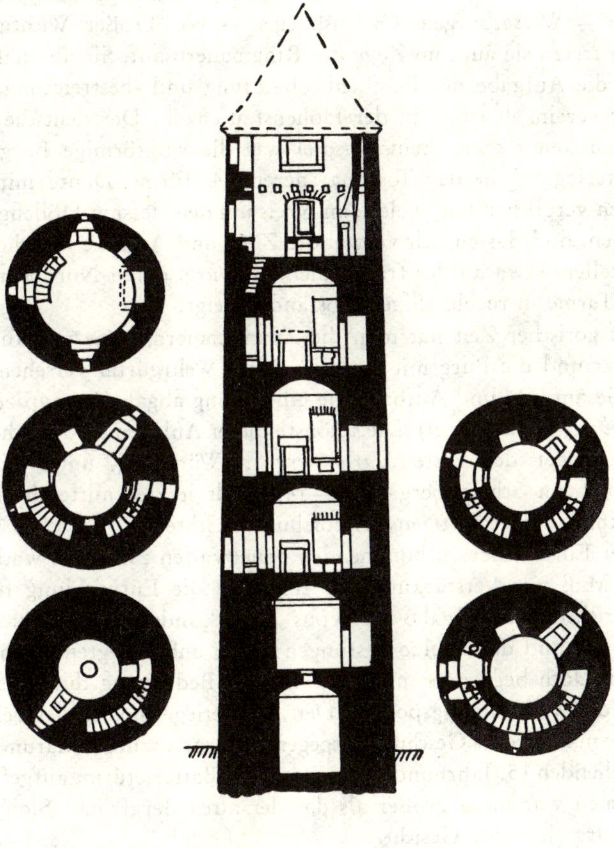

Z 38 Burg Rittersdorf (Rheinland), Bergfried. Grundrisse und Schnitt

häufig im Mauerwerk emporgeführt, sei es als Wendeltreppe *(Besigheim)* oder in mehreren Winkeln und Biegungen *(Beilstein)*.

Im Bild vieler Burgen treten neben den Bergfried die Mauertürme. Als Ecktürme wurden sie vor allem bei regelmäßigen Anlagen – Wasserburgen, Ordensburgen – von großer Wichtigkeit. Doch treten sie auch im Zuge der Ringmauern auf. Sie übernahmen dort die Aufgabe der Flankenbeobachtung und -bestreichung, und zwar vereinzelt schon in der Hohenstaufenzeit. Der deutsche Burgenbau kennt zwar kein Beispiel wie die ringförmige Burg von Monteriggioni in der Toscana, deren 14 Türme Dante mit den Riesen verglichen hat, welche im Kreis um den tiefsten Höllengrund wachen, doch lassen sich verwandte Züge und Ansätze mancherorts
Z 23 feststellen, etwa an der fränkischen *Salzburg*, deren Nordostmauer vier Türme in regelmäßigen Abständen zeigt.

Zu gotischer Zeit hat man die Zwingmauern gerne mit Türmen besetzt und die Burg mit einem äußeren Wehrgürtel versehen, der für Gesamtbild und Aufbau eine Gliederung abgab (*Burgprozelten, Homburg* an der Wern). Die schönste dieser Anlagen ist der Scherenbergzwinger der Feste *Marienberg* in Würzburg, unter Bischof
T 193 Rudolf von Scherenberg (1466–1495) als letztes mittelalterliches Denkmal der gewaltigen Bischofsburg errichtet.

Der Einsatz der aufkommenden Feuerwaffen zwang in wachsendem Maß zur Verstärkung der Abwehr. Die Entwicklung führte folgerichtig zur Aufgabe des Typus „Burg“, indem man zuerst feste Schlösser und dann reine Festungen neben unbefestigten Schlössern baute. Doch begegnete man zunächst der Bedrohung durch Steigerung der Verteidigungspotenz. Den Artilleriegeschossen des Feindes stellte man eigenes Geschütz entgegen. Allerorts wurden darum vom
T 192 ausgehenden 15. Jahrhundert an gewaltige Batterietürme aufgeführt. Volumen war meist größer als das der alten Bergfriede. Sie gaben der Burg ein neues Gesicht.

Neben Türmen spielten Erker oder Turmerker eine Rolle. Die massiven Steinerker, die auf Konsolen kastenartig an der Mauer hängen, stellen bei älteren Anlagen in der Regel Ausguß oder Aborterker dar. Erst später brachte man auch Wohnerker an.

Turmerker konnten die Wehrhaftigkeit erhöhen, sie dienten aber oft auch nur der Schmuckfreude. Im rheinischen Burgenbau sind sie

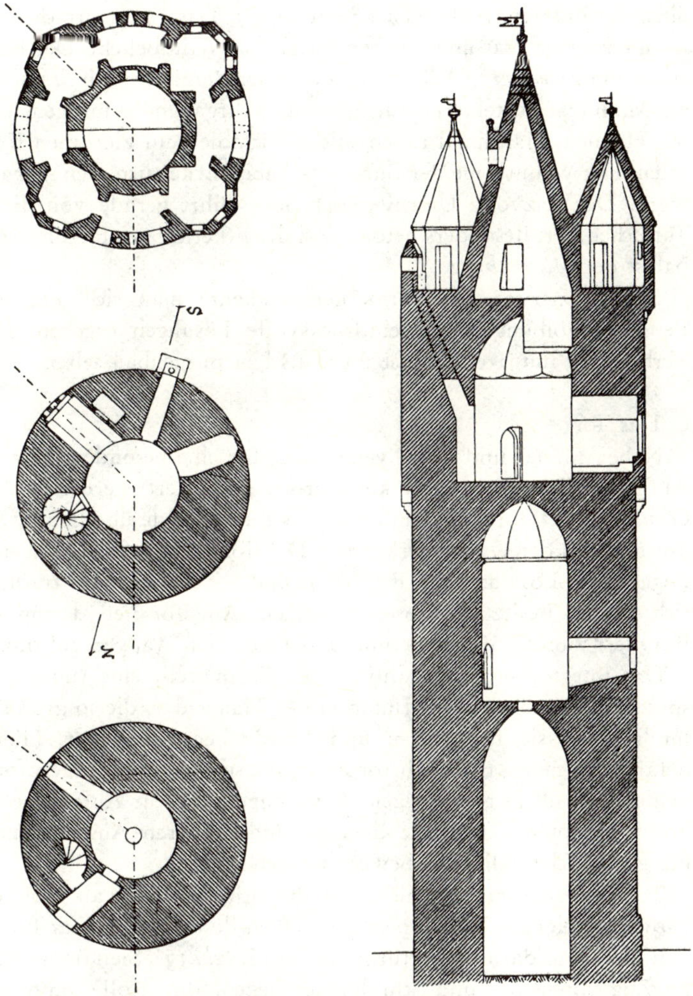


Z 39 Burg Steinheim (Main), Bergfried. Grundrisse und Schnitt nach Inv. Kr. Offenbach

T 159 häufig mehrgeschossig, wobei die oberen Geschosse auf Bogenfriesen
T 174 über die unteren vorkragen *(Bürresheim).* Das Erkertürmchen als
Architekturteil war im gotischen Burgenbau recht beliebt. Der Berg-
Z 39 fried von *Friedberg* (Adolfsturm) und der Bergfried von *Steinheim*
T 175 am Main tragen steinerne Türmchen in Wehrganghöhe mit gemauer-
ten Helmen. Manchmal ruhen solche Türmchen auf zierlichen Kon-
T 164 solen. Die Wohntürme der Burg *Eltz* haben Erkertürmchen in Fach-
werk. Der reizvolle Umriß dieser Burg rührt gerade von diesen
Türmchen her. Besonders betont sind die Eckerker am Hochmeister-
T 139 palast der *Marienburg.*

Zur Plazierung des Turmerkers bediente man sich auch der Pendentifwölbungen, die eindrucksvolle Lösungen ergeben. Ihre Verbindung mit Trompen ist im deutschen Burgenbau selten.

c) Das Tor

Neben Mauer und Turm versah das Tor eine besonders wichtige Aufgabe, die darum auch künstlerisch gemeistert werden wollte. Gewährte das Tor doch Einlaß in das Burggelände überhaupt. Am Tor gab sich der Gast zu erkennen. Der Torwächter fragte ihn nach Begehr und Losungswort. Ein Feind mußte zuerst danach trachten, sich in den Besitz des Tores zu setzen. Am Tor ließ darum der Burgherr zum Gruß für Freund und Feind sein Wappen anbringen.

Das Burgtor in seiner schlichtesten Form stellt eine rund- oder spitzbogig geschlossene Öffnung in der Mauer dar, die so groß sein mußte, daß sie für Wagen und Pferde benutzbar war. Häufig befand sich neben dem Fahrtor noch eine schmale Fußgängerpforte, beide lagen oft in rechteckigen Vertiefungen, die zur Aufnahme der hochgeklappten Zugbrücke dienten, und in deren Ausklinkungen das zusätzliche Fallgatter bewegt werden konnte.

Tore erforderten aber nicht nur die richtige Platzwahl, sondern
auch einen eigenen Baukörper. Sie können Bestandteile eines Turmes
T 54 sein, den man darum „Torturm" nennt *(Salzburg).* Sie können auch
im Zug von Ring- und Schildmauer liegen. Ihre Rolle kann auch
durch Ausstattung mit bauplastischem Schmuck unterstrichen wer-
T 39 den *(Schloßeck, Breuberg).* Manche Torgewände sind abgetreppt,
T 58 wodurch eine bedeutende monumentale Wirkung erzielt wird *(Wil-*
T 41, 40 *denberg, Burgprozelten),* andere beiderseits von turmartigen Vor-

bauten flankiert (*Landeck* in der Pfalz). Diese Form bildet schon die Vorstufe zu den häufigen Doppelturmtoren, während die Doppelpforte, die der römische Wehrbau so schätzte, auf Burgen kaum vorkommt *(Wildenberg)*. Viele Burgen besitzen gewölbte Torwege, und gelegentlich begegnen auch repräsentative Torhallen *(Gelnhausen)*. T 17 Die Führung des Torwegs hatte nicht nur auf das Gelände, sondern auch auf die Bebauung Rücksicht zu nehmen. Dadurch entstehen bemerkenswerte Lösungen. Zu den eigenartigsten Ausformungen gehört der durch 14 Tore spiralisch um den Berg führende Fahrweg von *Hochosterwitz*. T 207 Ein später klassizistischer Nachfolger sind die interessanten Auffahrtschnecken der Burg *Hohenzollern*.

Die Verstärkung des Tors durch einen vorgelagerten, mauerumgebenen Platz, eine Bastei, fand im 15. Jahrhundert ganz allgemein im Wehrbau Eingang, ebenso wie bereits früher Barbakanen errichtet wurden, zuerst als Parallelmauern, die den Torweg einengten, später ganz allgemein als Vorwerke zum Tor. An den Burgen des deutschen Ordens tragen sie die Bezeichnung „Parcham", die aber auch auf den Zwinger angewendet wird.

War eine Burg von trockenen oder nassen Gräben umgeben oder über Abgründen erbaut, so ergab sich die Notwendigkeit, den Zugang oder die Verbindung der einzelnen Bauteile über Brücken zu führen. Sie ruhten auf Pfeilern oder Bogen und haben damit Teil am T 136 äußeren Erscheinungsbilde der Burg. Die mit den Toranlagen eng verbundenen Zugbrücken wurden mittels Seilwinden oder unter Zuhilfenahme von Schwungruten bewegt.

Ausgemauerte Gräben, welche nicht nur die Sicherheit der Burg, sondern auch die Höhe der Ringmauern beträchtlich vermehren, sind im deutschen Burgenbau verhältnismäßig selten. Erst die Renaissance wendet sie in größerem Umfang an *(Heidelberger Schloß)*.

## 2. *Die Wohnformen*

### a) Der Palas

Neben die Wehrform der Burg tritt die Wohnform. Gerade hier wird Bedeutendes vollbracht. Der repräsentative Bau einer Burg

war im allgemeinen der Palas. In ihm leben, wie schon aus dem
Namen hervorgeht, die Überlieferungen des Palastbaus weiter. Das
Rittertum als Stand hat im Palas sein ihm gemäßes Bauwerk ge-
schaffen. Im Palas versammelten sich die Männer zu ernster Be-
ratung und zu frohem Umtrunk. Hier bewirtete der Burgherr seine
Gäste. Hier wurden Feste gefeiert und den Damen gehuldigt, was
oft durch Worte und Weisen von Minnesängern geschah. Die Pa-
lasse staufischer Herrensitze oder Bischofsburgen unterscheiden sich
im Wesen nicht von den Palatien der Kaiser. Auch in Größe und
Ausstattung sind sie ihnen oft ebenbürtig. Kunstsinn und Schmuck-
freude haben sich aus diesen Gründen besonders dem Palas zuge-
wendet. Der Palas darf als Inbegriff der künstlerischen Leistung im
deutschen Burgenbau gelten. Das gilt vornehmlich von den Werken
Z 114 der Hohenstaufenzeit. Aber auch danach kam es noch zu glänzen-
T 143 den Raumschöpfungen, die vom Rittersaal des *Marburger* Schlosses
über den großen Remter im Hochmeisterpalast der *Marienburg* bis
zum Wladislawschen Saal auf dem Hradschin zu *Prag* reichen.

Im Palas wird der architektonisch geformte Herrschaftsgedanke
der Ritterzeit in die Burg jedes einzelnen Standesangehörigen ein-
bezogen, so wie in der Kapelle ihr Glaube und ihre Frömmigkeit.

Die Form des Palas bleibt die eines rechteckigen Hauses, das über
einem fensterarmen, sockelförmigen Kellergeschoß meist zwei, durch
T 50 mehrgliedrige Fensterstellungen erleuchtete Stockwerke enthält. Der
T 51 Saal nahm gelegentlich eine ganze Geschoßfläche ein und lag dann
Z 65 im Obergeschoß (*Ulrichsburg, Wildenberg*). Häufig war vor dem
Saal noch ein Gang entlanggeführt *(Wartburg)*. Die Säle waren in
der Frühzeit in der Regel flachgedeckt, manchmal war ein mittlerer,
von Pfeilern oder Säulen getragener Unterzug notwendig. Erst im
13. Jahrhundert findet die Wölbung Anwendung. Gewölbte Säle
waren in der Regel zweischiffig *(Burghausen, Lockenhaus, Got-*
T 180 *torf)*. Doch blieben auch später viele Burgen bei der flachen Balken-
T 188, 189 oder Kasettendecke *(Füssen, Hohensalzburg)*.

Die übrigen im Palas untergebrachten Räume stehen in Beziehung
zum Saal. Sie haben repräsentativen Wohncharakter, der durch die
Anlage großer Kamine erhöht wird. Die Flure vor Sälen und
T 47 Wohnräumen besaßen meist unverglaste Fensterreihen *(Wimpfen,*
T 18 *Gelnhausen)*. Dagegen waren die Fenster der Säle fast immer mit

Verschlüssen versehen, wie aus zahlreichen Beispielen deutlich wird. T 79
Die Rahmen der Fenster hat man oft ornamentiert oder durch Profilierung hervorgehoben *(Schweinberg)*, die Fenster selbst mittels T 11
Säulen zu kleineren oder größeren Gruppen zusammengefaßt.

Das Vorhandensein von Kaminen war bei Dauerbewohnung unerläßlich. Man nannte solche Häuser (oder Stuben) „caminatae", wovon sich das Wort „Kemenate" herleitet. Es wird nur auf den Wohnraum angewendet. Oft ist der Palas auch bewohnbar gewesen, namentlich bei kleineren Burgen. Der Wohnpalas entsprach aber nicht dem ursprünglichen Sinn dieser Bauform. Viele Burgen nehmen daher deutliche Trennungen zwischen Palas und Kemenate vor.

b) Der Wohnbau

Auch der Wohnbau des Burgherrn und seiner Familie war architektonisch hervorgehoben. Die Gestalt des rechteckigen Giebelhauses bot sich hier noch mehr als beim Palas an. Auch der Bauplastik war ein gewisser Spielraum zugemessen. Die mehrstöckige Bauweise: Keller, Erdgeschoß, Obergeschoß, ausgedehnter Dachboden, der durch Gaupen erhellt war, darf als Regelfall gelten.

c) Die Wirtschaftsbauten

Die Wohngebäude des Gesindes waren einfach und oft nur aus Fachwerk gezimmert. Soweit sie im Bereich der Kernburg lagen und nicht in den Vorburgen in Verbindung mit den Scheunen und Stallungen standen, erfüllten sie das Bild des Burghofs mit Farbigkeit. Künstlerische Akzente konnten sie nicht setzen. Dagegen ist manchmal die große gemauerte Esse der Burgküche pyramidenartig
in Erscheinung getreten *(Heidenreichstein)*. Auch die Schornsteine T 147
haben mit ihren verzierten Bekrönungen die Dachflächen belebt.

Die Burgbrunnen waren für den Bestand einer Burg lebenswichtig. Darum haben sie des öfteren auch ein Gehäuse erhalten. Dem Formenreichtum städtischer Marktbrunnen begegnen wir zwar auf den Burgen nicht, doch sind eine Reihe eigener Brunnenhäuser mit
tiefen Ziehbrunnen erhalten, auch Brunnentürme *(Trifels)*. Am T 55
Brunnen der mainzischen Burg *Klopp* bei Bingen ist 1510 Meister Mathis („Grünewald") als Wasserkunstmacher tätig. Aus dem 16. Jahrhundert stammt die hübsche Brunnenhalle im Hof des

T 202 *Heidelberger Schlosses,* die Kurfürst Ludwig V. mit Säulen von der Ingelheimer Pfalz erbauen ließ.

Die Abortanlagen der Burgen waren entweder als Mauerschächte oder als kleine Erker an den Außenmauern angelegt, öfter so, daß man sie als Gußerker zur Verteidigung verwenden konnte. Im übrigen versteckte man sie begreiflicherweise etwas, wie ja auch ihre spätmittelalterliche Bezeichnung „Heimlichkeit“ lautete. Nur bei den Ordensburgen ist es zur monumentalen Gestaltung der Abortanlagen gekommen: es waren die „Dansker“, deren bedeu-
T 136 tendster in *Marienwerder* stand.

Das Bild des Burghofs wies bei großräumigen Anlagen, dem organischen Wachstum des Ganzen entsprechend, zunehmend malerische Züge auf. Doch verfügten die meisten Burgen nur über einen sehr beschränkten Raum, der im Laufe der Zeit durch zusätzliche Bauten noch mehr eingeengt wurde. Aber auch unter diesen Verhältnissen wurde die Gestaltung des Hofes nicht vernachlässigt. Als Muster boten sich die von Kreuzgängen gesäumten Klosterhöfe an. Die Übernahme dieses Motivs durch das Konventshaus der Ordensburgen war naheliegend. Im österreichischen Burgenbau versah man vom 15. Jahrhundert an den Burghof gerne mit Lauben, die dann von der Renaissance besonders gepflegt
T 205 wurden *(Schallaburg).*

### *3. Der Wohnturm*

Die Notwendigkeit, den Wehr- und Wohnerfordernissen auf begrenztem Raum zu genügen, hat zur Ausbildung einer Sonderform, nämlich des Wohnturms, geführt. Obwohl er bereits die früheste Form des deutschen Burgenbaus in den Turmhügelburgen darstellt, hat er eine bedeutende und künstlerisch beachtenswerte Gestalt erst zwischen dem 12. und 14. Jahrhundert erhalten. Man kann ihn daher nicht als späten Nachfolger der Turmhügelburgen auffassen, sondern als neue Ausformung, die den französischen Donjon und den englischen Keep voraussetzt. Diese wiederum sind in zwei Gruppen zu gliedern, in den Rundturm, der meist noch teilrunde oder eckige Vorlagen aufweist, und den rechteckigen Turm, der ebenfalls von entsprechenden Anbauten begleitet sein

Z 40 Burg Trifels (Pfalz), Schnitte durch den Hauptturm und Grundrisse nach Ebhardt, Trifels 5, 13

kann. In England entwickelte sich auch der „Shell-keep“, der sich
wie eine Schale um einen hofartigen Innenraum legte.

Nur der französische Donjon hat in Deutschland Eingang ge-
funden. Wiederum ist es der staufische Burgenbau, der sich dieses
Typus in besonderen Fällen bemächtigt. Der Hauptturm der pfäl-
Z 40 zischen Kaiserburg *Trifels* ist nach der Art eines Donjons gebaut.
Sein Inneres nahmen Kapelle und Wohngelasse auf. Aber auch der
Palas war vorhanden und gerade unter Friedrich II. glanzvoll
ausgestattet worden. Die Art des Trifelsturms hat ihre Nachfolge
gefunden. Wir finden seine Disposition auf Burg *Neuhausen*
Z 41 (Frauenburg) in Livland (worauf Bodo Ebhardt aufmerksam
T 146 machte), aber auch auf der Burg Kaiser Karls IV., dem *Karlstein*
in Böhmen. Der mächtige rechteckige Wohnturm der Burg *Breisach*
Z 42 gehörte ebenfalls zu diesem Kreis. Er wurde nach 1193 durch
Herzog Berthold V. von Zähringen erbaut. Vom gleichen Bauherrn
stammt auch der große Wohnturm zu *Thun* in der Schweiz.

T 131 Der Wohnturm auf dem Petersberg bei *Friesach* in Kärnten ist
noch im 12. Jahrhundert entstanden. Auch er enthält eine Kapelle.

Ein recht eigenartiger Wohnturm ist der Hauptturm der Burg
T 150 *Lichtenberg* im Unter-Elsaß. Er besteht aus einem rechteckigen
Mittelblock, an den auf beiden Seiten runde Baukörper angeschlos-
sen sind. Sie sind mehrgeschossig, die Innenräume sind gewölbt.

Dieser um die Mitte des 13. Jahrhunderts erbaute Turm bildet
eine formale Vorstufe zu jener Sonderform, die während des
T 148 14. Jahrhunderts geschaffen wurde und in Gestalt eines hohen Dop-
T 149 pelturmtors auf der *Kasselburg* in der Eifel und der *Ehrenburg* an
der Mosel begegnet. Sie stellt eine Verbindung von Tor, Schildmauer,
Bergfried und Wohnbau dar. Im Typus ist sie verwandt mit den
turmflankierten rheinischen Schildmauerburgen. Man darf auch an
das mit Wohnräumen und Kapelle ausgestattete Doppelturmtor
Z 43 der Eifelburg *Mürlenbach* erinnern.

Die gotischen Wohntürme der Burg *Eltz* mit ihren Ecktürmchen
vertreten einen Typus, der im Rheinland öfter vorkommt *(Leubs-
dorf*, Ritter Schwalbach-Haus in *Boppard*), und nach dem auch
einige der Burgen Erzbischof Balduins gebaut sind.

Die alte erzbischöfliche Burg von *Aschaffenburg* besaß einen
Z 44 mächtigen viereckigen Wohnturm mit vier, auf zierlichen Bogen-

Z 41 Burg Neuhausen (Livland), Turmgrundriß nach Guleke aus Ebhardt I, 613

Z 42 Burg Breisach, Ansicht von Burg und Stadt von Arhardt, um 1640

friesen vorkragenden Ecktürmchen. Bei der Zerstörung der Burg im Markgräflerkrieg 1552 blieb er stehen und wurde von Riedinger, mit Fensterachsen versehen, in den Renaissance-Bau eingefügt. Auch die zweite Zerstörung des Schlosses 1945 hat er überdauert. Wieder bedacht, verkörpert er ein wesentliches Stück der Baugeschichte der Johannesburg.

## *4. Die Kapelle*

Unter den Hauptbauteilen einer Burg nimmt die Kapelle eine besondere Stellung ein. In ihrer Gestalt ist auch die Sakralarchitektur auf die Formel des Gesamtbauwerks „Burg" gebracht. Die Kapelle als solche auf Burgen begegnet von einer Art „Herrgottswinkel", nämlich der einfachen Altarnische oder dem Altarerker im Wohnbau an bis zu geistvollen Burgkirchen, die, wie die Matthias-
Z 50 kapelle der Oberburg von *Kobern* zu den Meisterwerken deutscher
T 111, 112 Kirchenbaukunst zählen.

Z 45 Die karolingischen Pfalzkapellen von *Aachen* und *Nimwegen*
T 2 sind Zentralbauten und von programmatischer Bedeutung. Aachen steht in der imperialen Tradition, die von Byzanz (Hagios Sergios und Bakchos) und dem Ravenna Theoderichs (S. Vitale) gespeist wird. Aber schon die Burgkapelle der Marienburg oberhalb von
T 3 *Würzburg* hat Rundgestalt. Unter dem alten Chor von St. Georg in *Schlettstadt* wurden 1876 und 1902 die Grundmauern der kreisrunden Kapelle des Königshofs gefunden, in der Karl der Große
Z 46 775 weilte. Auch die Burgkapelle von *Znaim* ist ein Rundbau. Und
T 6 auf der *Krukenburg* wird der runde Mittelbau im 11. Jahrhundert nach vier Seiten kreuzförmig erweitert.

Die dem kultischen Zentralbau eigene Symbolkraft, welche den Erdkreis und das Himmelsgewölbe als Herrschaftsbezirke berührt, ist auch in Aachen spürbar, ebenso wie die übereinander um die Mitte geordneten Umgänge dem ständischen Denken entsprechen.

Unter den Burgkapellen des 11. Jahrhunderts ist die von *Donau-*
T 7 *stauf* über der Torfahrt in einem starken Turm untergebracht. Ihr Grundriß zeigte nach vier Seiten je drei bogenförmig geschlossene, halbrunde Wandnischen. Vier freistehende Mittelsäulen trugen ein

Z 43 Burg Mürlenbach (Eifel), Schnitt durch die Toranlage

Z 44 Burg Aschaffenburg (Main), Ansicht, dem Veit Hirschvogel zugeschrieben, Mitte des 16. Jh.

Gewölbe von 9 Jochen. Der Raum muß einen kryptenartigen Eindruck gemacht haben.

Noch bemerkenswerter ist die Burgkirche zu *Oberranna* unweit von Spitz an der Donau. Hier ist ein fünfjochiges Langhaus mit zwei Querschiffen versehen, über jeder Vierung erhebt sich ein Turm, von denen der östliche Bergfriedcharakter hat, während der westliche in das Schloß verbaut ist. Den Ostabschluß bildet eine halbkreisförmige Apsis mit Lisenenbelag und Bogenfries. Im Westen befindet sich eine quadratische Krypta auf vier Säulen mit ausladenden Kapitellen, darüber eine Empore. Der höchst interessante Bau wird neuerdings mit Gorzer Baugewohnheiten in Verbindung gebracht.

Die Burgkapelle von *Winzingen* an der Haardt übernimmt für die Außenwand ihrer halbrunden Chorapsis die Wandgliederung der Hauptapsis des Speyerer Doms.

T 8a Der karolingische Zentralbautypus setzt sich in *Bamberg* an der Pfalzkapelle Kaiser Heinrichs II. fort. Die Ulrichskapelle der Kai-
T 4, 5 serpfalz *Goslar* bildet im Grundriß ein griechisches Kreuz, an das auf der Ostseite drei Apsiden angefügt sind. Sie ist auch doppelgeschossig. In ihrem quadratischen Mittelraum ruht unter einem Relief des 13. Jahrhunderts das Herz Kaiser Heinrichs III.

Zur Hohenstaufenzeit entstehen eine Reihe von Doppelkapellen,
T 62, 63 zunächst in den Kaiserpfalzen und Reichsburgen *Hagenau, Nürn-*
T 66, 67 *berg* und *Eger*. Die zweigeschossigen Bauwerke von Nürnberg und
Z 47 Eger setzen die Emporenkirche von Aachen voraus, bilden sie aber auf ihre Art selbständig weiter. Sie sind zentral verstanden und um einen Mittelschacht geordnet. Ostwärts befindet sich ein Altarraum, der zu Nürnberg von einem Turm überhöht wird.

Der Ursprungstypus dürfte Hagenau gewesen sein. Nach den Forschungen, die Robert Will über diese staufische Pfalz angestellt hat, war die Kapelle in einem turmartigen, achtseitigen Bauwerk untergebracht, das an der Sohle rechteckig beschaffen war, im Obergeschoß aber einen oktonalen Turm bildete mit Chor über der Torfahrt und einem rechteckigen Raum nach Westen zu. Ein drittes Stockwerk scheint nur über eine Galerie zugänglich gewesen zu sein. Es enthielt die Schatzkammer.

Die Pfalz *Gelnhausen* hatte eine einfache rechteckige Kapelle über dem Tor. Ihr Gewölbe ruhte auf vier Pfeilern.

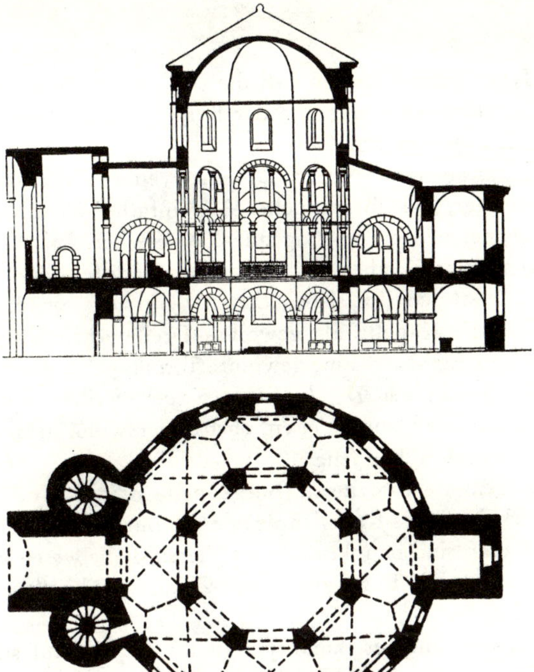

Z 45 Aachen, Grundriß und Schnitt des Münsters nach Koepf 260, 261

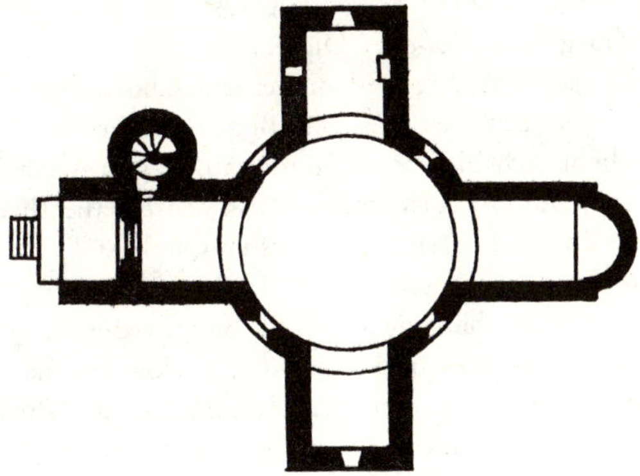

Z 46 Krukenburg bei Helmarshausen (Hessen), Grundriß der Kapelle nach Hootz, Hessen, 380

Dem Typus Eger schließen sich die thüringisch-sächsischen Dop-
T 77, 78 pelkapellen der *Neuenburg* und der Burg *Landsberg* bei Halle an,
T 74–76 letztere mit drei Apsiden.

Das staufische Jahrhundert hat eine weitere Form der Burg-
kapelle geprägt, die Turmkapelle. Als einfache Kapelle des Tor-
T 41 turms begegnet sie, mit auskragendem Apsiserker, auf *Wildenberg*,
ohne einen solchen, aber mit betontem Rundfenster, auf Burg
T 104, 105 *Rheda* in Westfalen. Im siebeneckigen Bergfried von *Rieneck* im
Z 67 Spessart ist die Kapelle als gewölbte Dreikonchenanlage in der
T 57 Mauerstärke ausgespart. Eine gewölbte Turmkapelle, gleichfalls mit
Apsiserker, besitzt der *Trifels*. Einen Kapellenerker im Palas hat
T 37 *Landsberg* im Elsaß aufzuweisen, ebenso der wohnturmartige Pa-
las der *Lobedaburg* bei Jena.

T 13 Eine ausgemalte romanische Burgkapelle ist auf *Hocheppan* in
T 12 Südtirol erhalten. Die Kapellenportale der Burgen *Tirol* und *Zeno-
berg* bei Meran sind bauplastisch mit Tieren, Fabelwesen und Mas-
ken geschmückt. Die Burgkapelle von Zenoberg schließt mit einem
Dreiapsidenchor.

Auch als selbständiger Baukörper ist die Kapelle auf staufischen
Burgen vertreten: im Anschluß an den Palas als schlichter Saalbau
mit Fürstenempore zu *Wimpfen*, als Burgkirche im Hof auf kreuz-
förmigem Grundriß mit Vierungsturm und dreiapsidialem Chor-
Z 48 schluß zu *Querfurt*, als achteckiger Zentralbau auf *Vianden* – dop-
T 109, 110 pelgeschossig – und schließlich, ganz gelöst von den Burgbauten,
Z 50 auf der Oberburg von *Kobern*. Diese dem Apostel Matthias ge-
T 111, 112 weihte Kapelle ist sechseckig und mit einem Choranbau versehen,
dessen Apsis einen hufeisenförmigen Bogen beschreibt. Über der
Raummitte erhebt sich eine von Bündelsäulen getragene Laterne,
wodurch die Kapelle ein turmartiges Aussehen erhält. Ihre Wand-
gliederung und ihr Dekor sind von bester Qualität.

Die gotische Burgkapelle entwickelt sich in ihren ausgeprägtesten
Beispielen zur Burgkirche, wie etwa in Bayern die Burgkapellen
T 170 von *Burghausen*, *Trausnitz* und *Blutenburg*, wogegen sie auf dem
T 144 Schloß zu *Marburg* noch in enger Verbindung mit der Burg bleibt,
als deren Exponent sie auch im Aufbau der ganzen Baugruppe
erscheint.

Auf den Burgen des deutschen Ordens ergab sich ein bevorzugter

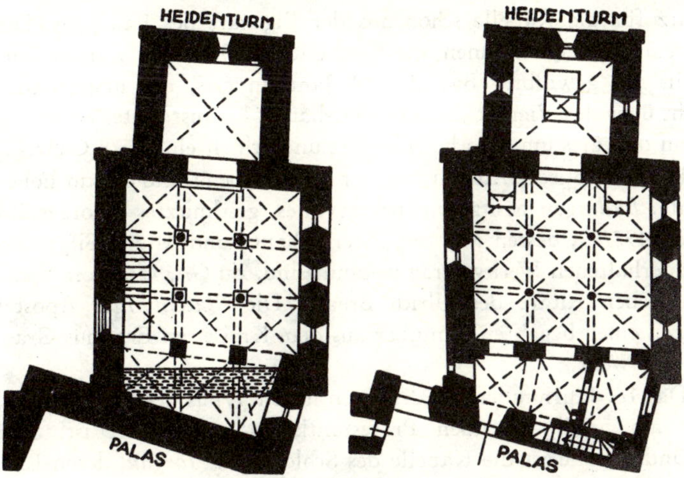


Z 47 Burg Nürnberg, Grundrisse der beiden Kapellenstockwerke

Z 48 Burg Querfurt, Ostansicht der Kapelle nach Wäscher Taf. 104

Platz für die Kapelle schon aus der Eigenart des Bautypus. Die bedeutendste unter ihnen, die Kirche der *Marienburg* war ein ein-
Z 102 schiffiger, gewölbter Bau des 14. Jahrhunderts, der ursprünglich nicht über das Viereck des Konventshauses hinausreichte. Er wurde dann ostwärts um 2 Joche erweitert und erhielt einen 5/8 Chor.

Die spätgotische Ausstattung der Burgkirchen stand oft auf hoher
T 171 Stufe. *Büdingen* besitzt ein prachtvolles, geschnitztes Chorgestühl von 1497/99, dessen Meister, Peter Schantz und Michel Silge, aus dem erhaltenen Werkvertrag bekannt sind. Zu *Gnandstein* in Sachsen stehen Altäre des Ulrich Breuer. Die *Blutenburger* Apostel zeigen einen begabten Schnitzer aus dem Kreise um Erasmus Grasser am Werk.

Das 16. Jahrhundert schafft einen neuen Typus der Schloßkirche, der am predigthörenden Protestantismus ausgerichtet ist. Sein Gründungsbau ist die Kapelle des Schlosses zu *Torgau,* deren Einweihung Luther selbst 1544 vollzog. Der rechteckige Emporenbau ist in manchen Einzelheiten, vor allem dem Gewölbe noch sehr gotisch empfunden, ebenso wie die katholische Schloßkapelle der
T 208 dem deutschen Orden gehörenden *Kapfenburg* bei Aalen, die erst gegen Ende des Jahrhunderts erbaut und 1591 ausgemalt wurde. Bedeutender ist die von Ottheinrich 1540 erbaute Schloßkapelle von *Neuburg* an der Donau, ein Rechteckraum mit Emporen und Spiegelgewölbe. Die Emporenbrüstung ist stuckiert, die Gewölbe tragen Gemälde biblischen Inhalts von Hans Bocksberger d. Ä., 1543. Hier wurden neue Wege beschritten, die zu den Schloßkapellen führten, welche Alberlin Tretsch in *Stuttgart* (1560/62), Georg Riedinger in *Aschaffenburg* (1605/14) und Hans Schoch in *Heidelberg* (1601 ff.) schufen.

Z 49 Burg Vianden (Luxemburg), Grundriß u. Schnitt der Kapelle nach Ebhardt I, 646

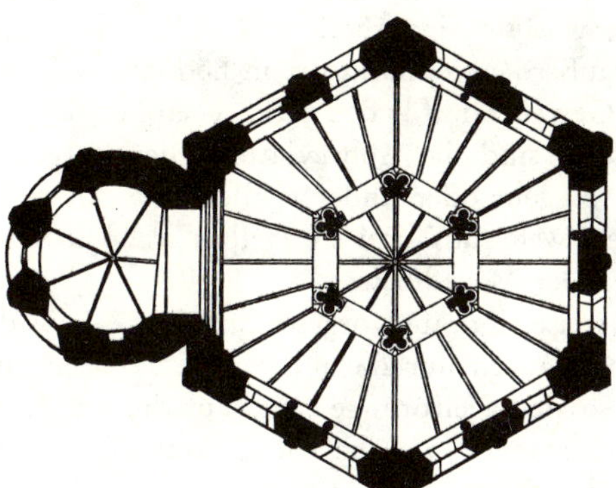

Z 50 Oberburg Kobern (Mosel), Grundriß der Matthiaskapelle

# II. DIE GESCHICHTE DER BURG

## A. Wehrbauten und Residenzen der alten Völker

Beherrschung eines Raumes und Behauptung eines Platzes sind die Aufgaben der Burg als Wehrbau. Die Burg „will Herrschaft setzen und Schutz gewähren" (Pinder). Der Schutz von Menschen, Vieh, Sach- und Grundwerten ging mit dem Trutz gegen Angriff, auch der Möglichkeit, einem solchen zuvorzukommen oder ihn bereits in den Ansätzen zu vereiteln, Hand in Hand. Schutz forderte Mauern, Trutz Türme. Hinter die Mauer konnte man sich und andere bergen. Die Mauer diente vor allem der Verteidigung. Die ummauerte Burg war das, was man in der modernen Kriegstechnik eine Igelstellung oder eine Rundumverteidigung nennt. Die Mauer konnte freilich auch die Vorbereitung zu einem Angriff oder Ausfall der Beobachtung entziehen. Sie verbarg, sie verwehrte den Einblick. Sie setzte eine klare, unüberschreitbare Grenze. Der Turm hingegen überhöhte, gestattete den Rundblick, die Überwachung dessen, was sich innerhalb und außerhalb der Mauern zutrug. Er war außerdem Zufluchtsort in höchster Gefahr und oft genug sicherster Gewahrsam für den gefangenen Feind.

Mauer und Turm sind die Abbreviaturen der Burg auf vielen mittelalterlichen Siegeln oder anderer bildlicher Darstellung. Als Urtypen jeglichen Wehrbaus sind sie freilich schon so alt wie die ältesten Kulturen der Menschheit.

Verständlicherweise sind aus vorgeschichtlicher Zeit weder Mauern noch Türme, sondern nur die ihre Stelle bezeichnenden Erd- oder Steinwälle sowie kegelförmige Hügelaufschüttungen erhalten. Die ältesten Steinmauern wehrhaften Charakters im deutschen Sprachgebiet sind keltische und germanische Volksburgen, meist von gewaltigem Umfang, die einer möglichst großen Zahl von Menschen Raum boten. Es waren Burgen, die nur im Ernstfall besetzt wurden. Ihre Unterkünfte können nur aus schlichten Hütten bestanden haben. Scheunen, Stallungen und andere Versorgungsbauten waren ausreichend vorhanden. Die Ausdehnung der Mauern war darauf berechnet, daß sie von der gesamten, wehrfähigen Mannschaft eines Stammes verteidigt wurden. Die Mauern selbst bestanden meist aus Holzgestellen oder Flechtwerkverschlägen mit dazwischen geschichteten Steinen. Als das Holz verbrannt wurde oder zerfiel, stürzten die Steine zu Wällen zusammen. „Ringwälle“ dieser Art sind an vielen Stellen erhalten. Sie sind eine Vorform der „Burg“, auf die dieser Begriff noch nicht mit vollem Inhalt anwendbar ist. Das gilt auch von einer der eindrucksvollsten Befestigungen dieser Art, der sogenannten „Heidenmauer“ auf dem *Odilienberg* im Elsaß. Sie ist in einer Länge von über 10 km noch auf weite Strecken in ihrem Mauerverband vorhanden. Hier sind große, unbehauene oder nur roh bearbeitete Steinblöcke, wie sie an Ort und Stelle gebrochen oder gefunden wurden, in Lagen aufeinandergelegt und durch waagerechte Holzverzapfungen, deren keilförmige Kerben noch allenthalben sichtbar sind, miteinander verbunden. Die Datierung dieser Volksburg ist umstritten. Sie schwankt zwischen 300 und 100 v. Chr. Doch dürfte sicher sein, daß sie durch die Mediomatriker aufgeführt wurde.

Als die gewaltige Heidenmauer des Odilienbergs entstand, hatten die „Zyklopenmauern“ (wie man sie nach dem großen Format der Bausteine zu nennen pflegt) der antiken Welt schon lange ihren Wert eingebüßt. Und doch sind sie in ihrem Charakter der Mauer in den Vogesen nahe verwandt: die Mauern von Tiryns und Mykene oder von der ältesten Athener Akropolis. Schon Homer versah, worauf Schliemann aufmerksam machte, Tiryns im Unterschied zu anderen Städten mit dem Eigenschaftswort: „τειχόεσσα“, „die Mauerstarke“. Freilich, nur die Ringmauern, die ungeheuren Blöcke, aus denen sie gebildet sind, gleichen einander. Was die griechischen Mauern umschlossen, waren nicht Fluchtburgen, sondern Herrscherpaläste und Göttertempel. Berühmt sind die geböschten Mauern der Pergamos von Troia (6. Schicht), die auf dem Grundriß eines unregelmäßigen Polygons Häuser und Tempel umfassen. Den beiden Toranlagen ist besondere Aufmerksamkeit gewidmet.

Wir treffen hier auf zwei weitere Stammbäume der mittelalterlichen Burg: die umwehrte Residenz, die Königsburg, den wehrhaften Fürstensitz und die Tempelburg, deren bedeutsamste Gestaltwerdung in der Athener Akropolis vor sich ging. Manchmal waren auch beide in einer großen Anlage vereint, wie etwa am Beispiel der Akropolis von Pergamon zu ersehen ist.

Das Haus des Königs ist ja nicht nur Wohnstatt; es ist in erster Linie Repräsentationsbau. In ihm stellt sich das Staatswesen selbst, das Ansehen, welches es beansprucht, die Macht des Herrscheramtes, dar. Der Palast als solcher ist bewußte Architektur, seine Ausstattung zeigt die für solche Repräsentation unerläßliche Entfaltung von Aufwand und oft Prunk. Mit dem Königspalast verbunden waren in der Regel auch ein Tempel und eine Schatzkammer. Beide bedurften des Schutzes. So ergab sich ganz von selbst die Notwendigkeit, Mauern und Türme zu errichten und sie durch Tore zugänglich zu machen. Und auch, diese Bauten sinn- und zweckvoll miteinander zu verbinden und aufeinander zu beziehen. Ihrer Bedeutung nach mußten sie durch Gestalt, Größe und Schmuckformen von der Umwelt unterschieden werden.

So waren die Königspaläste des alten Orients bereits „Burgen“, in denen das architektonische Konzept verwirklicht war, das ebenfalls als Formgesetz der deutschen Burg zu gelten hat. Beurteilen lassen sich diese Königsburgen meist nur nach den ausgegrabenen Grundrissen. Die gefundenen Reste ermöglichen gelegentlich auch Rekonstruktionen, die eine Übereinanderschichtung und Ineinanderverschachtelung kubischer Baukörper zeigen.

Besonders ergiebig sind die Anlagen im Zweistromland. Der babylonische Palast des Gudea ist rechteckig angelegt. Ein Teil der Außenmauer wird durch Säulen gegliedert. Die ausgedehnten assyrischen Paläste: der Sargon-Palast zu Khorsabad (8. Jahrhundert v. Chr.) und der Palast des Assurbanipal Kujundschikku (7. Jahrhundert) gleichen Städten. Ihre im rechteckigen Umriß geführten Ringmauern sind in regelmäßigen Abständen von rechteckig vorspringenden Turmkörpern unterbrochen. Auch die Palastbauten Nebukadnezars II. in Babylon (6. Jahrhundert) und die von ihm errichtete Prozessionsstraße haben dieselbe Gliederung. Ein rechteckiges Kastell mit vier turmartigen Eckbauten war schon die Königsburg Sauls zu Gibea (11. Jahrhundert).

Neben diesen wehrhaften Residenzen stehen als Ausnahme die unbefestigten Paläste auf Kreta: Knossos, Phaistos, Mallia und Hagia Triada. Auf den weiten Palastarealen sind zahlreiche Räume um einen mittleren rechteckigen Hof angelegt. Diese Fürstensitze müssen als ausgesprochene Schlösser gelten. Sie nehmen den in unseren Breiten erst im 17. und 18. Jahrhundert verbindlich gewordenen Typ des unbewehrten Schlosses vorweg. Sie waren, wie diese, der festlichen Lebensfreude zugewendet. Ganz unbekannt war jedoch diese Möglichkeit im Mittelalter auch nicht, wo sie sich vereinzelt in Jagd- und Lustschlössern bekundete.

Alle diese Königsburgen haben ausgebildete Toranlagen. In Tiryns und auf Kreta sind es Vorformen der Propyläen der Akropolis von Athen. In Mykene ist das mit einem gewaltigen monolithen Sturz rechteckig geschlossene und durch ein dreieckiges Relief zweier aufrechter Löwen zu beiden Seiten einer mittleren Säule ausgezeichnete „Löwentor" der Prototyp des repräsentativen Burgtors überhaupt.

Schließlich, die verschiedenen Königsburgen der Völker des alten Morgenlandes machen es deutlich, daß zur Burganlage nicht nur das Bauwerk als solches oder in seiner Verbindung zu anderen Baukörpern gehört, sondern auch der umbaute Raum. Der Hof, oft in regelmäßiger Form angelegt, gepflastert, manchmal von Lauben umgeben oder mit Wänden umstellt, welche besonderen Schmuck aufweisen, ist ein wesentlicher Bestandteil der Komposition „Burg". Er ist meist sogar ihre Mitte, um die herum die einzelnen Bauten nach Rang und Zweckmäßigkeit angeordnet waren.

## B. Römische Paläste, Kastelle und Gehöfte

Die größten Festungs- und Palastbaumeister der Antike waren indes die Römer. Sie haben im Herzen ihrer Reichshauptstadt einen ganzen Hügel ausschließlich für die Wohnungen ihrer Kaiser bestimmt, den Palatin. Von ihm sind die deutschen Worte Palast, Palas und Pfalz abgeleitet. Die Sprache enthüllt den Ursprung, sie zeigt aber auch an, daß man nicht bei der ersten Prägung beharrte, sondern weiterschritt. Im Worte „Pfalz" lebt zwar noch die Erinnerung an den palatinischen Hügel am Forum Romanum, aber es ist doch etwas anderes, Neues, Deutsches daraus geworden.

Die Römer legten auch die großen Grenzwehren an, in denen Mauer und Turm eine entscheidende Rolle spielten. Für den Wachtturm am „Limes" verwendeten sie, wie eingangs erwähnt, das Wort „burgus". Es dient heute noch, ohne die latinisierte Endung, zur Bezeichnung der Bauform, die uns hier beschäftigt.

Freilich, ein Burgus ist noch keine Burg. Eher könnte man das von den Kastellen behaupten, die in regelmäßigen Abständen den Limes begleiteten und die Garnisonen beherbergten, welche zur Bewachung und Verteidigung dieser Grenzwehr benötigt wurden. Kastelle gab es aber nicht nur in Grenznähe, sondern überall, wo im Reiche Truppenstandorte waren. Ihre Größe richtete sich nach der Zahl der in ihnen unterzubringenden Einheiten. Die großen, auch in der Siedlungsgeschichte weiterwirkenden Anlagen waren die Legionskastelle etwa am Rhein, deren Grundzüge von den Auxiliarkastellen im kleineren Maßstabe wiederholt werden. Aber selbst diese Auxiliarkastelle bestanden nicht nur aus Kasernen und Vorratshäusern, sondern umschlossen mit den „Principia" ein Fahnenheiligtum „Sacellum" oder einen Kultraum. Inmitten befand sich eine offene oder gedeckte Versammlungsstätte „Basilica". Die Bäder, welche im antiken Rom und in den Städten des Imperiums eine so wichtige Rolle spielten, konnten nicht fehlen. Doch lagen sie gewöhnlich außerhalb der Kastelle.

Die Kastelle des römisch-germanischen Limes, die uns hier angehen, variieren ein festes Schema. Es wird dem Griechen Hippodamos von Milet, der im 5. Jahrhundert v. Chr. lebte, zugeschrieben. Die Römer sollen es im Kriege mit Pyrrhos und Tarent kennen gelernt und übernommen haben. Eine etwa quadratische Grundfläche war durch ein Achsenkreuz von Straßen, die zu den entsprechend benannten, meist durch ein Turmpaar beschützten Toren (Porta praetoria, Porta decumana, Porta dextra, Porta sinistra) führten, geteilt. In Anlehnung daran entstand ein rechteckiges Straßennetz. Die Mitte dieses Kastells nahm ursprünglich das Feldherrnzelt (Praetorium) ein, das später durch ein festes Gebäude ersetzt wurde. An der gleichen Stelle errichtete man in den kleineren Lagern die Stabsgebäude (Principia). Sie unterbrachen die feindwärts gerichtete

Mittelachse (Cardo). Die Umfassungsmauern wurden durch innere Türme verstärkt. Um das Kastell lief ein doppelter Spitzgraben. Die einzelstehenden Wachttürme lagen sinngemäß innerhalb einer kreisförmigen oder als Quadrat mit abgerundeten Ecken gebildeten Wall- und Grabenumfassung. Die Türme waren in der Regel viereckig, bei 4–6 m Seitenlänge, hin und wieder auch sechseckig. In der ersten Ausführung bestanden sie meist aus Holz und lehmverschmiertem Flechtwerk. Später wurden sie in Stein ausgeführt. Der Eingang war aus Sicherheitsgründen nicht ebenerdig angebracht. Es müssen in vielen Fällen mehrere Geschosse angenommen werden. Das oberste, mit einem Zeltdach versehene Geschoß war wohl galerieartig durchbrochen oder von einem Balkon umgeben und diente als Wachtraum. So werden die Limestürme auf der Trajanssäule in Rom dargestellt. Der Steinunterbau einer Reihe von Türmen, vor allem an den zwischen 142/48 von britonischen Hilfstruppen erbauten Strecken des Odenwaldlimes, hat sich erhalten und weist ebenmäßiges Mauerwerk aus kleinen, hammerrechten Steinen auf. Die Stockwerke waren durch profilierte Gesimse voneinander geschieden. Die rundbogigen Tür- und Fenstergewände zeigen zum Teil einfache Ornamente und Inschriften.

Nach den gleichen Grundsätzen waren auch vereinzelte Türme erbaut, die als eine Art Landwehren und als Straßensicherungstürme verstanden werden müssen.

In spätrömischer Zeit wurden einige Militärlager neu erbaut und auf eine vom bisherigen Schema abweichende Art befestigt. Man ging entweder zu einer runden Grundrißform über oder man fügte in die Mauer des Kastellrechtecks in regelmäßigen Abständen nach außen halbrund vorspringende Türme ein. Man versah auch die Ecken mit Rundtürmen und baute die Tore burgartig aus. In *Straßburg* (Argentorate) erhielt das 550 × 400 m im Geviert messende römische Castrum im 3./4. Jahrhundert eine derartige Befestigung, die in etwas kleinerem Maßstab noch einmal im elsässischen Kastell *Horburg* (Argentovaria) wiederkehrt. Vom römischen *Köln* (Colonia Agrippinensium) ist ein solcher runder Eckturm aus der 2. Hälfte des 1. Jahrhunderts erhalten. Sein äußerer Mantel ist im opus reticulatum mit Steinornamenten verkleidet. Er sollte nicht nur zweckdienlich, sondern auch schön sein. Diese Schmuckform aus

Mauerwerk wurde noch lange fortgeführt. In ihrer Nachfolge stehen sowohl die karolingische Plattenverkleidung der Lorscher Torhalle wie der im frühen Mittelalter häufige „Fischgräten"-Verband. Sie wird schließlich von den Byzantinern zu hoher Meisterschaft entwickelt.

Besonders imposant sind die heute noch erhaltenen römischen Tore von *Regensburg* (Castra Regina) und *Trier* (Augusta Treverorum). Beide sind im 3. Jahrhundert aus mächtigen, rustikalen Blöcken errichtet. Die zu wesentlichen Teilen wieder aufgegrabene Römermauer von Regensburg ist in ihrer kräftigen, deutlich von dem trotzigen, ja verzweifelten Willen zur Behauptung gegen eine schicksalhafte Gefährdung geprägten Struktur ein einzigartiges Denkmal. In ihr wird das Wesen der grenzesetzenden, der schützenden und verbergenden Mauern bewußt – eine Situation, die für die Mauer auch im späteren Burgenbau ständig gegeben war.

Das reich gegliederte Nordtor von *Köln,* die Porta Paphia, hatte, in der Art von Triumphbogen, drei Durchgänge in betonter Umrahmung zwischen zwei quadratischen Türmen. Das Nordtor der Römerstadt *Trier,* die zu Anfang des 4. Jahrhunderts unter Konstantin geschaffene Porta nigra, hat zwei Durchgänge. Sie besteht aus zwei viergeschossigen Türmen, die nach der Feldseite zu abgerundet sind und zwei dreigeschossigen Mittelbauten, welche ein rechteckiges Höfchen umschließen. Obwohl die Porta nigra ein Stadttor ist, vertritt sie doch den Typ der Torburg und stellt als solche den besterhaltenen und künstlerisch bedeutendsten römischen Wehrbau nördlich der Alpen dar. Sie ist ganz aus mächtigen Quadern, deren Spiegel nur roh bearbeitet wurde, errichtet. Das Bauwerk ist stockwerksweise durch ebenfalls rustikal behandelte Halbsäulen, die ein kräftiges Gebälk tragen, gegliedert. Die gleichmäßige Reihung rundbogiger Fenster in diesem strengen, architektonischen Gerüst verleiht dem Tor einen einheitlichen Zug ernster Unnahbarkeit. Sein imperiales Gepräge blieb ihm auch, als es im 11. Jahrhundert zur Simeonskirche umgebaut wurde. Das 19. Jahrhundert hat den römischen Zustand wiederhergestellt.

Die spätrömische Residenzstadt *Trier* macht uns auch mit kaiserlicher Palastarchitektur bekannt. An erster Stelle ist die konstantinische Aula palatina, die jetzt als evangelische Kirche (Basilika)

Z 51 Trier, Ansicht der Bischofsburg („Basilika") nach Wiltheim, 1610

dient, zu nennen. In ihr hatten zuerst die Merowinger eine ihrer Pfalzen, dann die fränkischen Gaugrafen, seit 1197 die Bischöfe ihre
Z 51 Burg eingerichtet. Über der Apsis erhob sich ein hohes Dach, das diesen Bauteil in seinem Wehrcharakter betonte. Die Basilika wurde auch in den seit dem 16. Jahrhundert durchgeführten Umbau zu einem Schloß einbezogen. Es ist der einzige Römerbau, der eine solche Kontinuität aufzuweisen hat. Folgerichtig ist hier die fränkische Pfalz, die Burg der Erzbischöfe und das Schloß der Kurfürsten aus dem Saalbau Kaiser Konstantins entwickelt worden.

Weitere Reste des Trierer Kaiserpalastes stecken zu Teilen im Mauerwerk des Doms. Die weitläufige Ausdehnung der Gesamtanlage haben erst die neueren Ausgrabungen bekannt gemacht. Am Forum in der Stadtmitte sind die Fundamente eines zweiten Palastes zum Vorschein gekommen. Auch die Kaiserthermen, die bereits zur Römerzeit palastartiges Gepräge hatten, wurden im Mittelalter in die Stadtbefestigung einbezogen. Für die Geschichte des deutschen Burgen- und Pfalzenbaus ist aber nur die Basilika von Bedeutung.

Der Typus des römischen Kaiserpalastes hat in der Domus Augusti auf dem Palatin seine erste große Ausformung gefunden. Es war eine monumentale Peristylvilla, wie sie auch im hellenisierten Pompei begegnet. Kaiser Tiberius errichtete auf dem Palatin einen weiteren Palast, der den seines Vorgängers bedeutend übertraf. Nach ihm haben die Flavier wieder einen Palast gebaut, von dessen Grundrißdisposition wir Kenntnis haben, und der als das eigentliche Palatium galt. Sein Architekt hieß Rabirius. Hier waren an das Peristyl zwei breite Flügel angeschlossen, die den Thronsaal und den Speisesaal enthielten, letzterer in Verbindung mit wasserspendenden Nymphäen. Aus dem Palatin wurde mit der Zeit eine eng gedrängte Ansammlung von Palästen, die trotz Zerstörung und Verfall einen großen Eindruck gerade auf die Germanen machten und darum das Mittelalter hindurch als Begriff und Idee weiterlebten.

Seine bedeutendste Gestaltung hat der römische Kaiserpalast als solcher abseits der Hauptstädte gefunden: in *Spalato/Split* an der illyrischen Adriaküste. Dort ließ sich Diokletian um 300 ein gewaltiges Bauwerk als Altersresidenz erbauen, dessen Ausdehnung

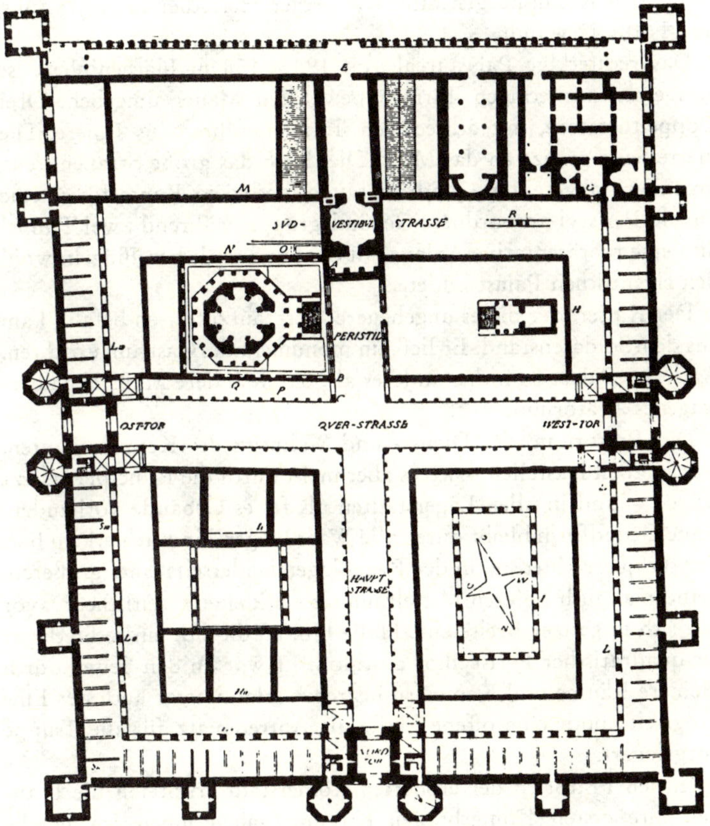


Z 52 Spalato (Jugoslawien), Diokletianspalast nach Zschietzschmann aus Hahn 12

so groß war, daß in seinen Mauern die gesamte Altstadt von Spalato Platz hat. Dieser Komplex greift den hellenistischen Lagerkastell-Gedanken noch einmal auf und steigert ihn ins Riesenhafte. Er wird damit den Königsburgen altorientalischer Herrscher in Auffassung und Form verwandt.

Z 52 Das rechteckige Palastareal von 198 × 158 m Flächeninhalt ist von einer mit eckigen Türmen bewehrten Mauer umgeben. Drei Doppelturmtore, mit achteckigen Türmen, führen ins Innere. Die vierte Seite grenzt an das Meer. Die durch das große Straßenkreuz im Innern abgeteilten Quadrate boten landwärts Raum für je eine um ein Peristyl angeordnete Gebäudegruppe, während zwei Tempel und eine repräsentative Anlage mit Saal und seitlichen Flügeln wohl den eigentlichen Palast bildete.

Der Kaiser, der dieses ungeheuere Werk aufzuführen befahl, kam aus dem Soldatenstand. Er ließ ein monumentales Castrum errichten. Auch der Palast ist nichts anderes als, ein in andere Maßstäbe übertragenes Prätorium.

Das Prätorium, der Dienst- und Wohnsitz des Kommandanten, war in allen Kastellen – wo es aber meist durch die Principia ersetzt wurde – und in allen Lagerstädten als festes Gebäude vorhanden. Seine Grundform bleibt durch alle Wandlungen hindurch erkennbar. Es war querrechteckig, in der Regel lagen beiderseits eines größeren, manchmal auch tieferen Mittelraums zwei kleinere, seitliche. Davor zog sich in ganzer Breite eine Halle hin, an die sich ein rechteckiger bis quadratischer Peristylhof anschloß. Er war an den Seiten durch kleinere Räume und Kammern begrenzt. Häufig war auch der Eingangsseite noch eine offene Halle als Antreteplatz für die Truppe vorgelagert.

In den Prätorien der eroberten Römerstädte richteten die Franken ihre ersten Königsburgen ein und gaben ihnen jeweils die Bezeichnung: „Palatium regale“.

Neben diesen Bauten des Staates wurde aber für die Ausbildung des Typs der Königspfalz noch das römische befestigte Gehöft wichtig. Wir finden seinen Grundriß bereits in *Herculaneum:* rechteckig um einen Hof liegen vier Gebäudeflügel. Die Ecken sind mit Türmen verstärkt. Es ist das wehrhafte Haus, die Burg des Bauern, in der nicht nur Mensch und Vieh, Frucht und Gerät untergebracht sind, sondern, die sich auch nach außen abgrenzt. Sie hält Diebe und wilde Tiere fern und wird gegen einen Angriff verteidigt.

Zahlreiche römische Villen und Landgüter, die nach diesem Schema erbaut waren, wurden von den germanischen Eroberern übernommen. Wir dürfen annehmen, daß die in fränkischer Zeit eingerichteten Königshöfe (curtis regia) nicht nur das germanische Gehöft, sondern auch diesen Typus des römischen Landgutes zum Vorbild nahmen.

## C. Der Pfalzenbau bis zur Salierzeit

### *1. Die germanische Königshalle*

Der mittelalterliche Palastbau besaß auch eine germanische Wurzel. Sie kam von der Königshalle, dem Versammlungsraum der Männer. Die nordischen Heldenlieder, auch ein Teil der mittelhochdeutschen Epen, wissen von Königshallen zu berichten. Die Nibelungen fochten ihren letzten Kampf in Etzels brennendem Saal aus. Der „Saal" war Mittel- und Höhepunkt höfischer Repräsentation. Er wurde in dieser Eigenschaft von den Städten, besonders von den Reichsstädten, übernommen und blieb stets ein Bauwerk, in dem die ganze, reiche Überlieferung des Palast- und Hallenbaus beschlossen war.

Vom Palatium des Ostgotenkönigs Theoderich in *Ravenna* gibt die Mosaikdarstellung in S. Apollinare nuovo Kenntnis: eine säulengetragene, querrechteckige Halle mit betonter, von einem Giebel überhöhter Mitte, ausdrücklich als „Palatium" beschriftet, zeigte einst in den Säulenstellungen den König und seine Berater. Die Byzantiner haben diese Bilder beseitigt, so daß nur der dunkle Umriß des thronenden Herrschers im Mosaik sichtbar blieb und an einigen Säulen die abgeschnittenen Hände der Angehörigen seines Hofstaates. Theoderich ließ dieses Palatium erbauen. Die Formen mögen, wie bei den anderen, von ihm in Auftrag gegebenen Werken, die zeitgenössischen byzantinischen Stilmerkmale besessen haben; aber der Bau selbst war, ebenso wie die Grabrotunde, die sich der König draußen vor der Stadt errichten ließ, stark vom Germanischen her bestimmt. Auf dem weiten Gelände der ostgotischen Königsresidenz steht heute, dicht bei der einstigen Palastkirche S. Apollinare, eine zweistöckige, in der Vertikalgliederung dreiteilige Palastfassade. Sie wird oft Theoderich zugeschrieben, ist aber wahrscheinlich erst im 7. Jahrhundert entstanden. Gleichwohl ist sie ein Zeugnis für die in Ravenna lebendig gebliebene Palastbaukunst, deren Elemente in den hochmittelalterlichen Pfalzbau eingeschmolzen werden.

Wir besitzen aber noch eine fast unversehrte westgotische Königshalle. Es ist die frühzeitig (848) unter König Ramiro I. in eine
Z 53 Marienkirche umgewandelte und darum der Zerstörung entgangene
T 1 Halle zu *Naranco* in Spanien. Der querrechteckige, etwa 20 m lange Bau ist von einer durch Gurtbogen getragenen Tonne überwölbt. An den Schmalseiten sind zwei tribünenartige Gelasse abgetrennt. Die Mauer selbst wird durch Blendbogen belebt.

Bildliche Darstellungen angelsächsischer Königshallen zeigt der Teppich von Bayeux aus dem späten 11. Jahrhundert. Im Prinzip stimmt ihre Gliederung mit dem Palatium Theoderichs in Ravenna und mit der Halle von Naranco überein. Die fränkischen Königshallen, wie sie die Merowinger besaßen, dürften sich diesem Typus angeschlossen haben.

## 2. *Pfalzen der Karolinger*

Die Karolinger haben auf ihren Reisen durchs Land nicht nur die staatseigenen Palatien der Bischofsstädte in Anspruch genommen. Sie wählten auch Klöster zur Herberge. Wir müssen daher annehmen, daß dieses Gastungsrecht des Königs auf Klosterboden seinen monumentalen Ausdruck gefunden hat. Solche „Klosterpfalzen" sind für eine Reihe von Abteien sowohl in West- als auch in Ostfranken überliefert. Sie bestanden u. a. in *S. Denis* bei Paris, S. Médard bei *Soissons,* S. Martin in *Tours,* St. Arnulf bei *Metz,* St. Maximin bei *Trier,* St. Alban bei *Mainz,* St. Emmeram in *Regensburg.* In anderen Bischofsstädten sind sie mit Sicherheit anzunehmen. Eine selbständige Klosterpfalz besaß die Abtei *Lorsch.* Von diesen Klosterpfalzen ist wohl nur ein einziger Überrest in Gestalt der Torhalle und Michaelskapelle zu Lorsch erhalten geblieben. Daß

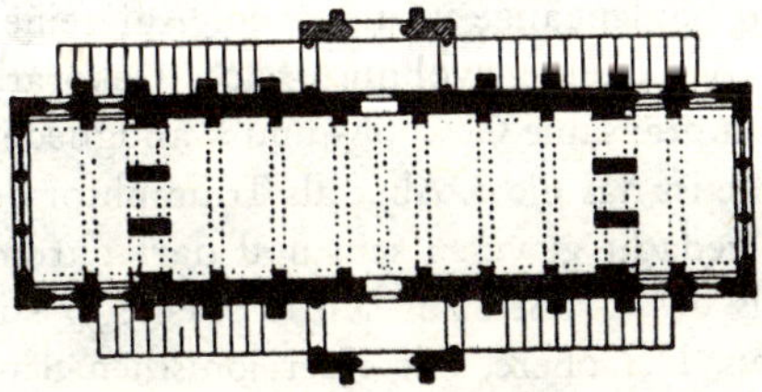

Z 53 Naranco (Spanien), ehem. westgotische Königshalle, Grundriß nach Pevsner S. 63

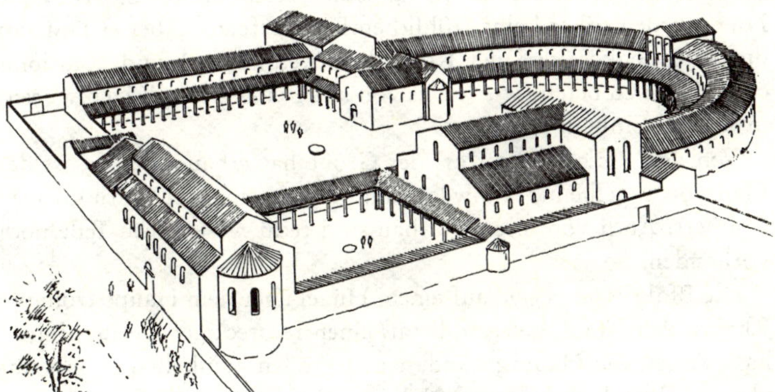

Z 54 Ingelheim, Pfalz Karls des Großen nach Rauch aus Schmidt, Burgen des deutschen Mittelalters fig. 2

(Dieser Idealplan wurde durch neuere Grabungen an verschiedenen Stellen berichtigt und ergänzt)

dieses Bauwerk nicht zum eigentlichen Klosterorganismus gehörte, ergibt sich schon aus seiner freien Stellung im vorderen Teil des Atriums, dessen Säulengänge es umgaben. Auf seine eigentümliche Bestimmung weisen die ungewöhnlich reiche Dekoration der Längsseiten und die einprägsame Geschoß- und Wandgliederung hin. Eine einfache Torhalle ist das nicht. Aber als Triumphtor des Königs mag sie zu Anfang gedacht gewesen sein und darf darum mit der Anwesenheit Karls des Großen zur Klosterweihe 774 in Verbindung gebracht werden. Der obere, mit einer jonischen Säulenarchitektur auf hohem Sockel ausgemalte Saal könnte als Versammlungsraum des königlichen Gefolges, als Gerichtssaal und königliche Hauskapelle – mit Dedikation an den hl. Michael (obwohl diese erst später bezeugt ist) – gedient haben. Spuren in der Ostwand deuten auf das Vorhandensein eines erhöhten Sitzes hin. Das ernste Gepräge des Raumes, der in gotischer Zeit, wie die Wandbilder zeigen, nur noch sakral genutzt wurde, schließt jedoch aus, in dieser Halle einen „Saal" im Sinne der germanischen Königshallen zu erblicken. Hier wurden sicher keine fröhlichen Feste gefeiert. Aber es läßt sich durchaus denken, daß der König hier Recht sprach und „orationis causa", um zu beten (wie wir es von anderen Klosterpfalzen wissen) in Lorsch Einkehr hielt.

Von den Pfalzen, die Karl der Große hat erbauen lassen, ist der Plan von Ingelheim, Nimwegen und Aachen in seinen Grundzügen gesichert. Auch von ihrem Aufbau sind recht wesentliche Teile noch vorhanden.

Die Pfalz *Nimwegen*, auf einem Hügel über dem Hauptstrom des Rheins, dem Waal, gelegen, besaß einen rechteckigen Bering, innerhalb dessen die Hauptgebäude einen großen Winkelhaken mit ungleichen Schenkeln bildeten. Nahe am Scheitelpunkt befand sich der rechteckige Hauptturm. Der größere Schenkel enthielt den Saal. Vom kleineren aus, in dem wohl die Wohnräume untergebracht waren, war die achteckige Pfalzkapelle zugänglich. Dieser zweigeschossige Zentralbau ist vermutlich karolingischen Ursprungs. Allerdings ist sein aufgehendes Mauerwerk salisch. Die Kapelle erlitt durch die Normannen starke Schäden. Wiederhergestellt, brannte sie 1047 abermals ab. Nach der staufischen Restauration wurde sie schließlich im 15. Jahrhundert verändert und mit gotischen Fenstern

versehen. Die Pfalz selbst wurde 880 durch die Normannen zerstört. Trotz ihrer Instandsetzung durch die Ottonen war sie in Verfall geraten, durch Gottfried von Lothringen 1047 verwüstet und erst durch Barbarossa nach 1155 wiederaufgerichtet und erweitert worden. Sie bestand das ganze Mittelalter hindurch als stark befestigter „Valkhof". Jan van Goyen und andere Niederländer haben sie T 8 b
noch im 17. Jahrhundert mehrfach vom Waal her gemalt. Erst im 18. Jahrhundert ist diese bedeutende Burg bis auf die heute noch vorhandenen Reste untergegangen.

Im Unterschied zu Nimwegen lag die karolingische Pfalz von *Ingelheim* (genauer: Nieder-Ingelheim) in der Ebene, inmitten Z 54
fruchtbarer Obst- und Weingärten südlich des Rheins, jedoch der Sicherheit gegen Hochwasser wegen etwas landeinwärts. Der von Christian Rauch ausgegrabene Grundriß erweist sie als monumentalen Königshof, der durch große basilikale Gebäude, Palatium und Kirche, beherrscht und von einer einfachen, nach Osten ein charakteristisches Halbrund bildenden Mauer begrenzt wird: Keine Wehranlage, sondern eine Stätte friedlicher Selbstdarstellung des fränkischen Königtums nach seiner bukolischen und patriarchalischen Seite hin. Die erhaltenen karolingischen Reste sind zu gering, um aus ihnen gültige Aussagen über den Aufbau der Anlage gewinnen zu können. Manche Fragen läßt die Rekonstruktion offen. Im Ganzen aber war hier ein Palast geschaffen, der wohl mit spätrömischen und byzantinischen kaiserlichen Landsitzen wetteifern konnte.

Am zukunftsträchtigsten waren die Bauten, welche Karl der Große seit 794 in der Pfalz zu *Aachen* vornehmen ließ, und die diesen Ort zur „sedes prima Frantie", zur ersten Residenz des Frankenreiches machten. Ein Palatium bestand bereits unter Pippin. Karl ließ den achteckigen Zentralbau des Münsters durch Odo von Z 45
Metz errichten, das vorhandene Palatium vermutlich durch den gleichen Architekten ausbauen und den Granusturm aufführen. Die jüngsten Ausgrabungen erweisen die Aula regia als Nachfolgebau der Trierer Basilika, von der sie sogar die Wandgliederung übernahm. Der Saal war triconchal angelegt, indem jede Längswand und die westliche Schmalwand halbrunde Apsiden aufwiesen. Ein gedeckter Gang stellte die Verbindung zwischen Palast und Kapelle

her. In seiner Mitte befand sich eine Torhalle, deren Obergeschoß der Rechtsprechung diente. Die Dreiheit Kapelle, Saal und Turm gab die Formel für die Zuordnung der Baukörper, nach der künftig die kaiserliche Pfalz und ebenso die Burg gestaltet wurde.

Der Aachener Palast ist später gotisch verändert worden. Er diente der mittelalterlichen Stadt als Rathaus. An seiner Seite erinnert das dunkle Bruchsteingemäuer des Granusturms daran, daß man auch die Notwendigkeit des wehrhaften Schutzes dieser Anlagen erkannte. An der Westapsis zeichnet sich eine Mauergliederung aus hellen Steinen ab, die sich zu Bogenblenden fügen.

Z 45 Die karolingische Pfalzkapelle ist trotz mancher Anbauten und der gotischen Umgestaltung ihres Umrisses durch die charakteristische Faltenkuppel in ihren wesentlichen Teilen erhalten geblieben. Um einen achteckigen, gewölbten Mittelraum ist ein zweigeschossiger, mit großen Bogen nach innen geöffneter Umgang geführt. Die höheren oberen Öffnungen sind mit je zwei Säulen ausgestellt. Sie tragen Bogen und Gesims, auf dem nochmals zwei Säulen stehen. Die Säulen haben keine statische Aufgabe. Sie spielen aber in der geistigen Konzeption des Bauwerks eine Rolle, weil sie sicherer Überlieferung zufolge aus Ravenna stammen. Der Palast des großen Theoderich wirkte durch seine den Herzraum der Pfalzkapelle von Aachen umstehenden Säulen fort. Der Baugedanke des Aachener Münsters setzt zudem die ravennatische Kirche S. Vitale voraus, wiewohl deren Konstruktion wesentlich verwickelter ist. Doch verwendet Aachen nur das Erscheinungsbild des Zentralbaus. Die Gewölbe haben ein anderes Schema und die geistvolle halbrunde Ausnischung der Oktogonseiten des Mittelraums von S. Vitale wird zu Aachen zugunsten der geschlossenen Säulen-Bogen-Wand verändert und zum Monumentalen hin vereinfacht.

Daß die 805 geweihte Pfalzkapelle auch den aus Marmorplatten
T 2 zusammengefügten Thron Karls des Großen enthält und seit den Ottonen Stätte der Krönung der erwählten deutschen Könige und designierten römischen Kaiser wurde, verlieh ihr einen besonderen Rang. Kraft dieser Stellung hat sie befruchtend auf die Baukunst gerade der Ottonen und der Salier eingewirkt. Essen, Mettlach, Ottmarsheim, vermutlich auch Wimpfen im Tal gehören zu ihrer Nachfolge.

Man könnte von der Begriffsbestimmung der Burg als wehrhaftem Wohnbau oder bewohntem Wehrbau her die Zugehörigkeit der Königspfalzen zu den Burgen in Frage stellen und hat das auch schon getan. Aber es fehlte, wenn man die Pfalzen außer Acht ließe, einer Bau- und Formgeschichte der deutschen Burgen das Element, das sie künstlerisch am stärksten anregte. Vorbildlich wies die Königspfalz den geschichtlichen Ort, der sichtbar machte, was an Gedanken und Bewegung in diesen Zeitaltern zur Tat drängte. Umgekehrt bilden die Kaiserpfalzen, wie die Entwicklung in der Hohenstaufenzeit lehrt, einen integrierenden Bestandteil der Kunstgeschichte deutscher Burgen und könnte nicht losgelöst von den Leistungen des Burgenbaus bestehen. Die Wehrhaftigkeit der Pfalzen ist nicht nur in den technischen Vorkehrungen durch Mauern und Türme zu sehen, sondern ebensosehr in der Bereitschaft der anwesenden Waffenträger, den Platz der Regierung und Rechtsprechung durch persönlichen Einsatz zu behaupten. Die Sage, die den Landgrafen Ludwig von Thüringen seine Burg mit einer lebendigen Mauer seiner Ritter umgeben heißt, trifft das Wesen dieser fürstlichen Bauten sehr genau.

### *3. Herzogspfalzen*

Neben die Königspfalzen traten schon früh die großen Burgen der Herzöge, Bischöfe und Landesfürsten. Ihr Bestand war mannigfachen Veränderungen unterworfen. Doch läßt sich an einem Beispiel der Werdegang dieser Anlagen und ihrer einzelnen Bauteile verdeutlichen.

Die städtische Pfalz der agilolfingischen Baiernherzöge in *Regensburg* ist in ihren Hauptbauten: Palas, Wehrturm und Kapelle noch erhalten oder doch zu erschließen. Sie liegt am Alten Kornmarkt inmitten der Stadt. Diese bairische Herzogspfalz wurde Residenz der Karolinger – eine zweite, von Kaiser Arnulf Ende des 9. Jahrhunderts erbaute Königspfalz bei St. Emmeram, von der gleichfalls Teile erhalten sind, gehört zum Typus der Klosterpfalzen.

Das Regensburger Palatium ist in dem mehrfach umgestalteten Gebäude des Herzogshofs erhalten. Es ist in der Stadtbeschreibung, die ein Brief aus dem 11. Jahrhundert gibt, gemeint, wo es heißt:

„aspice ... pergrande illud palacium orientem versus; hic sedes est Augustorum, ibi aula Regni late porrigitur; hic curiae dux residens omnium negotiorum civilium publice et privatim ut nobilissimus moderamina disponit" („Sieh jenes große ostwärts sich erstreckende Palatium. Hier ist der Thron der Kaiser, dort die weite Königshalle, hier waltet der Pfalzgraf seines Amtes und ordnet in vornehmster Weise die Geschäfte der Bürger im öffentlichen und privaten Bereich"). Es ist zu beachten, daß zwischen dem „Palacium" mit dem Thronsitz des Kaisers und der „Aula Regni" unterschieden wird.

Von ansehnlicher Größe ist zu Regensburg auch der als „Römerturm" bezeichnete Bergfried, dessen Mauerwerk mit einem Buckelquadermantel aus staufischer Zeit bekleidet ist. Zum Herzogshof gehört ferner die „Alte Kapelle", so daß wir hier bereits den ausgebildeten dreigliedrigen Pfalzorganismus finden.

### *4. Die Pfalzen der Ottonen und der Salier*

Die Pfalz Kaiser Heinrichs II. zu *Bamberg* ist die einzige unter
T 8a den ottonischen Pfalzen, von der wir dank mehrerer spätgotischer Zeichnungen eine klare Vorstellung haben. So sind auch die erhaltenen Reste einem Gesamtbild einzufügen. Hinter einer gezinnten Mauer und einem Torbau liegt breit der eingeschossige Palas, das „Heinrichsgebäu". Drei große Viererarkaden öffnen die Wand. Im Norden stößt der Wohnturm der „Hohen Warte" an, der in seinem heute noch stehenden Stumpf die Thomaskapelle enthält, und dessen oberstes Geschoß zu gotischer Zeit in Fachwerk mit Erkern und Ecktürmchen ausgeführt war. Im Süden liegt, dem Dom zu, vor einem niederen Gebäude die zehneckige Andreaskapelle.

Das Bamberger Konzept begegnet abermals in *Goslar.* Bereits Otto III. hatte hier einen Königshof besessen. Kaiser Heinrich II. baute ihn zur Pfalz aus. Sein Palas entsprach dem heutigen „Kaiserhaus", das auf den gleichen Grundmauern ruht. Die zweischiffige Halle des Obergeschosses war vermutlich nur in Holz errichtet. Monumentalen Charakter empfing der Saal erst durch Heinrich III.
T 4 Er ließ um 1040 einen gewaltigen Saalbau aufführen. Er ist zweistöckig; über einem schmucklosen Erdgeschoß erhebt sich das Saal-

Z 55 Goslar, Kaiserhaus vor der Erneuerung nach Mithoff aus Ebhardt I, 624

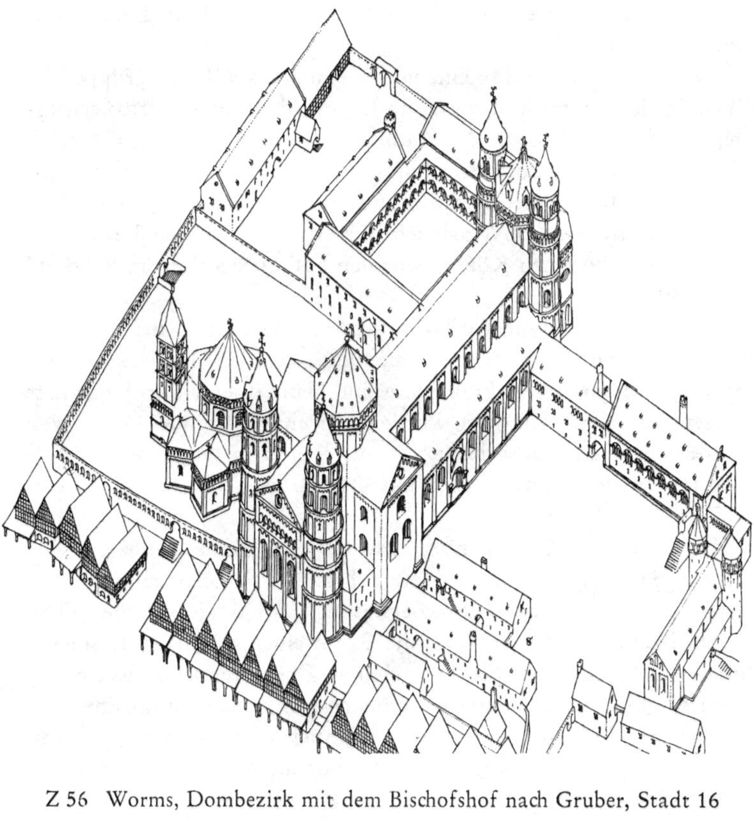

Z 56 Worms, Dombezirk mit dem Bischofshof nach Gruber, Stadt 16

stockwerk. Seine der Stadt über einen weiten, trapezförmigen Platz hinweg zugekehrte Wand ist in säulengekuppelte Drillingsarkaden unter Blendbogen aufgelöst. Die Mitte wird von einem Querschiff geteilt, dessen Frontgiebel einen größeren, mit einer zweigeschossigen Säulenarkatur ausgefüllten Blendbogen (ergänzt) zeigt. An die beiden Seitengiebel des Saals sind Wohnbauten angeschlossen. Der südliche davon besitzt einen turmartigen Treppenvorbau und
T 5 führt zur Ulrichskapelle. Diese ist doppelgeschossig, unten kreuzförmig und oben achteckig. Sie wurde erst unter Heinrich IV. erbaut. Als Palastkapelle diente die vor 1038 geweihte zweitürmige Liebfrauenkirche, welche dem Palas nördlich vorgelagert war. Mitten im Pfalzbezirk gründete Heinrich III. das Domstift St. Simon und Juda.

Im Ganzen entstand so eine höchst eindrucksvolle Baugruppe, die über das karolingische Programm hinausführt, ohne es zu verleugnen. Auch das Oktogon der Aachener Pfalzkapelle hat auf Goslar eingewirkt. Lag es doch dem Bau des von Konrad II. gegründeten, 1527 zerstörten St. Georgenstifts außerhalb der Stadt zugrunde. Der Symbolgehalt der von Karl dem Großen gegründeten Krönungskapelle der deutschen Könige war den Saliern deutlich im Bewußtsein geblieben.

Der Pfalzbezirk von Goslar bildete mit Domstift, Kurien, Adelshöfen und anderen Gebäuden einen geschlossenen Architekturorganismus. Die erhaltenen Fragmente sind heute in eine Parklandschaft eingebettet. Das Palatium wurde nach einem Brande 1289 zwar
Z 55 notdürftig wieder ausgebessert, dann aber dem langsamen Verfall überlassen, dem erst die – allzu gründliche – Restauration von 1873–79 ein Ende setzte.

Die Pfalz zu Goslar trägt das Gepräge ihrer Bauherrn, der großen Salier. Lambert von Hersfeld nannte sie „clarissimum regni domicilium", die glänzendste Behausung des Königtums. Sie spielte unter Heinrich III. geradezu die Rolle einer ständigen Residenz. Hier wurde auch Heinrich IV. geboren. Der unter seiner Regierung ausbrechende Investiturstreit erschütterte nicht nur die salische Vorstellung des Zusammenwirkens von Imperium und Sacerdotium in ihren Tiefen, er verdrängte auch Goslar aus seiner Stellung in der Mitte des Reichs.

Die Bamberger Disposition ist ferner der untergegangenen Bischofspfalz von *Worms* weitgehend eigen gewesen. Hier schloß sich dem nördlichen Seitenschiff des Doms unmittelbar vor der west- Z 56
lichen Turmgruppe rechtwinklig ein Bautrakt an, der, unterbrochen von einer Toranlage, zwei Säle, die Aula minor und die Aula maior enthielt und am anderen Ende von der vorgelagerten Stephanskirche begrenzt wurde. Obwohl dieses Bauwesen unter den Hohenstaufen zusammen mit dem Dom völlig erneuert wurde, so lassen seine aus Plänen des 18. Jahrhunderts ablesbaren Grundzüge doch die ältere, salische Fassung erkennen.

Von der Pfalz der *Mainzer* Erzbischöfe, die sich gleichfalls nördlich vom Dom befand, ist noch die Doppelkapelle St. Gotthard vor dem Nordgiebel des Querschiffs erhalten geblieben; ein qualitätvoller ursprünglicher turmbekrönter Bau aus dem 1. Drittel des 12. Jahrhunderts, in dem noch starke salische Erinnerungen nachklingen. Sie nehmen besonders in der großen, von Säulen mit Würfelkapitellen getragenen Zwerggalerie des Obergeschosses Gestalt an.

Am stärksten ist von der Pfalz zu Goslar die Burg Heinrichs des Löwen Dankwarderode in *Braunschweig* abhängig. Goslar selbst bil- Z 57
dete im tragischen Streite zwischen dem Herzog und Kaiser Friedrich I. ein wichtiges Objekt, forderte Heinrich doch die Vogtei über die Stadt, die ihm der Kaiser verweigerte. Die um 1175 erbaute Burg Dankwarderode wurde auf einer Insel gegründet und mit einer Mauer umgeben. Das größte Gebäude des derart abgetrennten Bezirks war das Domstift St. Blasius. Die von Heinrich dem Löwen neu errichtete Kirche gehört gliedhaft zur einheitlichen Planung, in deren Mitte das Löwendenkmal vom Selbstbewußtsein des Bauherrn Zeugnis ablegt. Der Palas, dessen romanische Substanz erst nach einem Brande zutage trat und dann nach 1887 eine umfassende Erneuerung erfuhr (ebenso nach dem Brand im 2. Weltkriege), ist ein zweistöckiges, rechteckiges Gebäude. Das schlichte Erdgeschoß enthielt einen durch eine säulengetragene Bogenreihe geteilten untergeordneten Saal. Der Festsaal befand sich im Obergeschoß und war durch säulengekuppelte Fenstergruppen erleuchtet. Auf der Ostseite schloß sich an den Palas eine geräumige Doppelkapelle mit drei in einem Mauerblock vereinten Apsiden und zwei Türmen an. Nörd-

lich des Palas sind die Wohnräume des Herzogs anzunehmen, nahe beim Dom die Kurien der Stiftsherrn. In der Gesamtanlage ist im Unterschied zu Goslar der Schritt von der nur abgegrenzten Pfalz zur befestigten Burg bereits vollzogen.

## D. Die Blütezeit des Burgenbaus unter den Hohenstaufen

### *1. Die Kaiserpfalzen*

Die Form der bewehrten Pfalz ist indes nicht nur durch Entfaltung eines seit der Karolingerzeit vorhandenen Bautypus erzielt worden, sondern durch neue, schöpferische Taten, die unter den zur Regierungsgewalt im höchsten Herrscheramt Europas gelangten Hohenstaufen vollbracht wurden.

Die bewußte Renovatio Imperii, das politische Programm Barbarossas, hat auch den Glanz der Aurea Roma wiederbelebt, wie es ebenso die Kanonisation Karls des Großen – freilich durch einen schismatischen Papst – zur Folge hatte. Im Zeichen dieser Renovatio läßt Kaiser Friedrich I. die karolingischen Pfalzen von *Ingelheim* und *Nimwegen* herstellen. Rahewin, der Fortsetzer der Chronik des Bischofs Otto von Freising schreibt hierzu: „Palatia siquidem a Carolo magno quondam pulcherrima fabricata et regias aulas clarrissimo opere decoratas apud Noviomagum iuxta villam Inglinheim, opera quidam fortissima, sed iam tam neglecta, quam vetustate fessa, decentissime reparavit et in eis maximam innatam sibi animae magnitudinem demonstravit" („Die Paläste bei Nimwegen und neben dem Dorfe Ingelheim, die einst Karl der Große aufs Schönste erbaut hatte, und die Königshallen, die kunstvoll ausgeschmückt waren, stellte Friedrich in gebührender Weise wieder her. Denn diese Bauten waren trotz vorzüglicher Ausführung infolge mangelnder Unterhaltung und Alter schon hinfällig geworden. Hier bewies Friedrich die außerordentliche angeborene Größe seines Geistes").

Von dieser, von dem Chronisten in ihrer grundsätzlichen Bedeutung erkannten, staufischen Erneuerung zeugen noch die kreuzförmige Burgkirche im „Saal" von Ingelheim und die dem Palas

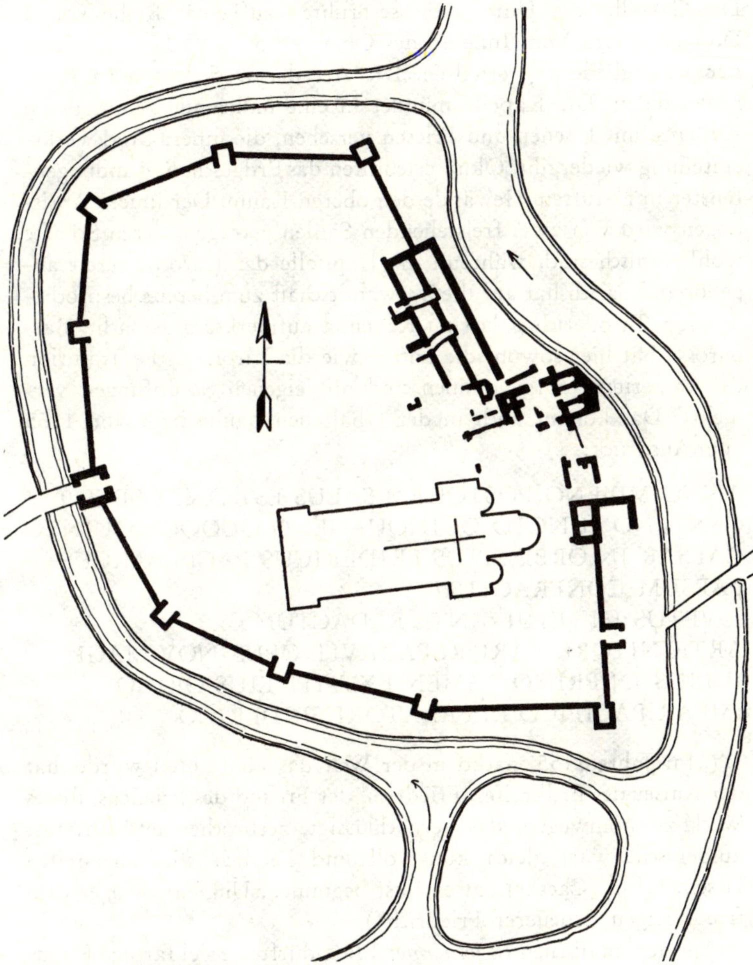

Z 57 Braunschweig, Lageplan der Burg Dankwarderode nach Winter aus Ebhardt I, 43

T 14 von *Nimwegen* angefügte Kapelle. Auch sie war zweigeschossig. Die Gewölbe des Untergeschosses ruhten auf einer Reihe von 3 Doppelstützen. Vom Inneren des Obergeschosses sind nur Ansätze der Wandgliederung erhalten. Die Art der Decke ist nicht mehr festzustellen. Die Kapelle mündet in eine halbrunde Apsis, deren Äußeres, mit Lisenen und Friesen versehen, die innere Stockwerkseinteilung wiedergibt. Okuli erleuchten das Erdgeschoß, Rundbogenfenster in gestuftem Gewände den oberen Raum. Der innere Apsisbogen wird von zwei freistehenden Säulen getragen, deren Schäfte wohl römisch sind, während die Kapitelle der Karolingerzeit angehören. Weirich hat auf die Verwandtschaft zum bereits besprochenen sog. Theoderichspalast zu Ravenna aufmerksam gemacht. Barbarossa hat hier sowohl die antike wie die karolingische Tradition des Imperiums aufgenommen und mit eigenen Schöpfungen vermehrt. Das kommt auch in der erhaltenen Bauinschrift von 1155 zum Ausdruck:

ANNO MILENO POSTQUAM SALUS EST DATA SECLO
CENTENO JUNCTO QUINQUAGENO QUOQUE QUINTO
CAESAR IN ORBE SITUS FRIDERICUS PACIS AMICUS
LAPSUM CONFRACTUM
VETUS IN NIHIL ANTE REDACTUM
ARTE NITORE PARI REPARAVIT OPUS NOVIMAGI
IULIUS IN PRIMO TAMEN EXTITIT EIUS ORIGO
IMPAR PACIFICO REPARATORI FRIDERICO

(„Im Jahre 1155, nachdem der Welt das Heil zuteil wurde, hat der Kaiser des Erdkreises, Friedrich, der Freund des Friedens, dieses Werk zu Nimwegen, das vernachlässigt, zerbrochen und alt, fast ausgelöscht war, gleich kunstvoll und herrlich wiederherstellen lassen. Iulius (Caesar) hat es einst begonnen. Ungleich war er dem friedfertigen Erneuerer Friedrich").

Aus der staufischen *Ingelheimer* Pfalz dürften zwei farbige Rundscheiben gekommen sein, die 1945 in Berlin zerstört wurden. Sie stellten Christus im Hause des Pharisäers und die Austreibung der Wechsler aus dem Tempel dar. Im Hintergrunde der Tempelreinigung war über Mauerstücken ein palastartiges, breitgelagertes Gebäude zu sehen. Vor die Mitte der Längswand trat eine halbkreisförmige, mit gekuppelten Bogenfenstern versehene, turmartig erhöhte Apsis. Die Wand selbst wurde durch eine lange Reihe von Bogenfenstern gegliedert.

Der Pfalzenbau Barbarossas war vorbereitet durch seinen Vater, Herzog Friedrich den Einäugigen von Schwaben. Von ihm schreibt Otto von Freising: „Er folgte dem Rheinlauf und baute dann an geeigneter Stelle eine Burg, die das umliegende Land beherrschte. Dann ließ er sie, zog weiter und errichtete eine andere, so daß ein geflügeltes Wort von ihm sagte: ‚Herzog Friedrich zieht stets am Schweife seines Pferdes eine Burg mit sich'". Herzog Friedrich baute Burgen als Stützpunkte, zur Befestigung seiner Hausmacht. König Heinrich I., der ebenfalls als Burgenbauer in die Geschichte eingegangen ist, hatte einst Burgen zur Grenzwehr angelegt. Während aber von diesen militärischen Anlagen keine nennenswerten künstlerischen Anregungen ausgegangen sind, führen die Burgen Herzog Friedrichs unmittelbar zu den großartigen Leistungen des Burgenbaus unter den Schwabenkaisern. In ihrem ursprünglichen Bestand ist allerdings keine der Burgen Herzog Friedrichs auf uns gekommen. Die Burg *Alzey* mit ihrem quadratischen Kastellgrundriß ist zwar zu kurpfälzischer Zeit umgebaut, von den Franzosen zerstört und schließlich 1906 durch Wiederaufbau verändert worden, scheint aber zu wesentlichen Teilen doch auf die Anlage Friedrichs zurück zu gehen. Auch *Stromberg* im Hunsrück und *Stahleck* am Rhein wurden von ihm gegründet.

Am zukunftsträchtigsten war indessen seine Wirksamkeit in *Hagenau* im Elsaß. Hier hatte der Nordgaugraf Hugo von Egisheim um 1050 auf einer Insel des Flüßchens Moder mitten im wildreichen „heiligen Forst" eine Burg errichtet. Herzog Friedrich erkor sie zu seinem Lieblingssitz und baute sie aus. Sein Sohn, Kaiser Friedrich I., ließ an ihrer Stelle eine Kaiserpfalz anlegen. In Hagenau trat auf diese Weise zum ersten Male das staufische Pfalzenprogramm in Erscheinung. Von der nach 1677 völlig zerstörten Pfalz, über deren mutmaßliches Aussehen mehrere Hypothesen aufgestellt wurden, ist erst auf Grund neuerer Forschungen, an denen namentlich Gottfried Schlag und Robert Will beteiligt sind, eine genauere Vorstellung zu gewinnen. 1940 kamen bisher unbekannte Pläne des Pfalzgeländes zum Vorschein, nach 1945 wurden eine Reihe von

Bodenuntersuchungen, auf dem Platz der Kapelle (Jesuitenkollegium, jetzt Altersheim) durchgeführt; die dabei gefundenen und die beim Abbruch der Festungswerke von Fort Louis geborgenen Bruchstücke der Bauplastik sowie schließlich die Auswertung der alten Beschreibungen und Burginventare lassen das Bild der Kaiserpfalz Hagenau, wenigstens in den Umrissen, wiedererstehen. Das Schmuckwerk der Fragmente macht, gleich wie eine einzige griechische Säule über die Schönheit ihres Tempels, hier über die Würde und den Glanz der untergegangenen Bauten gültige Aussagen.

Wie die Burg im 16. Jahrhundert aussah, läßt uns ein Brief des Hagenauer Humanisten Hieronymus Gebwiler wissen, den Merian noch 1663, kurz vor dem Untergang der Pfalz, in seiner „Topographia Alsatiae" verwertet. Darin heißt es: „Es ist obgemeldter Kaiserlicher Palast, Burg, oder die alte Pfalz, sehr eng und alt, auf welche hart zu steigen ist. Zu höchst oben ist der Gerichtstuhl, wie sie ihn allda dafür ansehen, da Kaiser Friedrich allda gesessen, so von Steinen gemacht ist. Unten in dieser Burg ist die Kirche gewesen, darin oben herum noch feine gegossene steinerne alte Säulen; es sein da drei aufeinander in der Runde gebauet, und gewölbte Kapellen unter einem Dach, mit gebackenen Steinen unterschieden, in welchen die Kaiserlichen Kleinodien auf 56 Jahr aufbehalten worden." Die Pfalz lag ursprünglich am Nordrande der Stadt. Erst durch die Gründung der Vorstadt Königsau durch Heinrich (VII.) rückte sie in die Stadtmitte.

Die Pfalz nahm den breiten Ostteil einer langgestreckten Insel ein. Im Norden und Süden war sie durch zwei Tortürme zugänglich („deux grandes et superbes portes, semblables à celles des villes", wie es in einem Bericht von 1662 heißt). Der Palas stand auf der Nordseite, im Winkel schloß sich ein weiteres Gebäude an. Die lange umrätselte Kapelle war über rechteckigem Grundriß in drei Geschossen als achtseitiger Kuppelbau, vielleicht in Anlehnung an das heilige Grab (Will), errichtet. An den beherrschenden, turmartigen Zentralraum schloß sich ein rechteckiges Langhaus und im Obergeschoß ein über die benachbarte Torfahrt sich erstreckender Chor an.

T 15 Die erhaltenen Bruchstücke der Bauplastik gehören wohl haupt-
T 19b sächlich zum Palas und zur Kapelle. Gut vertreten ist die Gesims- und Kämpferornamentik. Vorhanden ist auch ein Kapitell und eine

Basis. Mehrere Rundbogenfriese sind mit Karniesen profiliert, einige von ihnen figürlich gefüllt. Als Motive dienten kämpfende Tiere, T 23a
Sirenen und ein Kopf mit geteiltem Bart. Am eigenartigsten ist ein als Konsol- oder Bekrönungsstein verwendetes maskenhaftes Dreigesicht. Auch ein Bruchstück der Inschrift vom Portal der Pfalzkapelle, deren gesamter Wortlaut bekannt ist, wurde gefunden.

In dem zitierten Bericht wird die Pfalz Hagenau als Aufbewahrungsort der Reichskleinodien angesprochen. Deren Platz ist in der „Dreskammer" (d. h. Tresorkammer) zu suchen, die wohl eigens zu diesem Zwecke über der Kapelle als Gewölbe aus Ziegelsteinen eingerichtet worden war.

Hagenau am ähnlichsten ist die Pfalz *Gelnhausen,* die besterhaltene unter den staufischen Kaiserpfalzen. Auch sie war auf Z 58
einer Insel angelegt, die von der Kinzig umflossen wurde. Die eigentliche Pfalz war und ist von den sie umgebenden Häusern der „Burg" und von den Kinzigwiesen durch Mauern getrennt – es ist anzunehmen, daß die Verhältnisse in Hagenau nicht wesentlich anders waren. Der Bering ist polygonal. Ins Burggebiet führten ehemals drei Tore, Zutritt zur Pfalz gewährt ein großes Rund- Z 59
bogenportal in abgetrepptem Gewände, hinter dem sich eine zweischiffige, gewölbte, von stämmigen Säulen getragene Torhalle er- T 17
streckt. Ein quadratischer Turm mit Buckelquadermantel beschirmt diesen Eingang. Im Obergeschoß der Torhalle lag die dreischiffige Kapelle. Ihre kreuzgewölbten Joche ruhen auf Pfeilern mit halbrunden Diensten und entsprechenden Wandvorlagen. Der Palas T 16
nimmt zwei Drittel der Nordwestseite der Berings ein. Er war zweistöckig. Über dem Keller liegt das Erdgeschoß, dessen Längswände Schlüsse auf die Raumaufteilung zulassen. Die Hofseite wird durch mehrere Fenstergruppen auf doppelten Säulenstellungen T 18
mit reichem Kapitell- und Kämpferschmuck gegliedert. Vom Obergeschoß, in dem sich der urkundlich bezeugte „Saal des Reiches" befand, sind nur Ansätze übrig geblieben. Das Portal zum Palas ist an seinem Gewände mit Ranken und darin einbeschriebenen Figuren verziert und zeigt einen kleeblattbogenförmigen Sturz unter einem großen Blendbogen. Es war über eine zweiläufige Freitreppe zugänglich. Ein zweiter Turm stand frei im Hof. Sein kreisrunder Sockel besitzt einen Buckelquadermantel.

T 20, 22 Diese Kaiserpfalz Gelnhausen war keine große Anlage, aber sie
T 25, 26 war mit erlesenen Formen geschmückt. Das architektonische Kon-
zept vereinte die Bauteile Palas, Kapelle, Turm und Tor in neuer
Anordnung zu geschlossener Ringbebauung. Die Bauplastik läßt die
T 21 Herkunft der Steinmetze erkennen. Sie kamen aus dem Elsaß. Eine
Gruppe hat an der Torhalle und wohl auch am Torturm und an
der Ringmauer gearbeitet. Im Elsaß wird sie in Niedermünster am
T 24a Odilienberg greifbar. Die zweite Gruppe war an der Kapelle und
T 19a am Palas tätig. Sie ist weitgehend der gleichen Werkstatt ver-
T 23b pflichtet, die an der Hagenauer Pfalz tätig war.

Doch läßt sich der Kreis noch weiter ziehen. Eine neue, große Pfalz ließ Barbarossa auch zu *Kaiserslautern* errichten. Für sie liegt ein zeitgenössisches Zeugnis aus der Feder Rahewins vor: „Bei Lautern errichtete er mit viel Aufwand eine Pfalz aus rotem Sandstein. Auf der einen Seite begrenzte er sie mit einer gewaltigen Mauer, während sich auf der anderen ein Fischweiher wie ein See herumzog, dessen Reichtum an Fischen und Wasservögeln für Augen und Gaumen ein Genuß war. Auch besitzt die Pfalz unmittelbar anstoßend einen Tiergarten mit allerlei Hirschen und Rehen. Die königliche Pracht dieser Dinge entzückt jeden Besucher."

Auch diese Pfalz ist zerstört. Ihre noch ansehnlichen Ruinen wurden erst zu Beginn des 19. Jahrhunderts bis auf wenige Reste beseitigt. Ausgrabungen und alte Pläne ergeben ein gutes Bild der Anlage: die Südfront des Burggeländes nahm über dem im Laufe der Zeit verlandeten „Schloßwoog" der Palas mit anstoßender
T 28b Kapelle ein, wie sie uns die Ruinenansicht Kislings noch um 1820 darstellt. Der Palas war zweistöckig und besaß in der Mitte der Längswand einen mehrstufig vorgekragten Erker. Das erste Stockwerk zeigte beiderseits des Erkerfußes je zwei Doppelfenster, das zweite Stockwerk ist in zwei durchlaufende Arkaden von je drei Doppelfenstern aufgelöst. Von der benachbarten Kapelle gibt uns eine Zeichnung des Speyerer Museums einen Begriff. Sie war doppelgeschossig. Über dem schlichten, flachgedeckten, unteren Raum, der in eine einfache Apsisnische mündet, lag ein dreijochiger Saal mit Kreuzrippengewölben über Wandkonsolen. Er wurde von einem polygonalem, gewölbtem Chor begrenzt. Diese Kapelle wurde unter Friedrich II. rechteckig ummantelt, wobei die Mauer

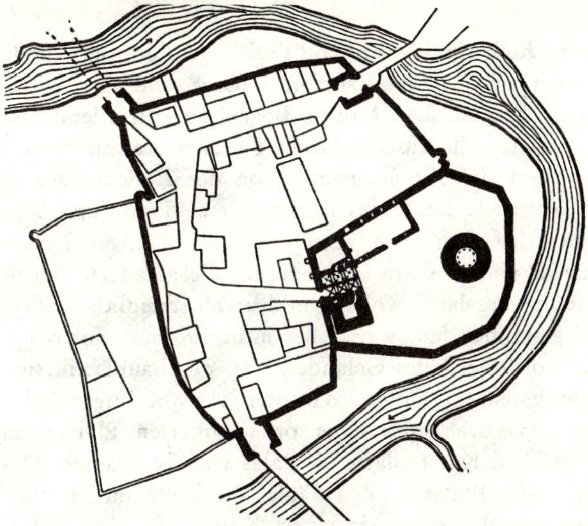

Z 58 Gelnhausen, Lageplan der „Burg“ nach Hotz, Gelnhausen 24

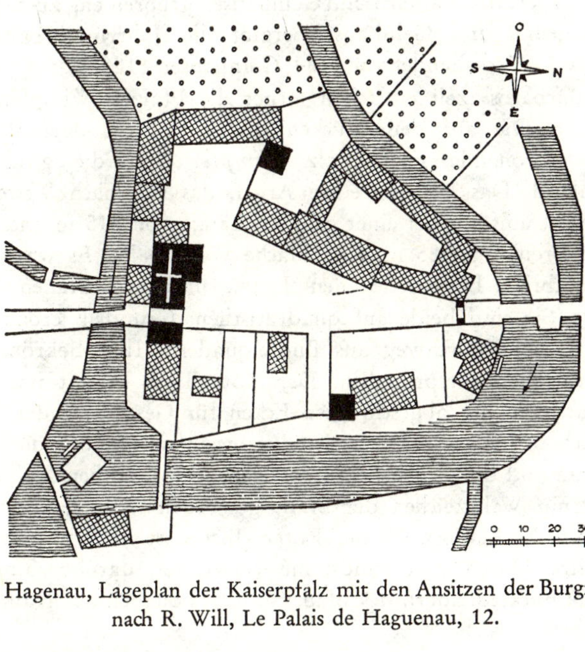


Z 59 Hagenau, Lageplan der Kaiserpfalz mit den Ansitzen der Burgmannen, nach R. Will, Le Palais de Haguenau, 12.

im Untergeschoß der Südseite von drei hohen, offenen Rundbogen durchbrochen war, während sich im Obergeschoß eine spitzbogige Fensterreihe befand. Die großen Bogen nur als Blendbogen zu deuten, verbieten die ausgegrabenen Fundamente, die einen deutlichen Abstand der Kapellenwand von der Außenmauer zeigen. Auf der Nordseite des Palas mag sich eine Freitreppe befunden haben, auf der man, wie zu Gelnhausen, Gericht hielt. Hier schlossen sich noch weitere Gebäude an, die geradezu eine Randhausbebauung ergeben. Wo der höchstwahrscheinlich vorhandene Bergfried gestanden hat, war bisher nicht zu ermitteln; möglicherweise im Nordostteil des Geländes. Von der Bauplastik sind nur
T 28 a wenige Fragmente erhalten, darunter ein prächtiger gekrönter
T 27 Löwe und das Bruchstück einer ornamentierten Platte von der Art der östlichen Kaminplatte im Palas von Gelnhausen. Das einfache Blattkapitell der großen Säule, die heute im Vorraum des Burgmuseums steht, entspricht einem Kapitell gleicher Auffassung in Nimwegen.

Hagenau, Kaiserslautern und Gelnhausen gehören eng zusammen. Für Hagenau und Gelnhausen ergibt die Jahrringchronologie: Hagenau 1172, vollendet vor 1184, Gelnhausen 1182.

Zur Barbarossazeit entstehen ferner die Pfalzen Wimpfen und Frankfurt. Die auf dem Rücken des Eulenbergs oberhalb des Neckars thronende Kaiserpfalz *Wimpfen* war die größte in Deutschland. Das langgestreckte Areal, das sich nach Westen zu verbreitert, umfaßt, bei einer größten Länge von 215 m und einer größten Breite von 85 m, eine Fläche von 1,5 ha. Es war durch
T 46 zwei mächtige Bergfriede, den Roten und den Blauen Turm gesichert. Sie sind beide auf quadratischem Grundriß erbaut, ihr Mantel besteht durchweg aus Buckelquadern. Ihre Bekrönungen sind nicht mehr ursprünglich. Der Rote Turm erhielt um 1500 eine Plattform mit abgeschrägten Ecken für Geschütze; der Blaue Turm schon in der Barockzeit eine gestufte Haube, die 1848 abbrannte und durch den gegenwärtigen, historistischen Helm, der bereits zum Wahrzeichen der Stadt geworden ist, ersetzt wurde. Das staufische Mauerwerk des Roten Turms ist in zwei Schichten aufgeführt. Unten sind Sandsteine verwendet, darüber Tuffquadern; die Buckelquadern des Blauen Turms bestehen aus Kalkstein.

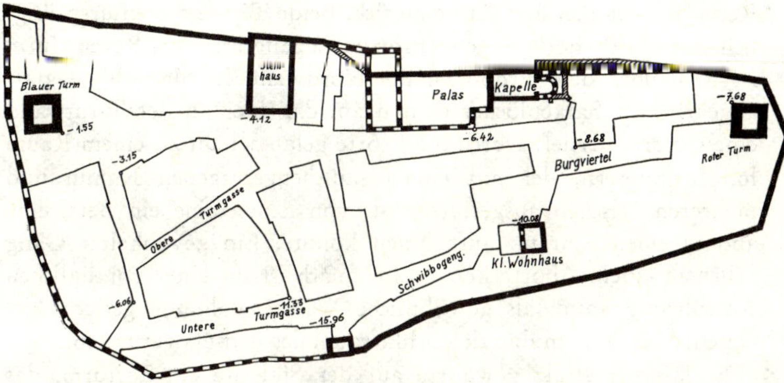


Z 60 Kaiserpfalz Wimpfen, Plan der Pfalz nach Arens I

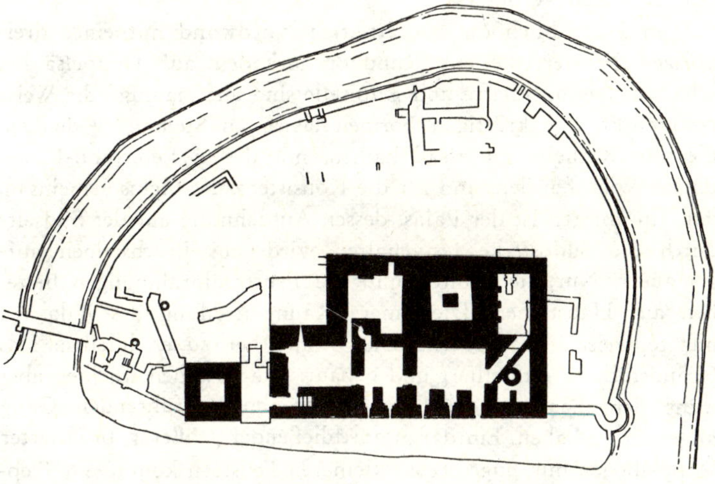

Z 61 Kaiserswerth bei Düsseldorf, Grundriß der Pfalz nach Erkens und Renard aus Ebhardt I, 627

Auf das unterschiedliche Steinmaterial führt man, wohl nicht zu Recht, die Namen der Türme zurück. Beide Türme waren ursprünglich nur durch hochgelegene Pforten zugänglich. Am Roten Turm ist 5 m über dem Erdboden die Nordwand in Mannshöhe glatt abgearbeitet. Balkenlöcher deuten an, daß hier an der Turmwand
Z 60 eine Galerie verlief. Durch die Pforte gelangt man zu einem Raum im Turminnern, der mit einem säulchengetragenen Kamin und mehreren Nischen ausgestattet ist, von denen eine ein Bett, eine andere einen Schrank aufnehmen konnte. Ein gewinkelter Gang führt zu einem Aborterker. Das Gemach ist in seiner vorzüglichen Ausführung kaum als gewöhnliche Wächterwohnung gedacht gewesen. Man darf in ihm den Schlafraum des Kaisers vermuten.

Einlaß zur Pfalz gewährte auf der Südseite ein Torturm, das „Hohenstaufentor". Leider hat die mit einem Flachbogen gedeckte Torfahrt durch Tieferlegung der Straße ihre Proportionen eingebüßt. Das Mauerwerk des mehrgeschossigen Turms zeigt die Spuren späterer Umbauten und Erneuerungen, aber auch noch Reste des originalen Verputzes.

T 47 Vom Palas blieb die neckarseitige Nordwand mit einer drei-
T 48 teiligen Fensterreihe aus Rundbogenarkaden auf Doppelsäulen erhalten. Basen, Schäfte und Kapitelle sind auf mannigfache Weise geschmückt. Die kräftigen Formen lassen an Steinmetze denken, die von Rosheim im Elsaß kamen, mit dessen Peter-und-Pauls-Kirche Wimpfen den Sinn für die Konsistenz des Steins gemeinsam hat. Im übrigen ist der Palas, dessen Ausdehnung auf der Südseite durch die Südostecke festgehalten wird, aus Bruchsteinen aufgemauert. Nur die Kanten und die Fensterumrahmungen bestehen aus Hausteinen. Die innere Raumaufteilung des Palas ist nur teilweise von der erhaltenen Wand her zu erschließen. Das Grundstück ist parzelliert und bebaut. Die Arkaden scheinen aber nicht dem Saal, sondern einem vor ihm herführenden Gang angehört zu haben. Ein daran anschließender größerer, profilierter Doppelbogen mit eingesetzten kleineren Fenstern könnte ein Treppenhaus erleuchtet haben. Das folgende Mauerstück mit einer Tür unten und zwei Türen oben bildete wohl die Rückwand eines hier turmartig vorspringenden Altans. Alle diese Fenster und Türen gehen nach Norden. Daß man diese sonst ungünstige Seite über-

haupt derart öffnete, wird nur durch die schöne Aussicht auf das Neckartal, die sich von hier aus bietet, erklärt. Die Schauseite des Palas war aber sicher nicht diese Außenwand, sondern die dem Süden zugekehrte Hoffront.

Nach Osten ist der Palas mit der Kapelle verbunden, einem rechteckigen Saal mit ursprünglich halbrunder Chorapsis, die aber durch einen gotischen, rechteckigen Altarraum mit Sakristei ersetzt wurde. Im Westteil der Kapelle befand sich die vom Palassaal betretbare Empore mit der Kaiserloge. Der Wehrgang der Burg lief auf Stützen durch die Kapelle und war dann im Palas den Neckararkaden entlang weitergeführt, ein Beweis mehr, daß diese nicht unmittelbar zum Saal gehört haben können. Die Südseite der Kapelle, dem einstigen Burghof zu, ist in gutem Quaderverband aufgemauert und durch Linsen und Bogenfriese gegliedert. Hier befindet sich auch das mit einem starken Rundwulst eingefaßte Portal. T 49
Die im Laufe der Zeit zur Scheune herabgesunkene Kapelle wurde 1910/11 wiederhergestellt.

Von den Bauten der Kaiserpfalz steht noch das „Steinhaus". Seine Bausubstanz ist im wesentlichen staufisch. Sein heutiges Bild, auch im Umriß der Stadtsilhouette, wird stark durch die hohen, gotischen Treppengiebel, die aus einem Umbau herrühren, bestimmt. Man hat es lange Zeit für einen reinen Wirtschaftsbau gehalten. Inzwischen ist sein Wohncharakter, den es von Anfang an besaß, erwiesen. Unbekannt ist jedoch sein ursprünglicher Zweck. Arens schlägt es als Dienst- und Wohnsitz des Pfalzgrafen, der die gesamte wirtschaftliche, personelle und militärische Verwaltung der Burg innehatte, vor. Im Innern haben sich mehrere Räume mit wuchtigen Balkenunterzügen auf Holzpfosten, z. T. gotisch verändert, erhalten. In der oberen Stube, welche durch ein siebenteiliges gotisches Fenster erhellt wird, sind hübsche Wandmalereien des 15. Jahrhunderts – grüne Ranken mit Wildleuten – zutage getreten. Interessant ist die versetzte Fensterreihe auf der Nordseite, die an ähnliche Fenster auf dem Hohrechberg denken läßt. Das jahrhundertelang als Lagerhaus benutzte Gebäude wurde 1950 als Ortsmuseum hergerichtet.

Die Kaiserpfalz Wimpfen befolgte in ihrer Anlage den Grundsatz der Randbebauung. Entlang der Mauern reihten sich nicht nur die repräsentativen Gebäude, sondern auch die Häuser der Burgmannen

auf. Die meisten von ihnen sind inzwischen durch malerische Fachwerkbauten der bürgerlichen Stadt ersetzt worden. Sie benutzen gelegentlich älteres Mauerwerk. Wesentlich staufisch sind noch Keller und Erdgeschoß des Hauses 83 in der Schwibbogengasse, das
T 34b ein Rundbogentor und ein Doppelfenster mit einer reich behandelten Säule besitzt.

Die Pfalz war von der Stadt durch einen tiefen Graben getrennt. Auf seinem ausgefüllten obersten Teil steht heute das klassizistische Rathaus. Wir müssen dort eine starke Schildmauer annehmen, über die der Blaue Turm hoch aufragte.

Die geschichtliche Situation, in der sich Kaiser Friedrich Barbarossa vom Bischof von Worms mit dem Baugelände belehnen läßt – 1212 verzichtet Kaiser Friedrich II. anscheinend darauf, erhält es aber 1220 erneut –, und der kunstgeschichtliche Zusammenhang lassen als Bauzeit für Wimpfen das Jahrzehnt zwischen 1165 und 1175 vermuten. Als der Kaiser 1182 dort Hof hielt, war die Pfalz sicher vollendet. Die Bauleute kommen wiederum großenteils vom Oberrhein, aber stärker von Rosheim her. Die Steinmetze, welche die Zierglieder arbeiteten, sind nur zum Teil identisch mit denen, die zu Hagenau, Kaiserslautern und Gelnhausen anzutreffen waren. Wahrscheinlich wurde der feste Rahmen der Bauhütte mit einheimischen Handwerkern aufgefüllt.

Die staufische Gestalt der *Frankfurter* Kaiserpfalz, des „Saalhofs“, bleibt unklar. Die anläßlich größerer Erdarbeiten auf dem Römerberg angeschnittenen Fundamente eines gewaltigen Rundturms mit 5 m starken Mauern konnten bisher nicht eindeutig mit der staufischen Anlage in Verbindung gebracht werden. Im Saalhof selbst, dessen Anfänge in die Karolingerzeit zurückreichen, sind bis zur Gegenwart viele Veränderungen vorgenommen worden. Aus dem 12. Jahrhundert stammen noch zwei Wände eines quadratischen Turms, an den im Norden ein Saal stößt. Ostwärts ist eine Kapelle angebaut. Ihr trapezförmiger, gewölbter Raum wird von einer halbrunden Apsis begrenzt. Die Seitenwände besitzen Nischen, die, ebenso wie der Chorbogen, von Ecksäulen begleitet werden, so daß der kleine Raum eine gediegene Note erhält. Die Schmuck-
T 38 formen der Kapitelle weisen auf enge Zusammenhänge mit Burg Münzenberg hin und belegen eine Bauzeit um 1170.

Über die Erbauung der Pfalz *Kaiserswerth* auf einer Insel im Niederrhein geben erhaltene Inschriften Auskunft. Sie sind bezeichnend für den Geist, aus dem diese Bauwerke entstanden und für das Selbstverständnis des Bauherrn. Friedrich Barbarossa läßt dort kundmachen: T 60

ANNO AB INCARNATIONE
DOMINI NOSTRI IESV CHRISTI MCLXXXIIII
HOC DECVS IMPERIO CESAR FRIDERICVS ADAUXIT
IUSTICIAM STABILIRE VOLENS
ET VT VNDIQUE PAX SIT

(„Im Jahre der Menschwerdung unseres Herrn Jesus Christus 1184 hat Kaiser Friedrich das Reich mit dieser Zierde vermehrt, gewillt, die Gerechtigkeit zu festigen, und daß überall Friede herrsche").

Auf der zweiten Tafel heißt es:

AB ANNO DOMINICE INCARNATIONIS MCLXXXIIII
IUSTICIE CVLTOR MALEFACTI PROVIDVS ULTOR
CESAR ADORNANDAM FRIDERICVS CONDIDIT AVLAM

(„Im Jahre der Menschwerdung des Herrn 1184 hat Kaiser Friedrich, Hüter des Rechtes und weiser Rächer der Übeltat diesen Saal als weiteren Schmuck (der Burg) erbaut").

Obwohl von der Pfalz, infolge ihrer Zerstörung im spanischen Erbfolgekrieg 1702, nur noch Mauertrümmer vorhanden sind, machen diese Inschriften deutlich, daß es sich nicht nur um einen reinen Wehrbau handelte. Sie war auf einem rechteckigen Grundriß Z 61 errichtet. Ein quadratischer Bergfried auf der Landseite und der Palas dem Rhein zu waren eng aneinander gedrängt und ließen nur einen kleinen Hofraum, so daß die unzerstörte Burg auf der Zeichnung Merians recht blockhaft wirkt. Das Mauerwerk ist Säulenbasalt mit Hausteingewänden aus Drachenfelstrachyt.

Man mag im Zweifel sein, ob Kaiserswerth noch als „Pfalz" zu bezeichnen ist, da bei ihr nicht nur von einem „Palatium" keine Rede ist, sondern auch die für die Pfalzen charakteristische Randbebauung um einen Hof mit deutlicher Unterscheidung der einzelnen Bauteile einem einzigen Baukörper gewichen ist. Ähnliche Eigenschaften haben die vom Kaiser errichteten Burgen Trifels und Nürnberg, die im landläufigen Sprachgebrauch nicht als Kaiserpfalzen gelten, obwohl sie sich unmittelbar an diesen Typus anschließen und ihn auch künstlerisch vertreten.

Der *Trifels* in der Pfalz ist bei seiner ersten geschichtlichen Erwähnung 1081 im Besitz eines Ritters Diemar und gelangt dann an den König. Schon die Salier Heinrich IV. und Heinrich V. erkannten seine Bedeutung und bauten ihn aus. Mauerwerk ihrer Zeit hat sich erhalten. Doch hat erst Barbarossa dem Trifels seine monumentale Form gegeben. Auf der höchsten Felsklippe wurde über rechteckigem Grundriß ein Turm errichtet, der in seinem Obergeschoß eine gewölbte Kapelle mit nischengegliederten Wänden
T 57 enthält. Ihr runder Apsiserker kragt auf drei Maskenkonsolen vor
Z 40 die östliche Turmmauer. Seinen Abschluß bildet ein Fries aus
profilierten Rundbogen mit deutschem Band und ornamentierter Gesimsleiste. Als Bekrönung des steinernen Daches war ein Bildwerk, der sog. Trifelslöwe angebracht.

Unmittelbar an diesen Turm schließt der Palas an, etwa recht-
Z 62 eckig, mit abgeschrägten Ecken, wie sie durch die Beschaffenheit des
Felsgrundes geboten waren. Der Burgbrunnen liegt außerhalb dieses
T 55 Felsriffs und ist darum in einem schützenden Turm geborgen, der
bis zur Höhe des obersten Felsens geführt und mit diesem durch eine Brücke verbunden ist. Alle diese Bauten zeigen außen Buckelquadern; die Schmuckformen der Kapelle und Fundstücke, nament-
T 56 lich Säulenfragmente mit dem sog. „Straßburger Kapitell", lassen
auf eine Bauzeit zwischen 1170 und 1180 schließen.

Der Trifels trat ins Licht der Weltgeschichte unter Kaiser Heinrich VI., der hier 1193/94 den englischen König Richard Löwenherz gefangen hielt, 1194 von hier aus den sizilianischen Feldzug antrat, der ihm in Palermo die normannische Königskrone einbrachte und 1195 den normannischen Kronschatz hierher verbringen ließ. 1206 wird auf Veranlassung König Philipps der Kölner Erzbischof Bruno als Gefangener auf den Trifels gebracht. Nach der Ermordung Philipps, 1208, bietet der Trifels den Reichskleinodien, die bis dahin in der Pfalz Hagenau untergebracht waren, den sichersten Gewahrsam. Sie bleiben bis 1246 hier. Inzwischen hat Kaiser Friedrich

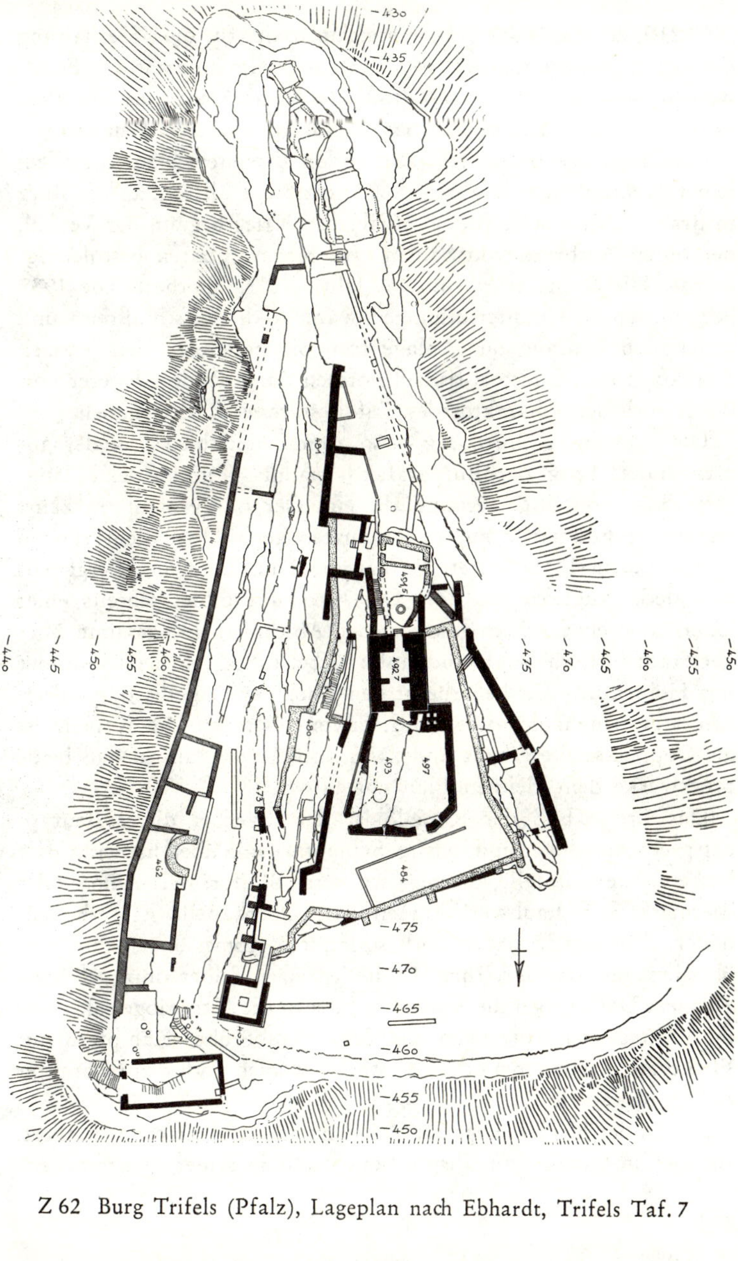

Z 62 Burg Trifels (Pfalz), Lageplan nach Ebhardt, Trifels Taf. 7

II., 1219, den Erlös der Münze von Annweiler für die Unterhaltung des Trifels bestimmt. Aus diesen Mitteln erfolgt eine aus den Fundstücken zu belegende Neugestaltung des Palas. Seine burgundischen Formen standen dem oberen Saal der Burg Wildenberg nahe.

Der Trifels hat bis ins 16. Jahrhundert Erweiterungen, vor allem seiner Wehranlagen, erfahren. 1602 setzte ein Blitzschlag die Burg in Brand, aber erst nach dem 30jährigen Krieg begann der Verfall, der durch Ausbruch von Säulen und Marmorplatten beschleunigt wurde. Die Ruine wurde im 19. Jahrhundert gesichert. Die 1937 begonnenen Bodenuntersuchungen waren recht aufschlußreich und legten den Umfang der Anlage frei. Sie bereiteten den jetzigen Aufbau in freien, historistischen Formen durch Rudolf Esterer vor, die freilich den Charakter des Trifels stark verändert haben.

Die Kaiserburg *Nürnberg* – so zum Unterschied von der angrenzenden Burg der Burggrafen genannt – nimmt eine lang-
Z 63 gestreckte, dreiseitige Grundfläche ein. Der Burggrafenburg kehrt sie eine Schildmauer zu, deren ausgebogene Mitte dem runden Sinnwellturm Platz bietet. Er hat die Funktion eines Bergfrieds und deckt zugleich das Tor. Die Kernburg bildet jenseits einer Quermauer einen in sich geschlossenen Abschnitt. Ihre gesamte, über der Stadt sich erhebende Südflanke ist bebaut. Zuvorderst steht der
T 61 sog. Heidenturm. Er beherbergt den Chor der Kapelle, deren dreischiffiges Langhaus sich westlich davon erstreckt. Die Kapelle ist
Z 47 als Doppelkapelle erbaut und zwar von Anfang an, so daß beide Stockwerke dem gleichen Plan angehören.

T 62 Das Erdgeschoß der Kapelle ist der Eigenart dieses Bautyps entsprechend schwer und massig. Seine starken Säulen haben kräftig ausgebildete Kapitelle, die teils stilisierte Blätter, teils Adler- oder
T 63 Tiermasken in Laubwerk tragen. Die Oberkapelle ist nicht nur höher, ihre Säulen haben auch schlankere Abmessungen und sind
T 64 überdies aus Marmor. Ihre Kapitelle zeigen feiner durchgebildete Formen. Doch haben die Säulen, auf denen die Kaiserloge ruht, und die rechteckigen Gurtbogen der Gratgewölbe über Kämpfern mit Flechtbandornamenten oder die Wandkonsolen noch den Charakter der Unterkapelle.

Neben der Kapelle liegt der Palas. Er wurde mehrfach verändert, ist aber in seinen Raumdispositionen und in seiner Fensteranord-

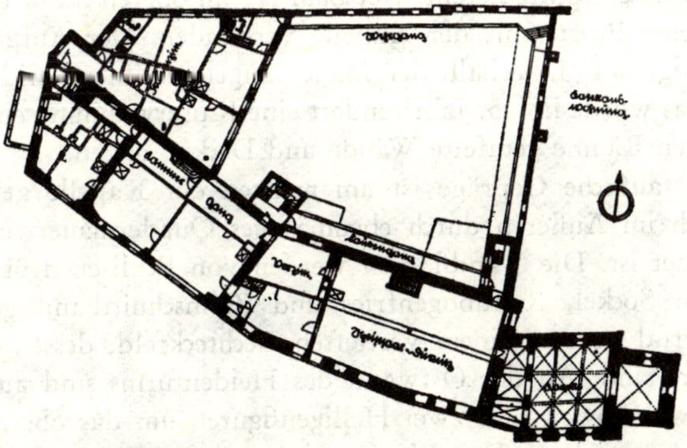

Z 63 Burg Nürnberg, Grundriß der Kaiserburg nach Lincke aus Ebhardt I, 637

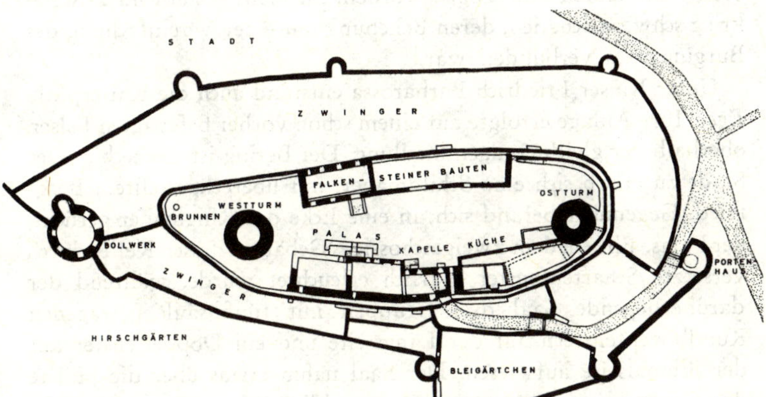


Z 64 Burg Münzenberg (Wetterau), Grundriß nach Binding 1

nung noch gut zu erkennen. Er ist zweigeschossig, durch eine Stützreihe in zwei Schiffe geteilt. Der Saal lag im oberen Stock und war durch eine Pforte mit der Kapelle verbunden. Der Aufgang zur Kaiserloge war innerhalb der Mauer angelegt. Im westlichen Teil
Z 136 des Palas wurde im 15. Jahrhundert eine Kaiserwohnung eingerichtet, deren Räume getäfelte Wände und Decken haben.

Das staufische Gepräge ist am meisten der Kapelle geblieben, die auch im Äußeren durch ebenmäßiges Quadermauerwerk ausgezeichnet ist. Die Wandflächen werden von Ecklisenen über profiliertem Sockel, Rundbogenfries und Zahnschnittband gerahmt. Das Portal sitzt in einem vertieften Rechteckfeld, dessen Kanten profiliert sind. An der Ostwand des Heidenturms sind auf Konsolen zwei Löwen und zwei Heiligenfiguren um das obere Chorfenster angeordnet. Das Blattornament des Gesimses kommt in gleicher Form auf Bruchstücken der Hagenauer Pfalz vor. Auch die Bauzeit der Nürnberger Kapelle dürfte um 1170 liegen. Der Palas und die anstoßenden Gebäude sind wesentlich jünger und vielen Umbauten unterzogen worden. Sie erlitten auch im 2. Weltkrieg schwere Schäden, deren Behebung mit einer Vereinfachung des Burgumrisses verbunden war.

Unter Kaiser Friedrich Barbarossa entstand auch die Kaiserpfalz *Eger*. Ihre Anlage erfolgte auf einem schon vorher befestigten Felsen oberhalb der gleichnamigen Siedlung. Der Bering ist rechteckig. Der Stadt zu erhob sich eine Schildmauer, mit übereckgestelltem Berg-
T 70 fried. Gegenüber befand sich, in eine Ecke der Ringmauer gerückt, der Palas. Ein ehedem zweigeschossiges Gebäude, dessen Keller durch versetzte Schartenfenster spärlich erleuchtet wurde, während der darüberliegende Saal drei Gruppen mit fünf säulengetragenen Rundbogenfenstern auf der Längsseite und ein Doppelfenster auf der Schmalseite aufwiesen. Der Saal nahm etwas über die Hälfte der Gebäudegrundfläche ein. Die anschließenden Räume mit drei Rundfenstern scheinen Wohnzwecken gedient und die Küche beherbergt zu haben. Die Arkaturen der Hofwand sind zerstört. Der Palas trägt auf alten Ansichten ein Obergeschoß aus Fachwerk mit mächtigem Walmdach.

Neben dem Palas steht der wohlerhaltene Bau der Kapelle. Sie ist wiederum zweigeschossig. Der untere Raum ist vom Hof aus

zugänglich, der obere über eine Steintreppe mit Scharten zur Bewachung der Pforte. Ein zweiter Eingang befand sich in der Westwand. Hier konnte man über eine Galerie vom Palassaal aus in die Oberkapelle gelangen. Wie zu Nürnberg ist die Unterkapelle
in ihren gedrungenen Maßen der erdnahe Raum des Gefolges, die T 66
durch eine achteckige Öffnung mit ihr verbundene Oberkapelle aber
der lichte und freie Raum des Kaisers. Den Granitsäulen des T 67
unteren Geschosses entsprechen auch hier vier Marmorsäulen oben,
zwei mit rundem, zwei mit achteckigem Schaft. Ihre geschmückten T 65
Kapitelle zeigen Tugenden und Laster. Der Chor, unten schlichter gehalten, ist in der Oberkapelle besonders betont. Die beiden Chorpfeiler sind durch vorgelegte Halb- oder eingestellte Ecksäulen gegliedert. Der Kapitellgürtel wird aus aneinandergereihten Masken T 69
gebildet. Im Chorraum öffnet sich nach Süden zu eine Doppelarkade, deren alabasterne Mittelsäule einen gemusterten Schaft
besitzt: eines der schönsten Werkstücke staufischer Steinmetze! Hier T 68
befand sich die Kaiserloge.

Als Erbauungszeit darf das runde Jahr 1175 gelten. Die Gewölbe des Hauptraums mit ihren geschärften Rippenprofilen erscheinen jedoch jünger und dürften darum aus einer frühgotischen Erneuerung herrühren. Das verwendete Formengut weist in vielen Einzelheiten auf elsässische Zusammenhänge, etwa auf die Kreuzkapelle des Odilienbergs, hin.

## *2. Die Burgen des Reiches und der Ritter*

Im Zeichen der staufischen Reichserneuerung wurden nicht nur Kaiserpfalzen gebaut. Landauf, landab entstanden auch die wehrhaften Wohnsitze des Adels neu. Die Zahl und Dichte der seit der Mitte des 12. Jahrhunderts erbauten deutschen Burgen ist derart, daß sie nur mit einer planmäßigen Befestigung des Reichsraums, insbesondere seiner wichtigen Landschaften, erklärt werden kann. Doch ist dieser wehrpolitische Zweck nicht der einzige Grund für dieses beispiellose Aufblühen des Burgenbaus. Seine stärksten Antriebe kamen aus einem neuen Selbstbewußtsein, einem neuen, der Welt zugewandten Lebensgefühl. Das höfische Zeitalter brach an, das seinen eigenen Menschentyp formte. Minnesang und Heldenlied wurden ihm ebenso Ausdruck seines Wesens wie die Kreuzfahrt ins heilige Land und der geistliche Minnedienst vor der jungfräulichen Gottesmutter. Dieser, der neuen Wirklichkeit des staufischen Reiches verpflichtete, sie tragende und von ihr gehaltene Ritter war der Bauherr jener Burgen, deren Anlage vom Kaiser und seinen Beratern erdacht und befohlen wurde.

Burg *Münzenberg*, die mit ihren beiden Rundtürmen über die
T 29 fruchtbare Wetterau gebietet, war eines der ersten Glieder dieser
Reihe. Erbaut hat sie Kuno I. von Hagen, seit 1171 als Kämmerer
Friedrich Barbarossas nachweisbar, ein Mann, der zum Hof und
zum ständigen Gefolge des Kaisers gehörte. Dem entsprachen Plan
und Ausführung der Burg. Die längliche Basaltkuppe des vom
Z 26 Kloster Fulda erworbenen Minzenbergs wurde mit einer ovalen
Ringmauer umgeben, deren Südseite eine Verkleidung aus präch-
Z 64 tigen Buckelquadern erhielt. Darüber erhoben sich der Palas und
die Kapelle, unter der die Torfahrt lag. An den beiden Brenn-
punkten entstanden Rundtürme, von denen der Ostturm in seinem
heutigen Befund älter zu sein scheint. Von besonderer Schönheit ist
T 30 der Palas. Das zweistöckige Gebäude ist aus Säulenbasalt in reich-
licher Mörtelbettung aufgemauert, Türen, Fenster und Eckquadern
bestehen aus Hausteinen. Die Außenwand besitzt einen Buckel-
T 31 quadermantel und wird nur von der achtgliedrigen Galerie des
Festsaals und zwei Doppelfenstern durchbrochen. Die in der er-
haltenen Hälfte noch zweigeschossige Hofseite weist über einem
Treppensockel noch mehrere Fensterstellungen – unten zwei säulen-
gekuppelte Doppelfenster, oben ein Doppelfenster und eine Vierer-
arkade – sowie zwei Türen mit reich profiliertem kleeblattförmig
schließendem Gewände auf. Alle Fenster liegen in Rahmen, die im
Untergeschoß mit Profilen oder mit geschachter Schräge abgefast
T 32 sind, im Obergeschoß aber ein Zickzackband besitzen. Die Archi-
tektur will Wirkung und Würde ausstrahlen. Das wird durch
Einzelheiten der Bauplastik, die Kapitelle, die gemusterten Säulen-
schäfte, die ornamentierten Kämpfer noch gesteigert. Die im Innern
T 33 erhaltenen Kaminwangen vervollständigen dieses Bild. Es ist eine
T 24 b spielerische Zierlust am Werke, die mit einer Vielfalt an Formen
T 34 a aufwartet. Nur die große Saalgalerie macht den Ansatz zu einer
planvollen Gesamtgestaltung.

Die Burg wurde spätestens 1174, als ihr Bauherr seinen bisherigen Wohnsitz Arnsberg den Zisterziensern übergab, bezogen. Doch nannte sich Kuno bereits seit 1165 nach dem Berge. In diese Zeit wird man die Erbauung der Burg zu setzen haben. Um die Mitte des 13. Jahrhunderts muß sie einer teilweisen Zerstörung ausgesetzt worden sein, als die Feinde der Hohenstaufen gegen die „kaiserliche Wetterau“ zu Felde zogen. Das Geschlecht der Münzenberger starb 1255 aus. Bei der Erbteilung wurden die großen Liegenschaften unter mehrere Familien aufgeteilt. Münzenberg wurde Ganerbenburg. Unter diesen haben die Herrn von Falkenstein den ansehnlichen Falkensteiner Bau auf der Nordseite des Burgberings gegenüber dem älteren Palas errichten lassen.

Zusammen mit Kuno von Münzenberg begegnet im Gefolge Kaiser Friedrichs I. auch Ruprecht von Durne. Zwischen 1171 und 1196 nennen ihn 150 Urkunden der Kaiser Friedrich I. und Heinrich VI. als Zeugen. Auch er hat eine Burg erbaut, die zu den besten Werken der deutschen Burgenbaukunst zählt: *Wildenberg* im Odenwald. Anders als das weithin über besiedelter Landschaft thronende Münzenberg liegt sie etwas abseits von den großen Straßen. Der romantische Name „Wildenberg“ – wie so viele Burgnamen, wie Hoheneck und Falkenstein, Lichtenberg und Drachenfels oder gar die französisierenden Namen Montfort und Thurandt, Montabaur und Boymont ein Stück Weltschau und Bildung, vielleicht auch eine Mitgift an Hoffnung und Sehnsucht enthaltend – sagt das schon aus. Dabei ist um die Burg gar keine Wildnis. Eine gute Stunde nördlich von ihr befand sich das Kloster Amorbach, dessen Vogtei der Burgherr innehatte, seit der Karolingerzeit der eigentliche Mittelpunkt des Gebietes, nicht nur in geistlicher und kultureller, sondern auch in wirtschaftlicher Beziehung. Und einer der alten Verbindungswege zwischen Main und Neckar führte damals wie heute unweit der Burg vorüber. Die Wälder um die Burg freilich, sie waren stets weit und tief. Selbst wenn der Burgberg einst waldfrei gehalten wurde, so dehnten sich doch ringsum unermeßliche Bergwälder; in den Tälern breiteten sich Wiesengründe und manchmal fand sich ein kleiner See, der sich entweder natürlich gebildet hatte oder zum Zwecke der Fischzucht angelegt worden war. Wildenberg war also mitten in einem ergiebigen

Jagdgebiet gegründet. Wenn man für diese Burg die Bezeichnung „Schloß" gebrauchen würde, könnte man ihr Wesen und ihre ungewöhnlich reiche Ausstattung trefflich charakterisieren.

Die Burg blieb nur bis zum Jahre 1271 im Besitz der Herren von Durne. Dann mußte sie an das Erzstift Mainz verkauft werden, das sie in einen Behördensitz umwandelte. 1356 erlitt sie durch ein Erdbeben schwere Schäden, deren Ausbesserung das Gesicht der Burg veränderte. 1525 wurde sie von Bauern aus dem Odenwälder und Neckartäler Haufen Götzens von Berlichingen niedergebrannt. Ihre Zerstörung war ein Vertragsbruch und leitete die politische Katastrophe der Bauern ein. Wildenberg blieb in Trümmern bis auf den heutigen Tag.

Die Anlage der Burg erfolgte auf einem Bergsporn. Der Bauplatz legte eine ovalförmige Ringmauer nahe. Aber Ruprecht ließ die
Z 17 Burg auf dem Grundriß eines großen Rechtecks erbauen. Gegen die Bergseite zu ist sie durch Schildmauer und übereck in ihre Mitte eingreifenden Bergfried gedeckt. Daneben steht ein Wohnbau. Dem
Z 65 Tal zu entfaltet sich die vornehme Architektur des Palas neben einem kleinen Wehrturm. Die Längsseiten der Ringmauer sind so geführt, daß die Westflanke leicht ausgebogen ist, so daß sie auf die Mitte des Turmes neben dem Palas trifft, während die Ostflanke zunächst an den Palas anschließt, den Torturm erreicht, dann um dessen Breite einspringt und zur Schildmauer leitet, wobei sie zugleich die Außenwand des Wohnbaus bildet. Alle Außenmauern und die vier Wände des Bergfrieds sind mit Buckelquadern ummantelt, prachtvollen Werkstücken aus dem nächst der Burg gebrochenen Buntsandstein. Der Bergfried bringt in seiner herben Verschlossenheit die hohen, monumentalen Qualitäten des staufischen Wehrbaus zur Geltung. Als einziges Schmuckglied besitzt er eine achteckige Säule im inneren Turmgemach, die eine auffallende Verwandtschaft mit den Säulen und Bandknollenkapitellen auf Münzenberg und am Frankfurter Saalhof aufweist.

Im Schutz des Bergfrieds lag der Wohnbau, ein rechteckiges, in zwei Haupträume aufgeteiltes Gebäude. Seine bauplastische Aus-
T 42 stattung war ungewöhnlich reich. Das merkwürdigste unter den im
T 43 Wohnbau gefundenen Fragmenten ist eine ornamentierte Platte, die als Türsturz gedient oder den Kaminmantel geschmückt haben

Z 65 Burg Wildenberg (Odenwald), Arkaden im oberen Palassaal nach Hotz, Wildenberg 5

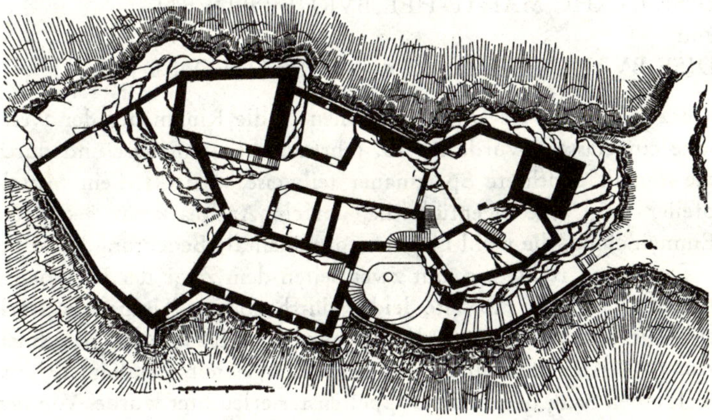

Z 66 Ulrichsburg bei Rappoltsweiler (Elsaß), Grundriß nach Ebhardt I, 68

könnte, vielleicht auch eine ähnliche Funktion erfüllte wie die Schmuckplatten neben dem Kamin der Pfalz Gelnhausen. Es mutet eigenartig an, daß in dieser Burg, einer derart planmäßig durchdachten Anlage, die schon durch die Regelmäßigkeit ihres Grundrisses besticht, ein solcher Stein des wirren Ornaments vorhanden war. Ist das etwa die andere Seite, die nur mühsam gebändigte, den Dämonien nahe, dem klaren Licht der Ratio abgekehrte Seite dieses Jahrhunderts? Der Stein verrät einen Meister, der über eine ergiebige Formenphantasie verfügte.

T 41 Die Architektur des Torturms ist wieder großzügig und einsichtig. Ein dreifach abgetrepptes Portal – mit eingearbeiteten Ecksäulchen – führt in die ehedem gewölbte Torhalle. Im Obergeschoß lag die Kapelle. Ihr Chörlein kragt nach außen als Erker über profiliertem Fuß vor und ist mit einem Rundbogenfries geschmückt. Am Inneren Tor stehen die Inschriften, die den Burgenbau durch Ruprecht und Burchert von Durne überliefern. Sie zählen zu den ältesten Bauinschriften in deutscher Sprache:

DISE BVRHC MAHTE HER BVRHERT DVRN
und
DISE BVRHC MAHTE HER RVBREHT VON DVRN

Ein zweites Tor, als Doppelpförtchen in die Ringmauer der Westseite eingelassen, wurde im 15. Jahrhundert vermauert und durch die damals errichtete Sperrmauer teilweise verdeckt. Sein Mittelpfeiler trägt eine eigentümliche, um ein Andreaskreuz geordnete Einmeißelung, die wohl nicht nur ornamentale Bedeutung hatte.

Der Palas, rechteckig, mit zwei Seiten dem Zuge der Ringmauer folgend, auf der Hofseite leider durch spätere Umbauten stark entstellt, war sicher von Anfang an auf zwei Geschosse berechnet. Aus der ersten Bauzeit ist nur das Untergeschoß erhalten. Es enthielt einen Saal, der durch Doppelfenster erleuchtet wurde. Von den vier Fensterachsen der äußeren Längsseite sind zwei erhalten. Ihre Bogen werden von Zickzack-Stäben umrahmt. Die tiefen Fensternischen waren mit Sitzbänken versehen. Besonders mächtig ist der Kamin mit weit vorspringenden Wangen ausgebildet. Seine Stirnplatte ist ornamentiert.

T 42

Wir kennen die führenden Werkleute des Bauwesens. Es sind der

Maurer Bertolt und der Steinmetz Ulrich. Sie haben ihre Namen in einer Inschrift neben dem östlichen Palasfenster festgehalten:

BERTOLT MVRTE MICH VLRICH HIWE MICH

Die Burg war gegen 1175/80 vollendet.

Ein Menschenalter später wurde unter dem Enkel Ruprechts, Konrad von Durne, der Palas im Obergeschoß verändert. Der T 98
Festsaal, der dort in den gleichen Maßen wie der untere Saal entstand, bezeichnet einen Gipfel staufischer Burgenkunst. Trotz seiner sehr fragmentarischen Erhaltung und obwohl viele seiner Werkstücke verloren gingen, andere teils in der Burg, teils museal aufbewahrt werden, ist er heute noch von stärkster künstlerischer Z 65
Aussagekraft. Seine Struktur ist die der burgundischen Wandgliederung, wie sie der Gelnhäuser Marienkirchenmeister Heinrich Vingerhut anwendete. Die Fensterbogen werden gruppenweise zusammengefaßt und mit doppelten Kleeblattbogen oder auch doppelten Spitzbogen samt Vierpässen ausgesetzt. In die Gewände kommen Säulen zu stehen, auch die Mitte der Fenster nimmt eine Säule ein, so daß ein recht bewegtes Bild aus Kanten und Rundungen, aus Gesimsen, Kapitellen und Basen entsteht. Kelchblock-, Knospen-, T 97
Blatt- und Laubwerkkapitelle kommen nebeneinander vor. Die Fülle der dekorativen Elemente bleibt jedoch stets der Architektur eingebunden. Die Aufteilung der östlichen Schmalwand in eine Dreifenstergruppe ist hervorragend und vorbildlich gelöst. Noch im folgenden Jahrhundert begegnet auf dem von vielen Kulturen und Schicksalen gezeichneten Boden Siziliens das gleiche Motiv, unterstrichen durch eine bunt behandelte Wandfläche, am Palast der sog. Badia vecchia zu Taormina.

Wildenberg ist nicht ohne Parallelen. Unter den elsässischen Hohenstaufenburgen kommt ihr *Landsberg* auf einem Ausläufer des Odilienbergmassivs am nächsten. Die Kernburg auf Felsgrund bildet ein gestrecktes Fünfeck, wobei der Palas die Breitseite, der Bergfried aber die Spitze einnimmt. Neben dem Bergfried und an ihn anstoßend stand ein Wohnbau. Die gesamte Anlage war auf einer tieferen Sohle von einer Vorburg umgeben, die sich vor allem zu Füßen des Bergfrieds ausdehnte und dort rechteckig angelegt war, mit runden Türmen an den Ecken.

Auch die Kernburg von Landsberg ist mit prächtigen Buckelquadern umkleidet. Sie prägen vornehmlich die große, zweistöckige Palaswand. Ihre Erdgeschoßfront weist außer der späteren Pforte nur ein Rundbogenfenster auf, während die vier Doppelfenster des
T 37 Obergeschosses beiderseits eines halbrunden Kapellenerkers in ungleicher Höhe angeordnet sind. Der Erker sitzt auf einem glatten, konischen Fuß und ist mit einem ebensolchen Dach gedeckt. Seine Wände werden durch Lisenen und Bogenfriese gegliedert. In den vertieften Feldern sind kleine Rundbogen- und ein Kreuzfenster eingelassen. Diese Motive kommen alle am Westwerk der Kirche von Maursmünster vor.

Die Innenwand des Palas ist, was man vom Außenbild her nicht erwarten konnte, in große, säulengetragene Bogenstellungen aufgelöst. Eine derart grundsätzliche Wandgliederung ist auch der vierbogigen Fensterstellung des Wohnbaus neben dem Bergfried eigen.

Die Gründung der Burg Landsberg erfolgte, in einer ähnlichen geschichtlichen Situation wie die von Wildenberg, auf dem Klosterboden von Niedermünster, durch dessen Vögte, die Brüder Egelolf und Konrad, um 1150. Die Vorburg gehört dem ersten Drittel des 13. Jahrhunderts an.

Die bedeutendste unter den drei Burgen oberhalb von Rappoltsweiler, die Burg Groß-Rappoltstein, seit 1435 *„Ulrichsburg"* ge-
Z 66 nannt, hat ihren Grundriß zwar dem zerklüfteten Felsgelände, auf dem sie errichtet wurde, anpassen müssen. Trotzdem ist zu erkennen, daß er von einer Planform herkommt, wie sie auf Wildenberg, Landsberg oder Girbaden ihre Verwirklichung fand. Hier zeigt die Anlage, bei der ältere Teile mitverwendet wurden, die Polarität Bergfried – Palas, jedoch wird der Plan zu einem Dreieck
T 52 der Hauptgebäude erweitert. Auf einem Felsplateau ist nämlich noch ein Wohnturm mit dem Grundriß eines verschobenen Rechtecks erbaut. Beide Türme haben Buckelquadermantel. Der Palas ist in Bruchsteinen aufgeführt. Sein Erdgeschoß ist, wie üblich, schlicht und kellerartig, das erste Obergeschoß enthielt den Saal mit sieben
T 50 aneinandergereihten Doppelfenstern auf der Längsseite und zwei gleichartigen auf der Schmalseite, ein Glanzstück staufischer Burgen-
T 51 architektur. Die Fenster sind in tiefe, mit Sitzbänken ausgestattete Wandnischen eingebettet. Die abgefasten Kanten sind mit Kugeln

und Rosetten besetzt, ebenso sind die Pässe über den Fenstern behandelt. Dieses Saalgeschoß wurde im 13. Jahrhundert durch ein weiteres Stockwerk mit Drillingsfenstern überhöht. Seine Reste sind auf älteren Zeichnungen noch zu sehen.

Die wichtige Burgkapelle stößt an die hofseitige Längswand des Palas an, liegt aber ein Stockwerk höher. Der Bau ist gotisch verändert.

Die Entstehungsgeschichte der Burg *Hohbarr* bei Zabern, welche der Straßburger Gesandte auf dem Konstanzer Konzil „Auge des Elsaß“ nannte, erklärt seine architektonische Gestalt. Ein Felsen „Borra“ trug eine bischöfliche Burg. Zwischen 1168 und 1171 erwarb der Straßburger Bischof Rudolf von Rottweil auf Veranlassung Friedrich Barbarossas den hinteren „Markfelsen“, um ihn zu befestigen. Davon sind Teile der bossierten Außenmauern mit einer Fenstergruppe aus zwei Doppelfenstern mit Ecksäulchen und monolithen Stürzen, sowie einem Oculus in der Mitte erhalten geblieben.

Zwischen beiden Felsen steht die Burgkapelle, ein einschiffiger, T 59
vornehmer Bau, dessen Inneres ehemals gewölbt war. Die Außenwände sind mit Lisenen und Rundbogenfriesen belegt.

Der großenteils aus glatten Quadern gemauerte Turmpalas von *Rathsamhausen* bei Ottrott enthält in seinem obersten Geschoß
einen Kaminaufbau aus beiderseits drei Säulen. Außen kragte ein T 53
gedeckter Altan vor. Neben diesem Wohnturm steht ein runder Bergfried aus Buckelquadern – eine Burg der großen, auf die Hauptgebäude zusammengerafften Form.

Die *Hohenburg* in den Nord-Vogesen umschreibt mit ebenmäßigem Buckelquadermauerwerk ein Fünfeck. Ein darin aufragender Felsklotz trug den Bergfried.

Als längliches Polygon ist auch die auf Felsen gegründete Kernburg des *Gräfensteins* in der Pfalz gestaltet. Die mehrfach ge-
winkelte Mantelmauer wird vom siebeneckigen Bergfried überhöht T 85
und zu seinen Füßen von einer Randhaus-Unterburg umgeben. In diesen Baukörpern liegt schon ein Gedanke bereit, der den Zentral-
bau erstrebt. Noch stärker bewußt wird das auf *Steinsberg* im Z 6
Kraichgau. Der achteckige Bergfried, frei inmitten einer vieleckigen T 84
Ringmauer mit Randbebauung errichtet, ist eine Vorform zum

regelmäßigen Achteck, das seine höchste Vollendung im apulischen Bergschloß Kaiser Friedrich II. gefunden hat.

Zu den Burgen im Umkreis der Pfalz Kaiserslautern gehört
*Hohenecken.* Der fünfeckige Bergfried greift spitz in die Schild-
mauer ein. Der Palas liegt gegenüber und zeigt noch Rundbogen-
T 35 fenster, davon eines mit einer hübschen Säule.

Im Zeichen des staufischen Burgenbaus sind auch in Franken und
Schwaben zahlreiche Anlagen geschaffen worden. Eine Wasserburg
auf quadratischem Grundriß bestand in *Lahr.* Ein Eckturm, der
T 103 Storchenturm, ist noch übrig samt den angrenzenden Mauern und
Gebäudeteilen mit tiefen Fensternischen und Doppelfenstern. Ihre
Stürze sind kleeblattbogenförmig geschlossen. Die Buckelquader-
technik des Turms, sowie die verschiedenen Schmuckglieder lassen
auf eine schloßartige Anlage schließen, deren Bau der Kaiser selbst
befohlen haben könnte. Im zeitlichen Ansatz kommt das Jahrzehnt
zwischen 1220 und 1230 in Betracht.

Lahr ist nicht die einzige quadratisch angelegte Wasserburg der
Hohenstaufenzeit in Deutschland. Eine weitere Burg dieses Typus
bestand in *Babenhausen* (Hessen). Sie war einst im Besitz der
Herren von Münzenberg und dürfte von diesen auch bald nach
1197 erbaut worden sein. Im heutigen, während des 15. und
16. Jahrhunderts weitgehend umgebauten Schloß sind wesentliche
Teile der staufischen Burg enthalten, besonders im Westflügel. Sein
Erdgeschoß öffnet sich in ganzer Ausdehnung als flachgedeckte
Halle mit einer säulengetragenen Bogenstellung gegen den Hof.
Die Arkatur wird durch einen Treppenturm unterbrochen, an dessen
T 96 Seite eine erst neuerdings wieder freigelegte Doppelarkade sichtbar
ist. Im Unterschied zu den anderen Bogen sind ihre Laibungen
reich profiliert und ruhen auf einem prachtvollen Kelchblockkapitell
mit diamantierten Blättern und einem Kämpfer, dessen Ecken von
kleinen Löwen besetzt sind. Der äußere Rand des Bogenlaufs ist aus
Backsteinen gemauert, wie solche auch am Treppenturm und seinen
Lisenen, im Wechsel mit Haustein, vorkommen. An der Außenwand
des Obergeschosses treten mehrere Reste von Fenstergewänden zu-
tage. Auch sie sind aus Backsteinen gebildet. Diese Art des Ge-
brauchs der Backsteine ist bisher nur von oberitalienischen Bauten
bekannt, wo wir auch dem in Deutschland ungewöhnlichen Vorbild

für diesen Palas – etwa im Broletto von Novara – begegnen. Der quadratische Bergfried der Burg Babenhausen lag in der Hofmitte und wurde spätestens im 17. Jahrhundert abgebrochen. Seine Fundamente hat man ausgegraben. Auch hier stellten Backsteine das Baumaterial.

Die in diesen Burgen angewendete Kastellform hat zwischen 1238/41 in der schon erwähnten Bergburg *Neuleiningen* eine vor- Z 13
zügliche Ausformung gefunden und wirkte auch noch nach der Jahrhundertwende im Johanniterkastell *Biebelried* bei Kitzingen fort.

Die Gipfelburg *Breuberg* im Odenwald, um 1200 erbaut, besitzt Z 16
außer dem mit Buckelquadern ummantelten Bergfried, der im 17. Jahrhundert mit einer geschweiften Haube bedacht wurde, noch ein auffallend aufwendig dekoriertes Tor. Das Gewände ist profiliert, T 58
die Wandfläche aber von Ecksäulen gerahmt und durch einen Bogenfries auf Maskenkonsolen begrenzt. Die Burg selbst hat im Laufe der Jahrhunderte viele Erweiterungen erfahren, die ihr das Aussehen einer stattlichen Bergfeste gaben.

Am Untermain stehen staufische Buckelquadertürme noch in *Miltenberg* in einer von Mainz angelegten Burg, in Burgprozelten und in Wertheim. *Burgprozelten* hat ein ähnlich monumentales Tor T 40
wie Wildenberg. Seine Bauherrn waren auch mit den Durnen verwandt. Der zweigeschossige, in zwei Bauabschnitten aufgeführte Palas ist einfach, wenngleich in seiner Fensteranordnung nicht ohne Eleganz. Die Burg kehrt dem Berg eine hohe, gotisch verstärkte Schildmauer zu, deren Ende ein weiterer Turm, unter der Herrschaft des deutschen Ordens im 14. Jahrhundert errichtet, bezeichnet.

Die Burg der Grafen von *Wertheim,* trotz Zerstörung eine höchst eindrucksvolle Anlage auf einem Bergausläufer zwischen Main und Tauber, bewahrt neben dem Bergfried noch die Umfassungsmauern eines Gebäudes, das oft irrtümlich als „Kapelle“ bezeichnet wird. Es handelt sich aber um den Palas. Leider ist die Giebelwand durch spätere Fenstereinbrüche entstellt, doch sieht man an den vermauerten Fenstergruppen zweier Geschosse, wie die gotisierende Stilrichtung der Wandauflösung hier Arkaden schuf, die das Gepräge repräsentativer Festlichkeit tragen.

Burg *Rothenfels* über dem Main ist, wie uns berichtet wird, als „Jagdhaus“ erbaut worden. 1148 wählte der Ritter Markward von

Grumbach eine Bergnase, die dem Kloster Neustadt eigen war, als Baugrund. Ein quadratischer Buckelquaderbergfried beherrscht als
T 91 Eckturm die langgestreckte Anlage, deren Bauten sämtlich der Ringmauer aufsitzen. Einige von ihnen haben Turmcharakter, eine hübsche Fenstergruppe mit säulengekuppelten Bogen hat sich erhalten.

Die Errichtung eines Jagdschlosses nahe den wildreichen Spessartwäldern betrieb auch der Kaiser in *Seligenstadt*. Am Mainufer erhebt sich dort, der Stadtmauer eingefügt, eine große Palastfassade aus Sandsteinquadern. Sie ist durch mehrere Fenster- und Türöff-
T 122a nungen gegliedert und mit einem Altan versehen. Das Erd- und Kellergeschoß war nur durch schmale Scharten erhellt. Wie beim ersten Durchschreiten der Mauer zu erkennen ist, stand hier ein großes, 46 × 13 m messendes rechteckiges Gebäude, das bereits 1391 als „Kaiserhaus" bezeichnet wird, aber 1462 einem Brand zum Opfer fiel. Es ist ein unbefestigtes Jagdschloß, als solches den Jagdschlössern Friedrichs II. in Apulien, am ehesten Gravina di Puglia vergleichbar. Seine Bauzeit mag um 1235 liegen. 1237 läßt sich der Kaiser sein Seligenstädter Lehen – sicher mit Rücksicht auf seinen Palast – erneuern. Die etwas archaisierenden Formen sind in technisch vollendeter Weise ausgeführt. Von großer Schönheit sind die zwei Dreierfenster unter großen, von einer Mittelkonsole zusammengehaltenen Blendbogen. Hinter dieser Arkatur darf der Saal vermutet werden. Die Dreigliederung der Außenwand legt eine ebensolche Raumaufteilung im Innern nahe.

Im Spessart, über dem vom Verkehr erschlossenen Sinntale liegt die Burg *Rieneck*. Staufisch sind dort noch die beiden Türme und die Kapelle im Hof. Die verhältnismäßig große Kapelle ist ein Saal mit halbrunder Apsis. Das Portal zeigt ein gestuftes Gewände. Sein Sturz wird von einem ornamentierten, durch zwei Löwen getragenem Gesims geschlossen, im Bogenfeld darüber, dessen Radius von dem der Laibung etwas abweicht, befand sich eine bildliche Darstellung. In der Wand sind heute über dem Portal zwei Platten mit figürlichen Reliefs eingemauert, wohl Grabplatten, in denen man die Stifter erblicken möchte.

Am interessantesten sind die beiden Buckelquadertürme. Der höhere – im Inneren modern ausgebaut – ist achteckig. Der alte

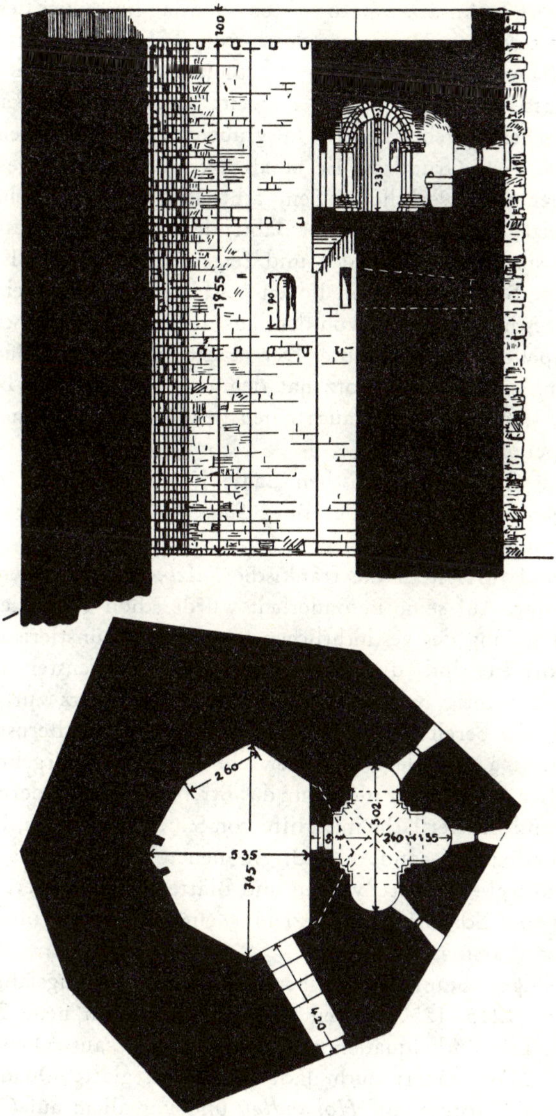


Z 67 Burg Rieneck, Siebeneckiger Turm, Grundriß u. Schnitt nach Inv.

Eingang ist in Ansätzen noch sichtbar und lag hoch über dem Burghof. Sonst war die Mauer nur durch schmale Schartenfenster durchbrochen. Die Wirkung des Turms war jedenfalls die eines fensterlosen massiven Baukörpers. Der zweite Turm, hart am Rande des
Z 67 aus dem Felsen gebrochenen Halsgrabens, hat ein unregelmäßiges Siebeneck zum Grundriß. Er besaß zwei Außeneingänge in verschiedener Stockwerkshöhe. Sein achtseitiges Inneres beherbergte einen heizbaren Saal mit flacher Balkendecke. Die Reste des Kaminmantels sind noch vorhanden und zeigen ornamentierte Kämpfer. Über eine Saalecke war ein Bogen geschlagen, wodurch ein oberes Podest geschaffen wurde, von dem aus man die bereits beschriebene Turmkapelle betreten konnte. Der mächtige, ganz mit Buckelquadern umkleidete Mauerklotz hat demnach nicht nur als Bergfried gedient, sondern enthielt auch einen bewohnbaren Raum mitsamt der Kapelle.

In das Tal der fränkischen Saale hinab grüßt der mächtige Buckelquader-Rundturm der Burg *Saaleck*, der wohl dem frühen 13. Jahrhundert angehört.

Z 23 Saaleaufwärts stellt die fränkische *Salzburg* einen eigenen Burgentyp dar. Auf seine Besonderheit wurde schon hingewiesen. Für
T 90 die Darstellung des geschichtlichen Werdegangs künstlerischer Ausdrucksformen sind die großen, sechsteiligen Fenster der sog.
T 114 „Münze" wichtig, weil sie zeigen, wie die Tendenz zur Laubenbildung, die bereits im frühstaufischen Burgenbau (Bernstein, Ulrichsburg u. a.) angelegt war, hier sehr eigenwillige Ergebnisse zeitigte. Hier triumphiert nicht nur das Streben nach Gliederung einer Wand- und Fensterfläche mit Hilfe von Säulen, Gesimsen, Konsolen und Rundpässen, sondern auch ein neuer Naturalismus, der die
T 113 a, b Architekturglieder mit Zweigen und Blättern überwuchert und sich Knoten und Schlingen zur Erzielung einer phantasievollen Ganzheit dienstbar macht.

Die jüngere Stauferzeit, insbesondere die Regierungsjahre Friedrichs II. (1215–1250) haben den Burgenbau um neue Züge bereichert. Die Buckelquader werden nicht mehr ausschließlich verwendet. Man mauert auch nach außen hin glatte Quaderwände hoch – in *Elmstein*, auf *Hohandlau* und vor allem auf *Ortenberg* im Elsaß. Diese kühne Anlage ist geradezu ein Inbegriff der mittel-

alterlichen Burg. Das ist im wörtlichsten Sinne aufgetürmte Architektur. Aus Zeichnungen Hans Baldungs von 1514 wissen wir, wie sie vor ihrer Zerstörung aussah. Im Charakter hat sie seitdem kaum verloren. Ihr polygoner Mantel, ihr spitz gegen den Berg gerichteter T 121
fünfeckiger Turm haben schon einen starken Hang zum Zentralbau. Was der Grundriß nicht ahnen läßt, macht der Aufbau bewußt. Z 21

Ortenbergs Palas öffnet seine Spitzbogenfenster gegen die Rheinebene. Sie sind einzeln in die Mauer eingefügt, bilden aber als Ganzes eine Reihe. Fensterreihen faßte man gerne unter Flachbögen zusammen. So entstanden die einfachen Fenstergruppen von *Modeneck* in der Pfalz, auf der *Ödenburg* (wo sie allerdings ausgebrochen sind), auf *Albeck* bei Sulz in Schwaben, auf der *Rothenburg* am Kyffhäuser, und schließlich auf der *Wasenburg* im Elsaß. T 116
Ihre neunteilige Fenstergruppe ist wohl das Glanzstück spätstaufischer Fensterarchitektur.

Gerade der Fenstergestaltung hat man im deutschen Burgenbau des 13. Jahrhunderts besonderes Augenmerk gewidmet. Das läßt sich an zahlreichen Beispielen aufzeigen. Es zählen dazu die Palasfenster der *Hinterburg bei Neckarsteinach* und der Burg *Liebenzell* T 100
im Nagoldtal. Sie gehören zu einem Landschaftsraum, der seit der Barbarossazeit tüchtige Leistungen hervorbrachte, wenn sie auch meist nur in kleineren Anlagen sichtbar wurden, und der zudem die Urheimat der Hohenstaufen ist.

Auf dem *Hohenstaufen* selbst sind nur wenige, aufgegrabene Mauerzüge zu sehen, die kaum Schlüsse auf den ursprünglichen Aufbau mehr zulassen. Auch unter Zuhilfenahme der Beschreibung und der Grundrisse von Crusius aus den Jahren 1587 und 1595, sowie einer handschriftlichen Skizze des gleichen Gelehrten und eines Wandbildes in der Oberhofenkirche zu Göppingen läßt sich nur sagen, daß die zweitürmige Burg zwar dank ihrer Lage und Ausdehnung eindrucksvoll war, aber in ihrer künstlerischen Gestalt weit hinter den Kaiserpfalzen und den mit ihnen zusammenhängenden Burgen zurückblieb.

In der Umgebung des Hohenstaufen besitzen nur noch die Burgen Hohenrechberg, Wäschenbeuren und Staufeneck staufische Bestandteile. Die kleine Burg *Wäschenbeuren*, auch „Wäscher Schloß" genannt, liegt am Ursprungsort des großen Geschlechts. Aber sie wurde wohl erst im 13. Jahrhundert als eine Art Jagdschloß errichtet. Als solches ist sie eine sehr feste Anlage mit Herrenhaus und einem dreiseitigen Hof davor.

Auf *Hohenrechberg* sind die staufischen Umfassungsmauern der Burg in Buckelquadern ausgeführt. Aufrecht stehen teilweise ferner noch die Mauern des dreigeschossigen, staufischen Palas, auch sie in Buckelquaderverband. Nach außen öffnet sich eine schöne Reihe
T 45 von Rundbogenfenstern, ein bescheidenes Seitenstück zu den Fensterreihungen, die wir an bedeutenderen Burgen (Landsberg, Ulrichsburg) angetroffen haben.

Der Rundturm der Burg *Staufeneck* besitzt wiederum Buckel-
Z 68 quader. Die regelmäßige Grundrißform wurde bereits erwähnt. Im schwäbischen Unterland bedecken staufische Burgen einen breiten Bergriegel beiderseits des Neckars. *Reichenberg* bei Backnang wurde von den Markgrafen von Baden vor 1230 erbaut und blieb unzerstört. Eine mächtige Schildmauer mit Fachwerkwehrgang wird von einem Bergfried überhöht. Das Turminnere ist in mehrere Geschosse unterteilt, die kuppelförmig abgedeckt sind. Eine Wendeltreppe verbindet sie innerhalb der 4 m dicken Mauern. Ganz ähnlich sind die ebenfalls badischen (zähringischen) Türme von *Besigheim* beschaffen, die so weit auseinanderliegen, daß zwischen ihnen das Städtchen entstehen konnte. Diese Türme gleichen einander in Proportionen und Innenaufteilung. Sie dürften um 1230 entstanden sein.

Burg *Hohenbeilstein* besitzt einen fünfeckigen Bergfried, „Langhans“ geheißen. Auch er ist sorgfältig aus Buckelquadern gefügt. Das Tor liegt daneben in der Schildmauer. Eigentümlich ist der Wohnturm der nahen Burg *Helfenberg* mit zwei Sälen übereinander. Auf Burg *Lichtenberg* über dem Bottwartal besteht ein quadratischer Bergfried, sowie ein zweiter Turm aus Buckelquadern. Das Burgtor und große Teile der Umfassungsmauer sind noch ursprünglich. Der Palas und die Kapelle scheinen ebenfalls zur ersten Anlage zu gehören, wie deren jetzt aufgedeckte Fresken aus der 1. Hälfte des 13. Jahrhunderts nahelegen.

Z 69 Eine kleine rechteckige Anlage war *Blankenhorn* im Zabergäu. Sie ist turmlos. Ihr schmaler Palas duckt sich hinter eine außerordentlich hohe, sehr feste Schildmauer, deren Mantel größ-

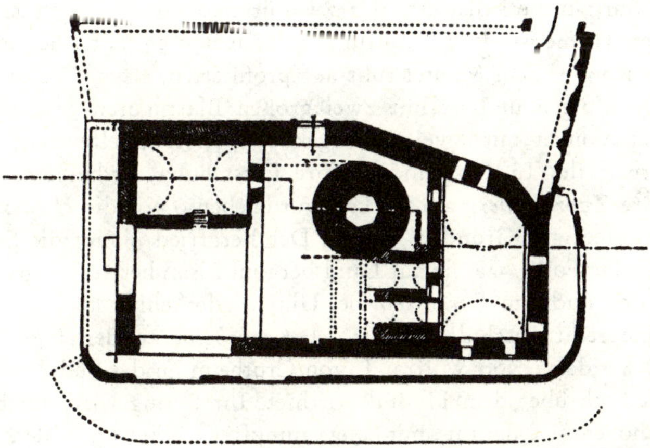

Z 68 Burg Staufeneck (schwäb. Alb), Grundriß nach Schmidt, Burgen des deutschen Mittelalters 18

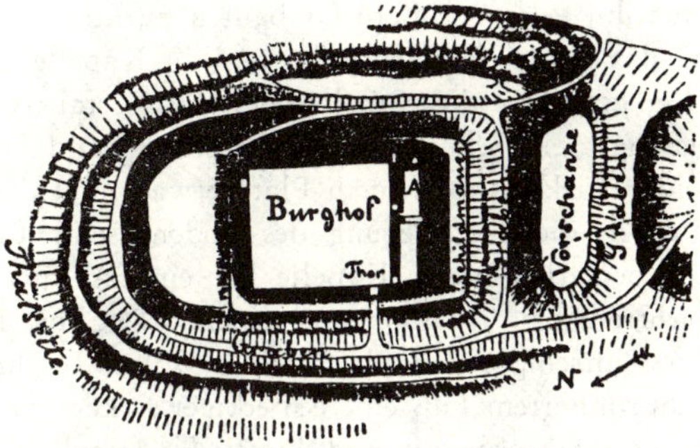


Z 69 Burg Blankenhorn (Zabergäu), Grundriß nach Näher aus Waldburg, Nordreich der Hohenstaufen 108

tenteils aus Buckelquadern besteht. Im Zabergäu ist noch eine weitere Burg bemerkenswert, das zweitürmige *Neipperg*. Einer der beiden Türme ist als Wohnturm ausgebaut und enthält einen mächtigen Kamin. Sein Mantel ruht auf profilierten, elegant geschwun-
T 107 genen Wangen und ist mit zwei großen Blattfiguren geschmückt, die zusammen mit zwei säulengekuppelten Doppelfenstern dem 1. Drittel des 13. Jahrhunderts ihre Entstehung verdanken.

Burg *Zwingenberg* am Neckar wurde ebenso wie die *Hinterburg* auf fünfeckigen Grundriß erbaut. Der Bergfried nimmt die Spitze ein – eine Form, wie sie auf Landsberg im Elsaß bereits vorgebildet
Z 70 war und auch am *Ehrenstein* bei Ulm wiederkehrt.

Eine recht ansehnliche Burg ist *Krautheim* an der Jagst. Um 1200 wurde sie von Wolfrat I. von Crutheim an der Südspitze der Stadt hoch über dem Flußtal errichtet. Ihr Bering wird durch ein
Z 71 verschobenes Quadrat mit abgestumpften Ecken gebildet. Die Frontseite ist durch eine Schildmauer gedeckt und zusätzlich durch einen Rundturm gedeckt. Das alte Tor mag auf der Südseite gelegen haben und in das jetzige Kapellenschiff geführt haben; darüber befand sich wohl eine kleine Kapelle, welche der heutigen Empore entsprach. Der Palas war verhältnismäßig klein und lag im Schutz der Schildmauer. 1239 erwarb Gottfried von Hohenlohe die Burg. Auf ihn gehen größere Umbauten zurück. Er schuf ein
T 108 neues Portal, das gleichzeitig den Palas und die Kapelle zugänglich machte, und er gestaltete die Kapelle neu. Das Portal ist eine bravouröse Leistung. Sein Schmuck ist in Erfindung und Form recht geglückt. Leider wirkt es an seinem Platz etwas eingeklemmt und hat zudem durch die Tieferlegung des Bodens seine Proportion verloren. Die bemerkenswerte Kapelle hat ein fast quadratisches Schiff mit achtteiligem Gewölbe und einen 5/8 Chor. Eine eingebaute Herrschaftsempore ist gleichfalls gewölbt. In ihrer Mitte tritt auf reichprofiliertem Fuß ein rechteckiger Erker vor. Obwohl die Einzelheiten stark erneuert sind, bietet die Kapelle als Ganzes
T 106 ein Kabinettstück spätstaufischer Burgenbaukunst. In diesen erlesenen Werken – Palasportal und Kapelle – wird die Form zum Gefäß eines an Welterfahrung gereiften Ausdrucks.

Im oberen Jagsttal liegt noch eine rätselhafte Burg, *Leofels*. Ihr
Z 72 Grundriß läßt sich als rechtwinkliges Dreieck mit gestelzter Hy-

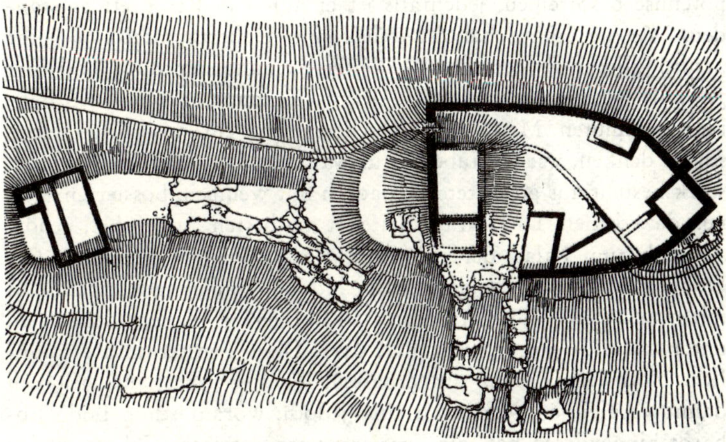

Z 70 Burg Ehrenstein (bei Ulm), Grundriß nach Koch aus Ebhardt I. 553

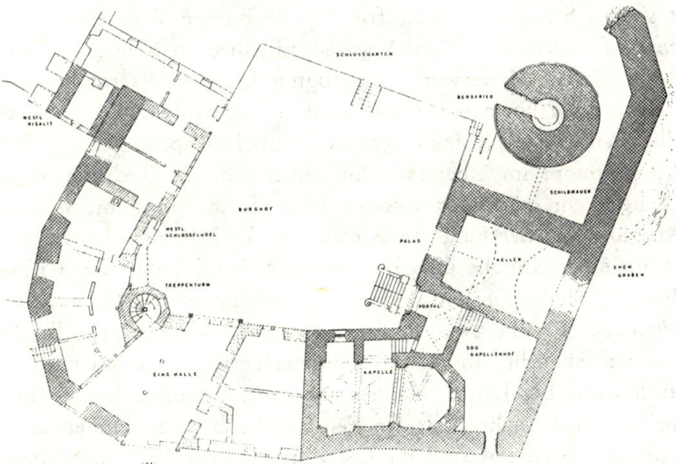


Z 71 Burg Krautheim (Jagst), Grundriß der inneren Burg nach Leistikow 59

potenuse beschreiben, jedenfalls ist er auf dem Reißbrett entstan-
den. Wer sie erbaut hat, ist unbekannt. Unbestimmt ist auch ihr
ursprünglicher Zweck. Die Gesamterscheinung der Burg und ihre
gewählten Kunstformen lassen einen weit umhergekommenen Bau-
herrn vermuten. Man möchte am liebsten an ein kaiserliches Jagd-
schloß denken, wie es Hubert Graf Waldburg vermutet. Das Mauer-
werk besteht aus geglätteten Quadern mit wenigen, bossierten Stei-
nen dazwischen. Die schräge Seite ist am besten ausgeführt, gehört
sie doch zum Palas, der, wie üblich, zwei Stockwerke besaß. Die
T 102 Doppelfenster des Saalgeschosses sind mit Säulen gekuppelt und
mit variierten Kleeblattbogen geschlossen, zwischen denen ein
unterschiedlich konturierter Paß sitzt. Diese Fenster sind erstaun-
T 101 lich. Höchstens das in situ erhaltene Fenster von Lahr läßt sich
damit vergleichen. Verwandt sind jedoch, worauf schon Bodo Eb-
hardt hingewiesen hat, die Fensterformen der Burg Celano in den
Abruzzen. Einen solchen Herrensitz im Süden könnte der Bauherr
von Leofels zum Vorbild gewählt haben. Celano wird um 1225
datiert, Leofels dürfte nicht allzuviel später entstanden sein.

Auch der vielfenstrige Turmpalas blieb dem deutschen Burgenbau
der späten Stauferzeit nicht fremd. Die Burgen *Wasigenstein* und
*Neuwindstein* in den Nord-Vogesen, mit ihren teils in gebuckeltes,
teils in glattes Mauerwerk eingefügten Doppelfenstern, bezeugen
es. Aber diese Formen werden weithin übertroffen durch eine der
südlichsten Hohenstaufenburgen des deutschen Sprachgebiets, durch
Z 73 Burg *Boymont* im Überetsch. Sie umschreibt ein Rechteck, dessen
eine Ecke ein mächtiger, quadratischer Turm einnimmt, während
in der anderen der Palas angeordnet ist. Zwischen beiden liegt das
Tor mit einer Kapelle über der Torfahrt. Infolge der tiefen Rand-
bebauung bleibt nur ein enger Hof, der im westlichen Teile der
Burg liegt, wo ein zweiter Turm die Nordwestecke ausfüllt. Der
T 83 Bergfried ist nicht nur mit zwei Dreierfenstern, wie am Bergfried
von *Brandis* bei Lana, sondern auch einem großen Bogen, unter
dem wir einen mehrgliedrigen Fensterrahmen anzunehmen haben,
versehen. Überhaupt sind die Ostwand und ein Teil der Südwand
der Burg reich mit dreiteiligen, säulengekuppelten Fenstern unter
großen Rundblenden bedacht. Man fühlt sich geradezu an Seligen-
stadt erinnert. Der Palas hebt sich auf diese Weise in zwei Stock-

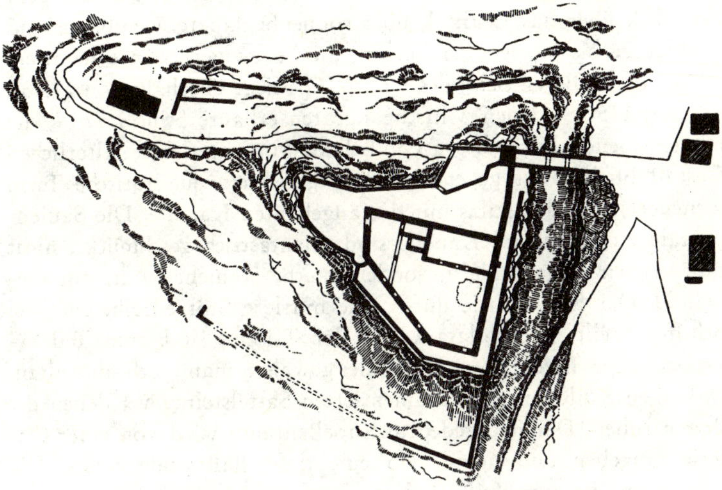

Z 72 Burg Leofels, Grundriß nach Ebhardt I, 533

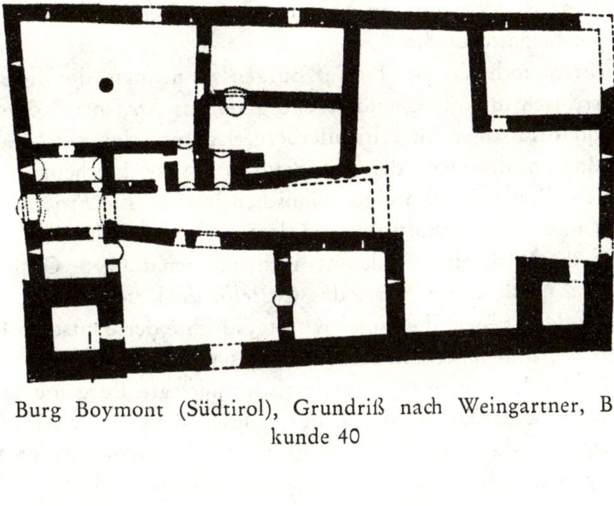

Z 73 Burg Boymont (Südtirol), Grundriß nach Weingartner, Burgenkunde 40

werken vom Burggeviert ab. Aus den Fenstern dieses Palastes geht
der Blick über das Etschtal, über sonnenbeglänzte Weinberge und
Obsthänge bis zu den Felsspitzen, die im ewigen Schnee leuchten.

Auf der anderen Seite des weiten Tals liegt oberhalb von Meran
das um 1150 von den Vintschgaugrafen erbaute Schloß *Tirol*, die
namengebende Burg dieser Landschaft. Von ihrer mittelalterlichen
Gestalt blieben der gegen den Berg gerichtete quadratische Turm
T 12 (erneuert) und der Palas mit der angebauten Kapelle. Die Säulen-
portale zu Palas und Kapelle sind phantastisch geschmückt, nicht
nur in den Bogenfeldern, sondern auch, ja mehr noch, am Ge-
wände. Der Saal wurde durch eine mittlere Stützenreihe in zwei
Schiffe geteilt. Die Palasarkaden der Talseite sind zum Teil er-
neuert, aber in der Eingangshalle gewahrt man noch die alten,
schlanken Säulchen und ornamentierten Sattelsteine, auf denen die
Bogen ruhen. Der flachgedeckte Kapellenraum wird von einer Ga-
lerie umgeben und mündet in eine tiefe, halbrunde Apsis. Die
Ausmalung ist zum Teil erhalten.

Schloß *Bruck* in Lienz in Ost-Tirol zeigt ähnliche Wesensmerk-
male, ist aber jünger. Der polygonale Bering wird von einem un-
T 89 gegliederten, quadratischen Frontturm beherrscht. Über dem Tor
Z 20 liegt die doppelgeschossige Kapelle mit Rundapsis. Der spätstau-
fische Palas ist nicht nur im Mauerwerk erhalten, sondern besitzt
noch eine bemalte Decke.

Es wären noch weitere Tiroler Burgen zu nennen, die die stau-
fische Architektur kräftig und lebendig zeigen: *Ried* bei Bozen mit
einem quadratischen Buckelquaderbergfried, um den sich die an-
deren Bauten drängen, der *Kreidenturm* unter Hocheppan, ge-
radezu ein Bau vom Typ eines römischen burgus, die *Fröhlichburg*
in Mals mit ihrem Rundturm und dem einfachen Palas.

Staufische Burgenbauten kennt auch das benachbarte Graubün-
den. Seine großartigste Burg, das *Castello di Mesocco* liegt zwar
schon auf der Grenze, die dieser Kunstgeschichte der deutschen Burg
gezogen ist, muß aber um seines Ranges willen erwähnt werden.
Z 121 Sein Herzstück ist eine fast quadratisch angelegte Burg mit einem
gewaltigen Bergfried an der Ecke, welcher dem 12. Jahrhundert
angehört. Für das heutige Bild wichtig ist die Kirche in der Vor-
burg mit dem schlanken, freistehenden Glockenturm, dessen Wände

in fünf Stockwerken durch romanische Doppelfenster gegliedert sind.

Bauherrn von Castello di Mesocco waren die Herren von Sax. Das Misox kam durch Friedrich Barbarossa an das Herzogtum Schwaben. Kirchlich gehörte es zum Bistum Chur.

Im gleichen Tal verdient noch eine Turmburg Beachtung, die fünfeckige *Torre di S. Maria in Calanca*. Sie ist dreigeschossig, jedes Stockwerk ist gewölbt, in den beiden oberen Räumen befinden sich Z 74
Kamine. Die Treppe führt im Mauerwerk empor. Über Bauherrn und Bauzeit ist nichts bekannt, doch gehört der Turm zur Gruppe der ausgebauten Wohntürme. Er benützt einen sonst meist nur für den Bergfried verwendeten Grundriß. Als entfernter Verwandter des siebeneckigen Turms von Rieneck ist er wohl auch in der gleichen Zeit, dem letzten Drittel des 12. Jahrhunderts, errichtet worden.

Der quadratische Wohnturm von *Campell* steht in der Nordostecke eines gleichfalls quadratischen Berings. An diese Kernburg sind noch zwei weitere Rechteckräume angeschlossen, so daß die Anlage ein regelmäßiges Rechteck bildet und durch die Klarheit ihrer Proportionen überzeugt, obwohl die Bauten jeden Schmuck entbehren. Der Turm stammt wohl noch aus dem 12. Jahrhundert.

Durch das Quellgebiet des Rheins und das Bistum Chur führten wichtige Alpenübergänge von Deutschland nach Italien. Wer aus dem Süden kam, gelangte von Chur aus bald an den Oberrhein.

Unter den zähringischen Burgen am Oberrhein nimmt *Breisach* eine besondere Stelle ein. Der Felsrücken, welcher die Stadt trägt, erscheint schon durch seine Gestalt und Lage für Wehrbauten vorbestimmt. Die Burg liegt am Nordende der Stadt, ihr Gelände wird durch einen Halsgraben abgetrennt. Sie war als unregelmäßiges etwas in die Länge gezogenes Polygon um einen zentralen Mittelturm angelegt. Der Turm, ein Donjon, war über einer 23,5 m × 16,8 m messenden Grundfläche errichtet und ursprünglich fast 30 m hoch. Die Wände waren mit Buckelquadern verkleidet, die dem Turm die Bezeichnung „turris ferrea“ (Eiserner Turm) eintrugen. Auf einer Seite kragte wie auf dem Trifels ein Erker vor. Er gehörte offensichtlich zur Kapelle. Der gewaltige Bau, der im Gesamtbilde Z 42
Breisachs das Gegengewicht zum Münster bildete, wurde 1745 von

den abziehenden Franzosen gesprengt. Die noch aufrechtstehenden Wände nahm der Stecher E. Weis für Schöpflins „Historia Zaringo-Badensis" 1763 kurz vor ihrem Abbruch auf, so daß wir über ihre Beschaffenheit unterrichtet sind. Am Turm hielt eine Tafel den Namen des Bauherrn und die Zeit der Erbauung fest:

HANC DVX BERCHTHOLDVS
PORTAM STRVXISSE NOTATVR
A QUO PRO FRAVDE BVRGVNDIA DEPOPVLATVR

(„Es sei kundgetan, daß Herzog Berthold, der Burgund seiner Treulosigkeit wegen verwüstete, dieses Tor errichtet hat.")

Der Aufstand in Burgund wurde 1193 niedergeschlagen. Eine ganz ähnliche Inschrift befindet sich am Turm von *Burgdorf*. Auch dort ist das Wort „porta" für den Begriff „Burg" verwendet (Schlippe).

Die Ebene zwischen Basel und Mainz nannte Otto von Freising die „maxima vis regni", das größte Kraftfeld des Königtums. Sie war, wie wir sahen, auch ein „Mittelpunktsraum" (Weber) des Burgenbaus. Je weiter wir uns aber von diesem Raum entfernen, desto seltener werden die von staufischer Art geprägten Burgen.

Ein Bergfried aus guten Buckelquadern steht noch in *Burgsponheim*. Die beiden Rundtürme von *Thurandt* über Alken an der Mosel erinnern im Umriß an Münzenberg. Erbaut hat sie Pfalzgraf Heinrich, der mit ihrem Namen die Erinnerung an eine Kreuzfahrerburg des Heiligen Landes (Tyron bei Sidon) festhalten wollte.

Eine der bedeutendsten Burgen des staufischen Jahrhunderts ist *Vianden* in Luxemburg. Auf einem Bergsporn, 60 m über der Talsohle der Our und dem Städtchen Vianden, ragen die Trümmer der erst im 19. Jahrhundert durch Abbruch zerstörten Burg auf. Hier
Z 75 folgt die Bebauung einer Achse, wie sie durch die beiden Palasse und die anstoßende, in einen gewaltigen Mauerklotz eingefügte Kapelle bezeichnet wird. Durch Anlage der Außenmauern ist dieser Gebäudetrakt beiderseits abgeschirmt worden.

Der ältere Palas ist wiederum zweistöckig. Ins Erdgeschoß führt ein Säulenportal mit dreifach abgetrepptem Gewände, von dem in

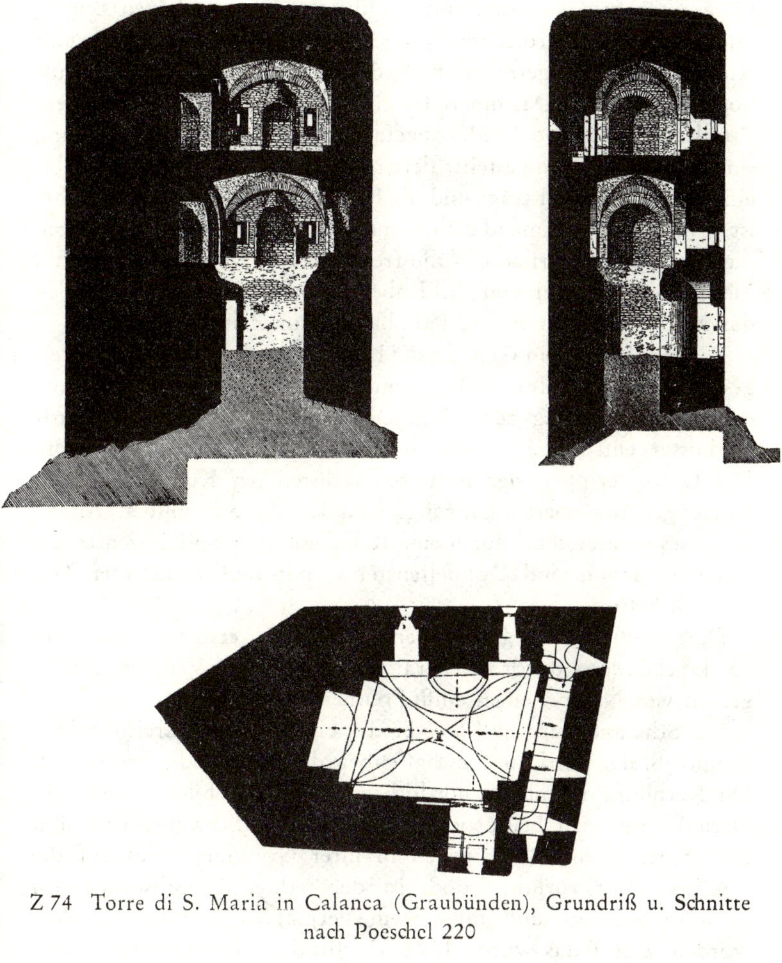

Z 74 Torre di S. Maria in Calanca (Graubünden), Grundriß u. Schnitte nach Poeschel 220

seiner ganzen Länge zweischiffig gedachten, gewölbten Raum sind die beiden Flügel abgetrennt. Der westliche davon dient als Torhalle. Im Obergeschoß lag der repräsentative Saal, dessen beide Längsseiten große Fenster mit profilierten Kleeblattbogen zeigen. Die Bogenläufe werden von je vier Säulenpaaren mit Blatt- und Knospenkapitellen getragen. Besonders reich behandelt ist die rund-
T 99 bogige Saalpforte. Das innere Gewände ist an der Kante mit einem Profil aus Wulst und Kehle abgefast. In die folgende Abtreppung sind zwei Säulen eingestellt, deren Schaft auf attischer Basis ruht, ein üppiges Kapitell trägt und als Rundstab um den Bogen geführt ist. Ein breites, rahmendes Ornamentband hebt sich betont gegen die Bruchsteinmauerfläche – die freilich früher verputzt war – ab. Neben dem Festsaal von Wildenberg ist dieser Saal von Vianden das Meisterwerk unter den Palasbauten zur Zeit Friedrichs II.

T 110 Vom Saal führt ein Gang in die benachbarte Kapelle, einen zweigeschossigen Zentralraum. Der gemeinsame Mittelteil ist sechseckig,
Z 49 der äußere Umgang zehneckig. Den Pfeilern des einfachen Erdgeschosses entsprechen gewirtelte Bündelsäulen im Obergeschoß. Die Gewölberippen der mittleren sechsteiligen Kuppel und der Gurtbogen des oberen Umgangs sind kräftig ausgebildet. Außen
T 109 ist dieses Obergeschoß durch eine Reihe hübscher Spitzbogenfenster – einige davon sind Doppelfenster – mit säulengerahmten Gewänden betont.

Die staufische Burg Vianden wurde im ersten Drittel des 13. Jahrhunderts durch den Grafen Heinrich von Vianden, Markgrafen von Namur, einen einflußreichen Mann, erbaut.

Die Schwanenburg in *Kleve* besitzt einen fast halbkreisförmigen Grundriß, der durch die Beschaffenheit des Baugrundes bedingt ist. Die Kernburg nimmt den nördlichen Teil ein und bildet nahezu ein
T 176 Dreieck. Sie wird heute beherrscht von dem Schwanenturm und dem Spiegelturm. Beide gehen in ihrer Gründung noch auf die staufische Zeit zurück, jedoch ist der rechteckige Schwanenturm 1439/53 erneuert und mit einem verjüngten Aufsatz versehen worden. Der Palas wurde 1771 abgebrochen. Die erhaltenen und
T 94 im inneren Hof eingemauerten Bruchstücke von Bauplastik gehörten in der Hauptsache zu einem qualitätvollen Portal vom Anfang des 13. Jahrhunderts, das in den Saal führte.

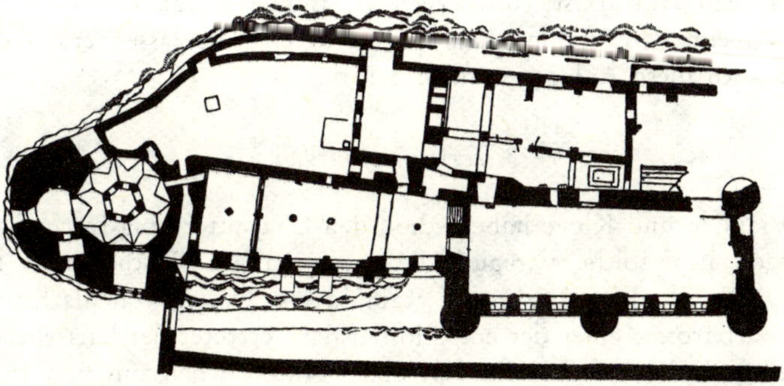

Z 75 Burg Vianden (Luxemburg), Grundriß nach Ebhardt I, 646

Z 76 Köln, Pfalz der Erzbischöfe, Ansicht nach Vinckenboom, 17. Jh.

Die von Philipp von Schwaben neu begründete Burg *Landskron* über dem Ahrtal ist völlig zerstört. Einige Werkstücke und der Sockel eines aus soliden Quadern gefügten Tors lassen erkennen, daß auch diese Anlage staufisch geformt war.

### *3. Territorialburgen*

Vianden und Kleve haben schon den Charakter von Territorialburgen. Eine solche war auch die untergegangene Bischofspfalz zu *Köln*. Ihr Bauherr, Erzbischof Rainald von Dassel, war als Kanzler Barbarossas einer der entschlossensten Vertreter der kaiserlichen Reichspolitik. Auf dem Stadtprospekt Anton Woensams von 1531 ist die Pfalz zwischen dem Dom und Groß-St. Martin deutlich
Z 76 wahrnehmbar. Eine Zeichnung Vinckenbooms aus dem 17. Jahrhundert zeigt sie bereits im Zustande des Verfalls, aber noch unter Dach, aus der Nähe. Die zweigeschossige Front des Saalbaus ist durch eine Zwölfbogen-Arkatur auf Doppelsäulen und zwei seitliche Lilienfenster ausgezeichnet. Der angrenzende Flügel besaß eine andere Stockwerkeinteilung und diente vermutlich Wohnzwecken, wie wohl auch das rechtwinklig anstoßende, in seiner Substanz noch als staufisch anzusprechende Haus.

Die bedeutendste Burg in Flandern, der Grafenstein ('s Graven-
Z 77 steen) zu *Gent*, Schauplatz wichtiger Ereignisse der Landesgeschichte, besteht in ihrem Kern aus einem mächtigen rechteckigen Donjon des französisch-normannischen Typus. Er wurde im 12. Jahrhundert durch den Grafen Philipp vom Elsaß innerhalb eines ovalen Berings erbaut. Das Innere ist – vom zweischiffigen Erdgeschoß abgesehen – in jedem der Obergeschosse einräumig. Die Ecken des Gebäudes tragen Turmerker über Mauerrisaliten. Der Ost- und Nordseite des Turms sind jüngere Anbauten vorgelagert, ein kleinerer Saalbau ist ebenfalls mit Turmerkern versehen. An die Ringmauer lehnen sich, in der Art einer germanischen Randhausburg, weitere Gebäude an. Vom Donjon aus führt ein Gang zum Palas auf der Westseite, dessen Obergeschoß durch säulengekuppelte Doppelfenster erhellt wird. Das Motiv des Turmerkers über Mauerverstärkungen prägt auch die eindrucksvolle, von Wasser umgebene Ringmauer. Besonders geschützt ist der Eingang.

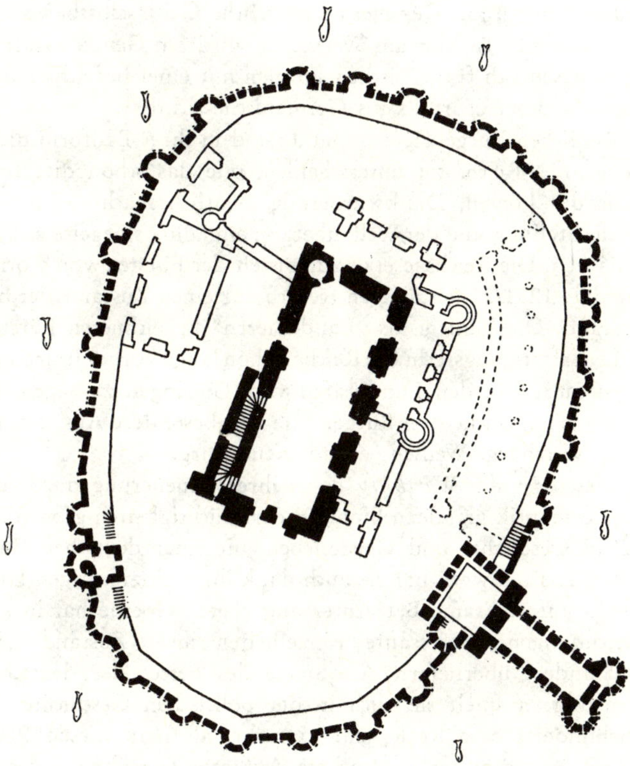

Z 77 Gent (Belgien), Grundriß des Grafensteins nach Ebhardt I, 158

Vor dem quadratischen Torturm erstreckt sich eine „Barbakane", die in ein Vortor mit zwei Ecktürmchen mündet. Die restaurierte Anlage mutet wie ein festländisches Urbild morgenländischer Kreuzfahrerburgen an. Der gleiche ritterliche Geist selbstbewußter kühner Planungen ist hier am Werke. Er wird am Genter Grafenkastell in wesentlich französischen Formen mit einer bezeichnenden Nuancierung des Ausdrucks ins Germanische sichtbar.

Die fürstlichen Burgen Deutschlands sind in ihrer Bauform nicht von denen des Reichs zu unterscheiden, wie das schon die Burg
Z 57 Heinrichs des Löwen, Dankwarderode, deutlich machte. Die geschichtliche Stellung, die der Welfenherzog einnahm, spiegelte sich in seinen Bauten. Die Reichsgesetze zugunsten der Fürsten von Worms und Cividale 1231/32 bestätigten freilich nur einen Zustand, der bereits bestand. Die künftig als „Landesherrn" bezeichneten Fürsten hatten das Befestigungsrecht des Reiches schon lange vorher usurpiert.

Das ist auch von den Landgrafen von Thüringen zu sagen. Es sind in der Hauptsache drei Burgen, die eine besondere Ausstattung erfuhren: Wartburg, Weißensee und Neuenburg.

Von diesen ist die *Wartburg* dank ihrer Erneuerung durch die deutsche Romantik geradezu Sinnbild der Mächtigkeiten geworden, die sich in Geschichte und Geistesleben mit einer deutschen Burg verbinden. Als Bauwerk hat sie auch dank ihrer einzigartigen Lage schon früh aufmerksame Betrachter angezogen. Goethe hat in seinen Zeichnungen interessante Einzelheiten ihres Zustandes im 18. Jahrhundert überliefert. Als Stätte des Festes der deutschen Burschenschaften spielt sie auch in der politischen Geschichte des 19. Jahrhunderts eine Rolle, um so mehr, als man diesen Platz bewußt in Anknüpfung an Luthers Aufenthalt, während dessen er das Neue Testament übersetzte, gewählt hatte. So gibt auch die Denkschrift, welche Hugo von Ritgen verfaßte, die Haltung wieder, aus der heraus die Wiederherstellung der Burg ab 1849 erfolgte: „Deutschland hat ein geistiges Eigentum an der Wartburg errungen durch Jahrhunderte in schweren Kämpfen um die deutsche Poesie und die Freiheit des Glaubens. Trauernd würde Deutschland zusehen, würde die alte, glorreiche Burg gleich so mancher anderen ehemaligen Feste in das romantische Lustschloß, die reizende Villa selbst des edelsten Fürsten umgewandelt; denn damit

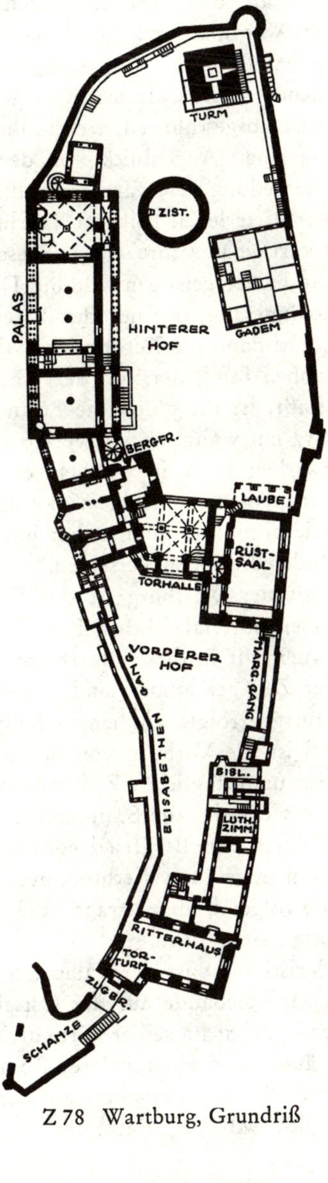


Z 78 Wartburg, Grundriß

wäre sie ausgestrichen aus der Zahl der ehrwürdigen Denkmäler deutscher Heldenzeit. Was aber muß Deutschland hoffen und wünschen? Eine Wiederherstellung der Wartburg, die mehr sei als jene jetzt Mode gewordenen Restaurationen von Ritterburgen, selbst die großartigsten nicht ausgeschlossen, welche uns höchstens in angenehmer Täuschung einen Augenblick von der Vorzeit träumen lassen. Die Wiederherstellung der Wartburg soll mehr sein; sie soll uns nicht bloß in das Ritterleben früherer Jahrhunderte versetzen. Nein, sie vergegenwärtige uns ihre eigene Geschichte und damit zwei große Momente in der geistigen Bildung Deutschlands. Diese sind: der deutsche Minnesang, der mit der Verehrung der Frauen die Sitten milderte, und dann die Reformation, die hier eine Stätte für den großen Glauben fand, der von der Wartburg ausging. In diesem Sinne aufgefaßt, ist die glückliche Lösung der Wiederherstellung der Wartburg ein wahres Kunstwerk zu nennen, das auch in dem Geiste fortwirken wird, in welchem es vom Künstler erfunden wurde. Gleich dem vollendeten Werke dramatischer Poesie oder historischer Malerei muß es unmittelbar in den Geist der Zeiten und der handelnden Personen versetzen."

Die heutige Gestalt der Wartburg ist das Ergebnis dieser Bemühungen. Ihre großen mittelalterlichen Bauten, insbesondere den staufischen Palas, lernen wir in dieser Bearbeitung – zu der einige Korrekturen jüngster Zeit gekommen sind – kennen.

Z 78 Die Anlage der Burg erfolgte auf einem langgestreckten Bergkamm. Im Grundriß ist die Vorburg von der Kernburg klar abgegrenzt. Das war im ursprünglichen Zustande noch stärker sichtbar. Wir dürfen eine vielleicht zur Schildmauer verstärkte Sperrmauer mit Tor, die durch den Bergfried gedeckt war, annehmen. Die Kernburg füllt ein ungefähres Rechteck aus, das auf der Südostecke, dem Gelände folgend, abgeschrägt ist. In der Südwestecke steht ein zweiter (originaler) Turm.

Z 79 Eine große künstlerische Tat ist der Palas. Seine Maße sind bedeutend. Das rechteckige Gebäude auf der Ostseite der Burg, der Ringmauer aufsitzend, zeigt in seiner Grundrißdisposition zwei quadratische Flügelräume und ein mittleres Rechteck. Diese Gliederung tritt auch im Außenbau, besonders auf der Hofseite, in Erscheinung. Ursprünglich war der Palas nur zweigeschossig. Die

Z 79 Wartburg, Ansicht des Palas vor der Erneuerung nach Hotz, Franken u. Thüringen 25

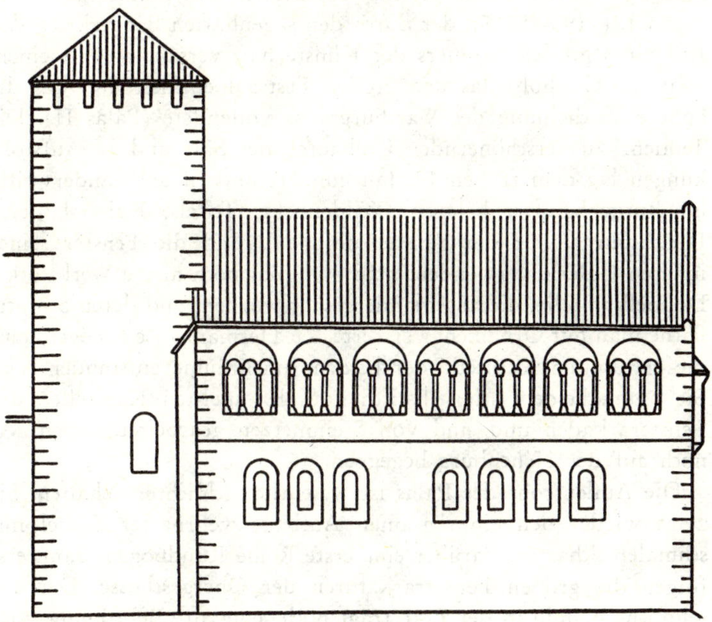

Z 80 Burg Weißensee, Rekonstruktion des Palas nach Hotz, Franken u. Thüringen 27

Hofseite öffnete sich im Erdgeschoß in sechs großen, säulengetra-
T 72 genen Doppelarkaden, die paarweise durch Rundbogenblenden zu-
sammengefaßt werden – eine ungemein großartige Form, die durch
die in drei Bogenreihen sich entfaltenden Fensteranordnungen des
Obergeschosses noch betont wird. Die unteren Arkaden liegen in
der glatten Wandfläche, die oberen in vertieften, von Lisenen ge-
T 73b rahmten und mit Bogenfriesen geschlossenen Feldern. Die Säulen
stehen in beiden Stockwerken doppelt. Ihre Kapitelle tragen phan-
T 71 tasievollen figürlichen und ornamentalen Schmuck.

Im Innern sind die Säulen des Landgrafenzimmers und der
Elisabethkemenate durch reiche Kapitelle mit herabstoßenden Vö-
T 73a geln, die sich in den Ring verbeißen, ausgezeichnet, die Säule des
Landgrafenzimmers auch durch eine Basis mit tauumwundenem
und geschupptem Sockel, von dem vier Löwen aufspringen.

Als Bauherr dieses Palas I darf wohl der mächtige Landgraf Ludwig III. (1172–90) gelten. Sein Bruder und Nachfolger, Hermann I. (1190–1217), der durch den sagenhaften Sängerkrieg den Ruf eines großen Gönners der Künste hat, versah ihn mit einem weiteren Geschoß, das den großen Festsaal enthielt und das die äußere Erscheinung des Wartburgpalas vollendete (Palas II). Die Tendenz zu verschönernden Umbauten der Säle und zu Aufstokkungen lag dem frühen 13. Jahrhundert und ist auch anderweitig im Burgenbau zu belegen (Wildenberg, Trifels, Kaiserslautern, Ulrichsburg). Für die Fenster des Saals und die Fenster seiner inneren Galerie verwendete man zum Teil noch ältere Werkstücke, Doppelkapitelle, die auseinandergesägt wurden, und deren Schnittfläche man mit Ornament verzierte. Zu Hermanns Zeit mögen auch die erwähnten Kapitelle der beiden Innenräume entstanden sein. Sie unterscheiden sich stilistisch von den meisten Kapitellen der Fensterarkaden und sind von Steinmetzen gearbeitet, denen wir noch auf der Neuenburg begegnen.

Die Außenfront des Palas ist wesentlich schlichter gehalten. Sie zeigt wieder den einprägsamen Aufbau: wehrhafter Sockel mit schmalen Scharten, darüber eine erste Reihe Rundbogen, dann erst folgen die großen Fensterarkaturen der Obergeschosse. Der ansehnliche Kamin in der Ecke trägt noch seine alte Bekrönung: vier hockende Tiere.

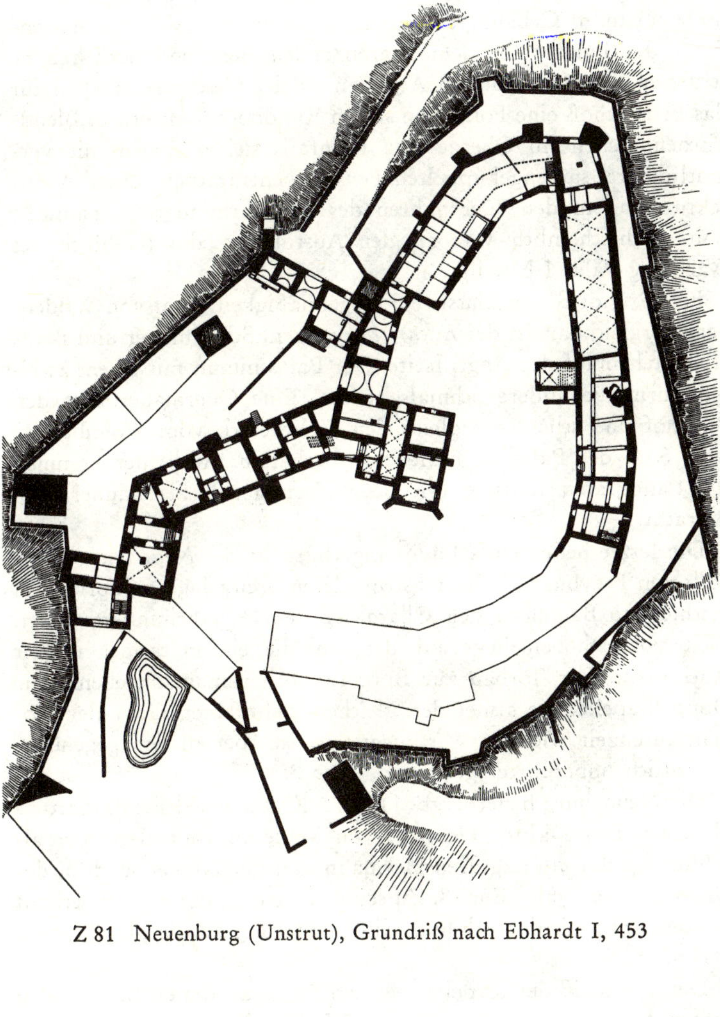

Z 81 Neuenburg (Unstrut), Grundriß nach Ebhardt I, 453

Von der ludowingischen Burg *Weißensee,* die innerhalb eines
älteren, beinahe kreisrunden Berings angelegt wurde, sind nur
noch entstellte Gebäudeteilc erhalten. Doch läßt sich die Außen-
front des Palas samt dem angrenzenden Bergfried noch rekon-
Z 80 struieren. Die vermauerten Arkaden zweier Geschosse ergeben für
das Erdgeschoß eine Folge von sieben Rundbogenfenstern in Blend-
nischen, denen im Obergeschoß ebenfalls sieben Bogen mit ver-
mutlich drei säulengekuppelten Fenstern entsprachen. Diese Archi-
tektur mag in den 80er Jahren des 12. Jahrhunderts entstanden
sein. Wahrscheinlich war an der Ausführung die Bauhütte des
Wartburg-Palas I beteiligt.

Ein Grundriß von klassischer Regelmäßigkeit, dem von Wilden-
berg vergleichbar, ist der *Eckartsburg* eigen. Schildmauer und Berg-
fried stehen auf der Angriffseite. Der Palas nimmt mit einem zwei-
ten Turm die andere Schmalseite ein. Eine Quermauer teilt den
Burghof und scheidet zugleich den Wehrbezirk vom Wohnbezirk.
Vom Saal des Palas ist nichts mehr erhalten. Auch hier kommen
die Landgrafen Ludwig III. oder Hermann I. als Bauherrn in
Betracht.

Die letzte bedeutende Ludowingerburg ist die *Neuenburg* ober-
Z 81 halb von Freyburg an der Unstrut, deren breitgelagerte, horizontal
geschichtete Baumasse den Charakter des 16. Jahrhunderts trägt.
Weit vorgeschoben liegt auf der Anhöhe ein mächtiger runder
Wachtturm. Der Torbau zur Burg ist noch romanisch, ebenso die
Doppelkapelle. Sie atmet den gleichen weltoffenen Geist der Ho-
henstaufenzeit wie der Wartburgpalas, ist aber diesem gegenüber
wesentlich unberührter geblieben.

Die Neuenburg beherbergte 1171/72 Kaiser Friedrich Barbarossa als Gast. Der Dichter Heinrich von Veldecke vollendete hier als Schützling des „Pfalzgrafen Hermann von der Nuwenborch bi der Unstrut“ sein Epos „Eneit“. Zu seiner Zeit mag die Kapelle erbaut worden sein, mit der sich auch die Erinnerung an die hl. Elisabeth verknüpft.

Der Grundriß der Kapelle zeigt ein Rechteck, dessen Ecken durch
spätere Strebepfeiler verstärkt sind. Die Unterkapelle ist ein schlich-
T 77 ter, zweiteiliger Raum mit gewölbtem Chor. Chorbogen und Ge-
wölbe ruhen auf Wandsäulen mit blättergeschmückten Kapitellen

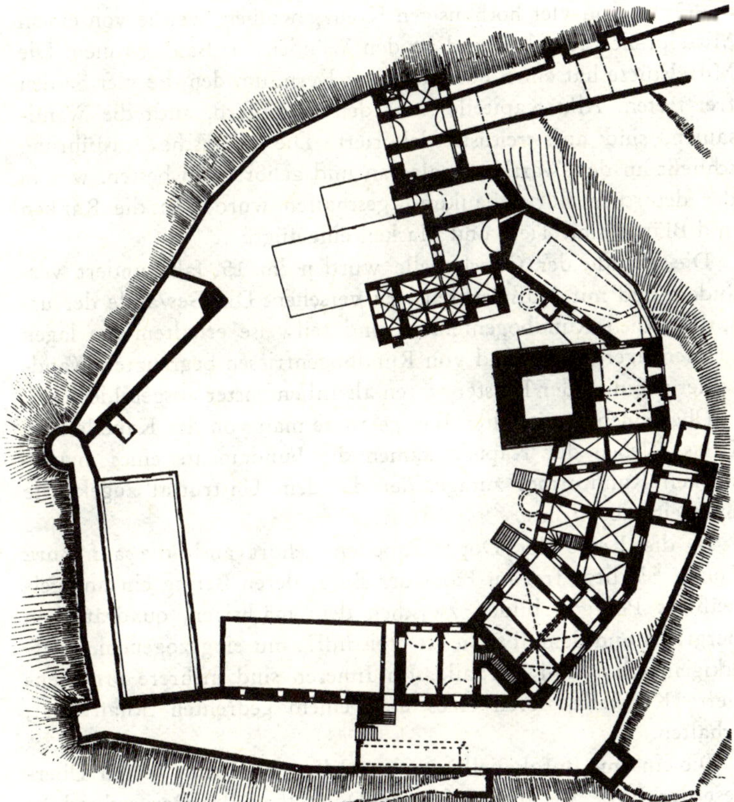

Z 82 Burg Lohra an der Hainleite, Grundriß nach Hartmann aus Ebhardt I, 446

und geschachten Kämpfern. Die attischen Basen tragen Eckblätter. Die Oberkapelle ist als quadratischer Raum in vier Felder aufgeteilt, die durch Fächerbogen voneinander getrennt sind. Sie bilden die Gurte von vier hochbusigen Kreuzgewölben, welche von einem Mittelpfeiler ausgehen und an den Wänden auf Säulen ruhen. Die Mittelstütze hat einen quadratischen Kern, um den die vier Säulen frei treten. Alle Kapitelle samt den Kämpfern, auch die Wandsäulen, sind aufs reichste dekoriert. Die plastische Ausführung schließt an den Wartburgspalas an und gehört zum besten, was in der deutschen Burgenbaukunst geschaffen wurde. In die Ranken und Blätter sind Tiere und Masken eingefügt.

Die Wände der Oberkapelle wurden im 15. Jahrhundert verändert und mit Maßwerkfenstern versehen. Die Gewände der ursprünglichen Rundbogenfenster sind teilweise erhalten. Sie lagen in lisenengerahmten und von Rundbogenfriesen begrenzten Wandfeldern. Einige der Fenster waren als Lilienfenster ausgebildet.

Über einen gewinkelten Bau gelangte man von der Kapelle zum Palas. Neben der Kapelle kamen die Fundamente eines mauerstarken Rundturmes zutage, der die dem Unstruttal zugekehrte Burgseite abschirmte.

In die Reihe der Doppelkapellen gehört auch die auf Burg
*Lohra.* Sie liegt frei im Hofe der Burg, deren Bering ein unregel-
Z 82 mäßiges Polygon bildet, zwischen dem mächtigen, quadratischen
Bergfried und dem Tor. Sie ist dreischiffig mit eingezogenem, rechteckigem Chor und Vorhalle. Im Inneren sind mehrere ornamentierte Kapitelle, deren eines über einem gedrehten Schaft sitzt, erhalten.

Die einsame Burgkapelle von *Landsberg* bei Halle, letzter Überrest der Burg, ist gleichfalls eine Doppelkapelle. Der rechteckige
T 74 Bau mündet in drei halbrunde Apsiden. Er wurde später noch einmal aufgestockt und hat so sein turmartiges Aussehen erhalten. Im Aufbau und in den Proportionen gleichen die beiden gewölbten Geschosse einander, auch in den Architektur- und Schmuckformen der dreischiffigen Anlage. Die mit Ecksäulen versehenen Pfeiler
T 75 und die eleganten Säulen mit schönen Kapitellen lassen Zusammen-
T 76 hänge mit der Bauhütte von Königslutter erkennen. In der Oberkapelle ist wiederum eine Marmorsäule verwendet. Der Bau der

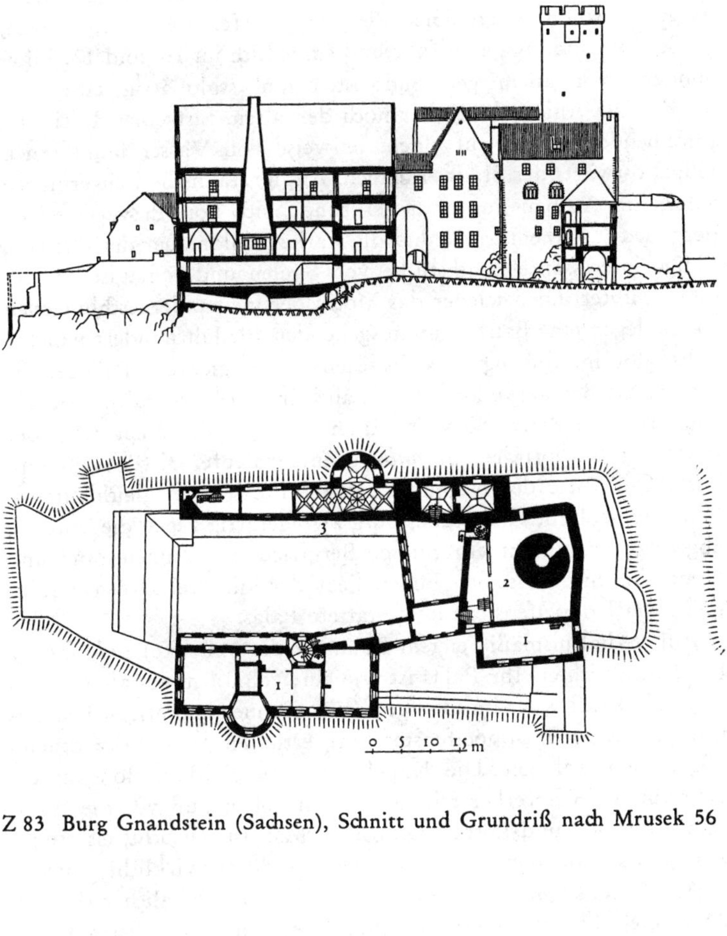


Z 83 Burg Gnandstein (Sachsen), Schnitt und Grundriß nach Mrusek 56

Burg mag schon unter dem Markgrafen Dietrich um 1170 begonnen sein, wie die Petersberger Chronik berichtet. Die Kapelle ist wohl in das folgende Jahrzehnt zu datieren.

Eine staufische Kaiserpfalz – keine Territorialburg – war *Altenburg*, die schon in gotischer Zeit, als sie Territorialburg wurde, größere Veränderungen erfuhr und schließlich im 16. und 17. Jahrhundert, vor allem gen Südwesten hin, schloßartig ausgebaut wurde. Die Anlage läßt aber noch den alten, fast einen Kreis beschreibenden Bering auf einem teilweise von Wasser umflossenen Hügel ostwärts der Stadt erkennen. An die staufische Zeit erinnern jedoch im Aufbau nur noch der runde, sich konisch verjüngende Bergfried („Aschenturm") und die starke Schildmauer der Ostseite. Einige interessante Bruchstücke von Säulen und romanischen Gesimsen, unter ihnen wieder das Motiv der ineinandergeschlungenen Ringe, legen eine Bauzeit im ausgehenden 12. Jahrhundert nahe.

Es gibt im thüringisch-sächsischen Raum mehrere Palasse, die sowohl als Bauwerke an sich, als auch in ihrem Verhältnis zu den angrenzenden Bauwerken von Interesse sind. Zu ihnen zählt der
T 82 Palas der bischöflichen *Schönburg* am Saaleufer abwärts Naumburg. Die Mitte der Kernburg, welche durch zwei gleichlaufende Mauerzüge ähnlich der Rudelsburg zwingerartig gegen die Vorburg abgesetzt ist, nimmt ein runder Bergfried mit Zinnenkranz und Steinhelm ein. Zu seinen Füßen liegt der mit drei Dreierfenstern und zwei Doppelfenstern ausgestattete Palas.

Auf verhältnismäßig engem Raum ist die (mittlere) *Lobedaburg* bei Jena errichtet. Ihr Palas ist wie ein Wohnturm gestaltet, unten
T 81 ganz blockhaft, aber im Obergeschoß mit einer anmutigen Fenstergruppe aus zwei Doppelfenstern in vertieftem, mit Zickzackband abgefastem Rahmen. Die Kapelle war in gleicher Höhe untergebracht, ihr Chorerker tritt auf einem hohen Fuß vor die Wand (Dach unschön und falsch restauriert). Man ist versucht, elsässische Anregungen anzunehmen, die hier um 1180 verwirklicht wurden.

Auf *Gnandstein* haben wir es mit einer ursprünglich rechteckig
Z 83 angelegten Frontturmburg zu tun. Der Rundturm überragt eine Schildmauer, an die sich der wohlerhaltene Palas rechtwinklig anlehnt. Der flachgedeckte, durch zwei Drillingsfenster erleuchtete
T 79 Saal im Obergeschoß ist wohl erhalten. Die Holzläden geben eine

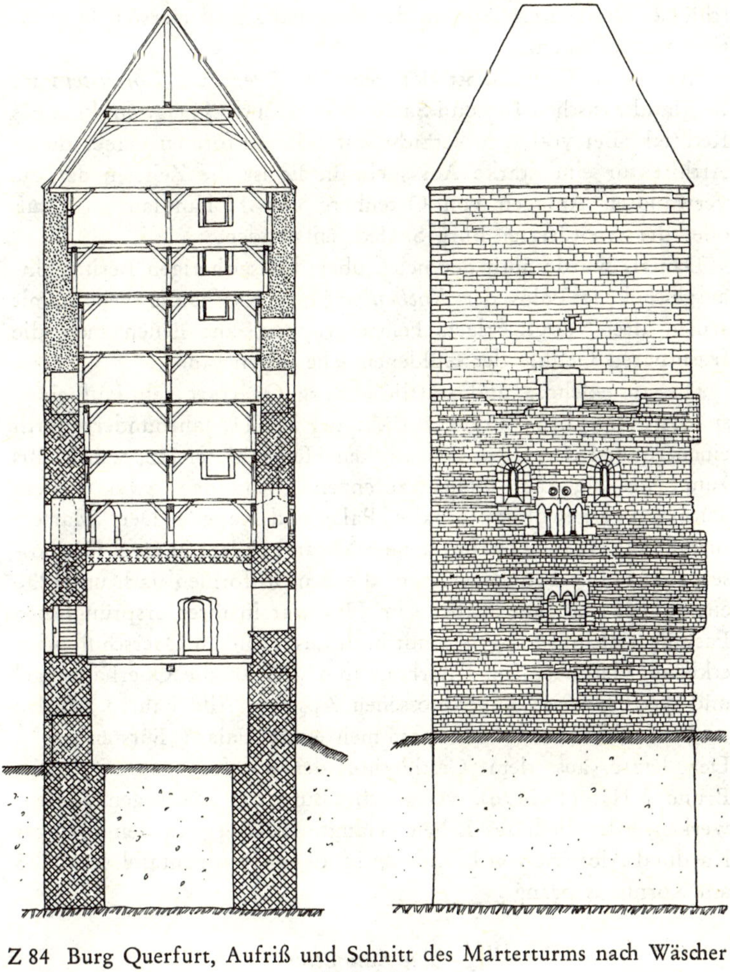

Z 84 Burg Querfurt, Aufriß und Schnitt des Marterturms nach Wäscher
Taf. 109

Vorstellung von der Beschaffenheit mittelalterlicher Fensterverschlüsse. Der spätere Ausbau der Burg hat sich der ersten Disposition angeschlossen.

Ein reiner Wehrbau ist der gegen 1250 erbaute *Ehrenstein* im Bergland zwischen Ilm und Saale. Sein Grundriß zeigt ein knappes Rechteck. Bei völligem Verzicht auf Schmuckformen eignet dieser Architektur eine starke Aussagekraft. Es ist die Zeit, in der die verwandten Anlagen von Ortenberg und Hohandlau im Elsaß oder die zweitürmige Burg Saaleck entstanden.

Damals wurde auch der neue, über den seitherigen Bering hinausgeschobene Palas der *Rothenburg* am Kyffhäuser gebaut mit seinen drei viergliedrigen Fenstergruppen, aus denen man die fruchtbaren Gefilde der Goldenen Aue liegen sah.

Z 8 Die ausgedehnte und stattliche Burg *Querfurt* geht auf einen spätkarolingischen Burgus zurück, der im 11. Jahrhundert durch einen runden Bergfried, den „dicken Heinrich“, ersetzt wurde. Bis zum Ausgang der Hohenstaufenzeit entstanden zwei weitere Türme, eine gewölbte Torhalle, Palas und Kapelle. Der „Marter-
Z 84 turm“ war ein Wohnturm, seine Südwand besitzt in zwei Geschossen mehrteilige Fenstergruppen, die den Stilformen nach um 1230 entstanden sind. Die Kapelle im Hof war in ihrer ursprünglichen Fassung einschiffig angelegt mit breit ausladendem Querschiff, achteckigem Vierungsturm, Chorhaus und drei an die Querhausflügel und das Chorhaus angeschlossenen Apsiden. Alle Bauten wurden im Laufe der Zeit verändert, am meisten der Palas („Fürstenhaus“). Der letzte aus dem Geschlechte der Grafen von Querfurt, Bruno VIII. († 1496), versah die Burg mit mächtigen Außenwerken. Als erledigtes Lehen gelangte die Burg an den Mainzer Kardinal Albrecht von Brandenburg, dessen Wappentafel von 1535 am Kornhaus prangt.

### *4. Die Bauhütten*

Der staufische Burgenbau war nicht nur eine künstlerische, sondern ebenso sehr auch eine technische und organisatorische Leistung. Die Organisationsform der Werkleute, denen die Ausführung aller handwerklichen Arbeiten an einer Burg oblag, war die Bauhütte.

Sie hatte strenge, genossenschaftliche Ordnungen und wahrte auch manches Zunftgeheimnis. Obwohl wir über staufische Bauhütten weder im Sakralbau noch im Profanbau unterrichtet sind, müssen wir doch aus den uns besser bekannten spätmittelalterlichen Bauhütten auf entsprechende frühere Einrichtungen schließen.

Es ist zu bedenken, daß die Pfalzen und Burgen, wenn sie ihre Aufgabe erfüllen sollten, so rasch wie möglich vollendet werden mußten. Wenn auch die Burg als Lebensform oft mehrere Jahrhunderte lang bestanden hat und während dieser Zeit mannigfache Veränderungen erfahren konnte, die ihre Baugeschichte füllen, so mußte doch die Fertigstellung des ersten Zustandes in einem recht knapp bemessenen Zeitraum erfolgen. Bauunterbrechungen von mehreren Jahrzehnten, wie sie im Sakralbau in zahlreichen Fällen nachweisbar sind, hätten die Burgen wertlos gemacht.

Es gibt in der Geschichte des Wehrbaus immer wieder Fälle, in denen Burgen in kürzester Frist, während einer Belagerung oder eines Waffenstillstandes, aufgeführt wurden, und zwar keineswegs als Behelfsbauten, sondern recht solide und werkgerecht und auch nicht ohne Schmuckformen. Der elsässische Landvogt Otto von Ochsenstein ließ 1293 die Turmburg *Ramstein* errichten, mit deren Hilfe er im gleichen Jahre die benachbarte Burg *Ortenberg* nahm. Erzbischof Balduin von Trier hat 1319 gegen die Herren von Westerburg die Burg *Balduinstein* geradezu aus dem Boden gestampft und 1336 die Burg *Balden-* oder *Trutz-Eltz* in wenigen Monaten errichten lassen und damit die Herren von Eltz zur Anerkennung seiner Lehensoberhoheit genötigt.

Wenn auch derartige Verhältnisse nicht verallgemeinert werden können, so war doch eine kurze Bauzeit in jedem Falle erwünscht, zumal nach getroffener Wahl des Bauplatzes dieser zuerst hergerichtet, „baureif“ gemacht werden mußte. Das geschah im Berggelände durch Abholzen und Planieren. Es waren Steinbrüche, Sand- und Kalkgruben anzulegen, meist auch Wege zu bauen. Zweckmäßig war es, die benötigten Bausteine in der Nähe zu beschaffen. Bei Hangburgen verwendete man dazu gerne das beim Ausbrechen des Halsgrabens anfallende Steinmaterial. Bei Tal- und Wasserburgen mußte der Bauplatz häufig durch Pfahlroste befestigt werden. In der Kaiserpfalz *Gelnhausen* wurden unter den Mauern

Tannenpfähle in dichter Reihung festgestellt, deren Köpfe dicke Schwellhölzer als Unterlagen des aus Bruchsteinen bis zur Erdoberfläche gemauerten Fundaments trugen.

Erst nach diesen Vorbereitungen konnte der eigentliche Bau beginnen – nicht aufs Geratewohl, sondern nach einem ausgearbeiteten Plan und mithilfe von ausgebildeten Werkleuten, die imstande waren, die ihnen an die Hand gegebenen Einzelpläne auch auszuführen. Die Leitung eines solchen Bauwesens konnte nur ein Mann übernehmen, der entsprechende technische Kenntnisse mitbrachte. Es ist dabei nicht an den Bauherrn selber oder an einen Ministerialen auf einer benachbarten Burg zu denken – er konnte allenfalls die verwaltungsmäßige Oberaufsicht über die Bauhütte führen, Recht sprechen und sie gegen äußere An- und Übergriffe schützen –, sondern diese Leiter der Bauhütten müssen Meister gewesen sein, die aus dem Handwerk kamen. Im späten Mittelalter waren das die Poliere, in der Stauferzeit wird es nicht viel anders gewesen sein. Der Meister mußte dem Bauwesen verantwortlich vorstehen. Er schloß die Verträge ab, stellte die Bauhütte als Arbeitsgemeinschaft aus Meistern, Gesellen und Lehrlingen zusammen, er warb die Hilfskräfte an, vergab die Spanndienste, teilte die Arbeit ein und zahlte den Lohn aus. In ihm haben wir auch den planenden Architekten zu erblicken. Es ist möglich, daß neben den Maurern (lapicidae), aus deren Reihen der Polier meist kam, auch die gehobenen Steinmetze, die Bildhauer, eine eigene „Fachgruppe" innerhalb der Hütte bildeten. So wäre es zu erklären, daß etwa auf *Wildenberg* in der Palasinschrift neben dem Maurer Bertold der Steinmetz Ulrich genannt ist.

Die Stärke einer solchen Burgenbauhütte richtete sich nach der Größe des zu bewältigenden Objekts und nach der veranschlagten Baudauer. Die Zahl der Steinmetze läßt sich öfter nach der Zahl ihrer Zeichen ungefähr angeben. Doch tragen die Werkstücke nicht immer Steinmetzzeichen: einfache, geometrische Figuren, Werkzeuge, Waffen, Blätter, Blumen. In späterer Zeit durfte nur der Meister ein solches Zeichen führen. Für den staufischen Burgenbau gilt das wohl nicht so ausschließlich. Die Zeichen waren nicht nur „Gütemarken", sondern dienten dem Polier auch zur Berechnung des Stücklohns.

An der Kaiserpfalz *Gelnhausen* sind nahezu 50 Steinmetzzeichen vorhanden. Binding schätzt daher – unter Berücksichtigung des Umstandes, daß nicht alle Handwerker gleichzeitig tätig waren – die Zahl der Steinmetze in der Bauhütte auf 40. „Hinzu kam noch eine große Menge dienstverpflichteter Handlanger und Spanndienst leistender Bauern, ein Menschengewimmel, wie wir es heute noch an orientalischen Baustellen antreffen können". Die Bauzeit wird hier mit 7 Jahren angenommen.

Auf *Wildenberg* sind etwa 65 verschiedene Zeichen – häufig in die Bossen der Buckelquader eingeschlagen – aus der Gründungsbauzeit nachweisbar. Mindestens 50 ausgebildete Bauhandwerker müssen daher zu gleicher Zeit hier tätig gewesen sein, so daß der Baubetrieb mit den gleichen Worten charakterisiert werden kann, die eben über Gelnhausen gebraucht wurden. Aus gleichen Gründen kommen wir hier auf eine Bauzeit von etwa 10 Jahren, was auch dem Stil der verwendeten Schmuckglieder entspricht.

Zwischen 5 und höchstens 10 Jahren wird im allgemeinen die Errichtung einer der größeren Hohenstaufenburgen in Anspruch genommen haben. Die kleineren Anlagen waren in kürzeren Zeiträumen fertigzustellen.

Es erhebt sich nun die wichtige Frage: wo kamen die Werkleute her? Während der 38 Regierungsjahre Friedrich Barbarossas sind alle wesentlichen Pfalzen und dazu Hunderte von Burgen aufgeführt worden – auf Dutzenden von Großbaustellen wurde gleichzeitig gearbeitet und außerdem waren auch noch gewaltige Sakralbauten im Entstehen. Da konnte der Bedarf an Fachkräften gar nicht aus einheimischem Personal gedeckt werden. Es mußten – dieser Schluß ist unabweisbar – in größerem Umfange auswärtige Bauhandwerker angeworben werden, nicht nur zur Ausführung vorhandener Pläne, sondern auch als Meister, die ihre eigenen Gedanken und Werkweisen anwenden konnten. Wir dürfen sicher eine größere Beteiligung von Steinmetzen aus den volkreichen Städten der Lombardei annehmen. Ihre Auffassungen haben etwa den Palas von *Babenhausen* geprägt. Auch manche Schmuckformen von *Gelnhausen*, namentlich die Ranken des Portals, scheinen lombardisch zu sein. Ferner ist die Heranziehung von Werkleuten aus Burgund und aus Lothringen wahrscheinlich.

Der in einem so großen Ausmaße durchgeführte Burgen- und Pfalzenbau ist kein Ergebnis örtlicher Improvisation, sondern läßt eine überragende Planung erkennen. Sie kann nur vom Kaiser selbst ausgegangen sein – die angeführten Hinweise in der Chronik Rahewins sprechen da eine deutliche Sprache – aber sie bedurfte zur Verwirklichung eines Arbeitsstabs, dem die technische und organisatorische Bewältigung dieses Programms oblag.

Man gelangt bei der Gesamtbetrachtung des staufischen Burgenbaus geradezu zwangsläufig zur Annahme einer kaiserlichen Pfalzenbauschule. Sie bearbeitete die Pläne, sie entsandte die Poliere zu den einzelnen Baustellen, damit sie dort wieder Bauhütten gründeten und leiteten, sie bildete auch die Werkleute aus und machte sie mit einem bestimmten Formengut vertraut. So stellen sich die engen Zusammenhänge zwischen Hagenau, Kaiserslautern, Gelnhausen, zwischen Nürnberg und Eger und deren Verbindungen zu Münzenberg, dem Saalhof, Wildenberg und dem Trifels und die an zahlreichen anderen Beispielen immer wieder festzustellende Übereinstimmung von Bauform und charakteristischen Einzelheiten und ihre Rückbeziehung auf die staufische Architektur des Elsaß als Wirksamkeit dieser Pfalzenbauschule dar. Gewiß konnte sie, so wie die Dinge lagen, nicht als wandernder Werkleuteverband erst da, dann dort arbeiten, sondern sie war die planende, leitende, vermittelnde Stelle, die schöpferische Mitte des Pfalzen- und Burgenbaus unter Friedrich Barbarossa. Die Angehörigen dieser Pfalzenbauschule schlossen sich jeweils ad hoc zur Ausführung eines Bauprojekts zusammen, dessen Einzelheiten in einem Werkvertrag, wie das auch später üblich war, festgelegt wurden. Nach vollendetem Auftrag zogen die Werkleute, einzeln oder in Trupps weiter und der Polier übernahm die Leitung einer neuen, örtlichen Hütte, oder er arbeitete dort als Meister mit. Eine Formenvielfalt wurde stets angestrebt, weil es auch hier um die „Unitas in varietate", die Einheit in der Vielheit, die auch mannigfache Formen zusammenführende und ordnende Eintracht, ging.

Diese Hypothese einer Pfalzenbauschule oder Palastbauhütte, welche der Verfasser bereits vor 30 Jahren formuliert hat, wurde inzwischen teils angenommen und teils abgelehnt. Sie kann vorläufig nicht anders begründet werden, als aus den Bauwerken selber.

Aber gerade deren Aussage weist unmißverständlich auf das Bestehen einer maßgebenden, vom Oberhaupt des Reiches abhängigen Organisation hin. Ohne eine solche wäre es nicht zu dieser Blüte des Burgenbaus unter den Hohenstaufen gekommen.

## Anhang I:

## Burgen Kaiser Friedrichs II. in Italien

Der Gipfel staufischer Burgenbaukunst wurde, trotz großartiger Leistungen, nicht auf deutschem Boden erreicht. Er liegt in Italien. Seine Gestalt ist das Werk jenes Kaisers, der durch den Zauber und die Rätsel seiner Persönlichkeit Zeitgenossen und Nachwelt aufs stärkste begeistert oder erregt hat. Die bedeutendsten Denkmäler seines Cäsarentums sind seine Burgen. Hier blieb er dem Gesetz treu, unter dem sein Großvater Barbarossa, ja schon sein Urahn Herzog Friedrich der Einäugige von Schwaben angetreten war. Dem, was Friedrich I. an Pfalzen in Deutschland schuf, wo der Anfang geschah, entsprach das, was Friedrich II. an Schlössern im südlichen Reich vollendete.

Man könnte die Burgen Friedrichs II. in Unteritalien und Sizilien auch „Pfalzen“ nennen, wenn diese Bezeichnung dafür gebräuchlich wäre. Als Staatsbauten wurden sie, wie jene, errichtet. Ihre Belegung hing von den Kaiserbesuchen ab. In der Abwesenheit des Herrschers standen ihre meisten Räume leer und wurden allenfalls durch den Kommandanten und die Wache kontrolliert oder durch Bedienstete instand gehalten. Weilte aber der Kaiser in einem dieser Schlösser, so erfüllten sie sich mit dem bunten Leben des Hofstaats, dann zog in ihre Hallen die Geschäftigkeit ein, die mit der Aufrechterhaltung des Staatsorganismus verbunden war, die Festlichkeit, für die diese Säle und Höfe den Rahmen hergaben, ja aus deren Wesen sie selber ihre Form empfangen hatten.

Der Kaiser aber war nicht nur unterwegs und zu Gast in seinen verschiedenen Schlössern. Er hatte auch seine Residenz. Sie lag nicht in Palermo — wo der alte Palast der Normannenkönige stand —, und auch nicht in Neapel — wo er eine Universität gegründet hatte –, sondern in der Capitanata, zu *Foggia,* unweit des blauen Golfes, den der Monte Gargano nach Norden abschirmt, und der heute nach dem Kaisersohn Manfred und der von ihm gegründeten Stadt Manfredonia heißt. Foggia lag am Straßenkreuz, das sowohl das apulische Flachland, den Tavoliere pugliese, erschloß, wie die rasche Überquerung des Apennin gestattete. Friedrich II. befahl, daß dieser Platz, wie es am Tor geschrieben stand, „urbs regalis sedes inclita imperialis" sei, königliche Stadt und Residenz des Kaisers.

Die „Pfalz" von Foggia begann der Kaiser 1223. Sie wird „als ein marmorreicher Palast mit Statuen und Säulen von Verde antico, mit marmornen Löwen und Wasserbecken" (Kantorowicz) geschildert. Die festliche Pracht südländischer Welt, die von der staufischen Freude am ritterlich-höfischen Lebensstil geprägt und gebändigt war, konnte sich hier entfalten. Von der ganzen Herrlichkeit blieben nur ein einziger, von Adlern getragener Bogen, sowie drei Inschriften, welche den Baumeister Batholomäus und das Baujahr nennen und den glücklichen Beginn des Werkes festhalten. Staufisch ist wohl auch der zweisäulige Brunnen, dessen Bogen auf Jochsteinen ruht, die mit Adlern geschmückt sind.

Die Hafenstädte des südlichen Königreichs hatten ihre Kastelle, von denen mehrere in ihren Hauptteilen erhalten blieben. Sie sind nach dem gleichen Schema erbaut, das aber nicht als sklavisch zu befolgendes Muster verwendet wurde, sondern seine Abwandlungen nach der jeweiligen Lage erfuhr. So erhielt jede dieser Hafenburgen ein eigenes Gesicht. Die einfachste Form begegnet in *Trani.* Ein quadratischer Kern ist mit vier Türmen besetzt, von denen die am Meer gelegenen in die Frontmauer eingebunden sind. Die beiden Türme der Landseite berühren den Kernbau nur an den Ecken. Sie sind stärker ausgebildet als die anderen, wie auch die sie verbindende Mauer des Kernbaus stärker ist. Dieser besteht aus vier Flügeln ungleicher Tiefe, die sich an die Außenmauern anlehnen. Die gesamten Außenwände sind sehr sorgfältig aus bossierten Quadern aufgeführt.

Gleichzeitig mit Trani, 1233, ist das Kastell *Bari* entstanden.
Z 85 Hier hatte der Bauplatz schon ein normannisches Kastell getragen, dessen Mauern möglicherweise die Führung des staufischen Grund-

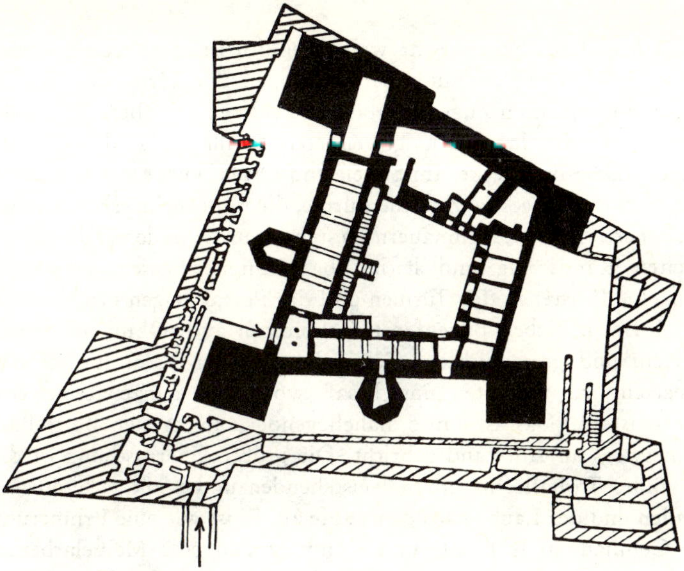

Z 85 Kastell Bari (Apulien), Grundriß nach Bacile aus Hahn 8

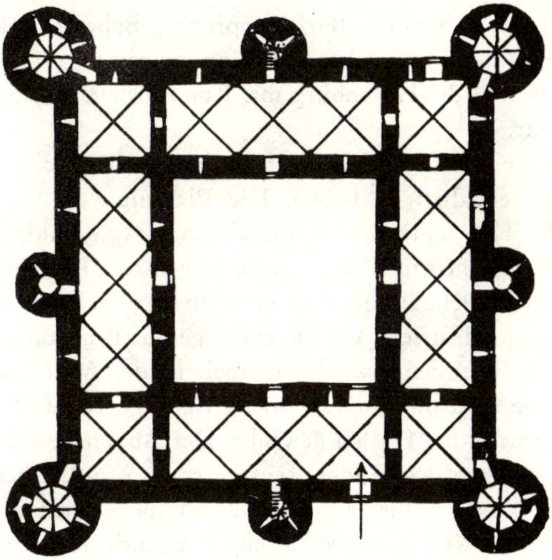

Z 86 Kastell Ursino in Catania (Sizilien), Grundriß nach Agnello aus Hahn 18

risses beeinflußt haben. Sehr wahrscheinlich ist es allerdings nicht. Der vierflügelige Kernbau bildet ein Trapez. Die Türme der Seeseite liegen wiederum im Zuge der Mauern, zeichnen sich aber stärker ab, die Türme der landwärts gewendeten Südflanke sind wuchtige,
T 127 quadratische Bollwerke. Im Süden und Osten wurde der Grundriß durch zwei mehreckige Zwischentürme, die nicht mehr erhalten sind, bereichert. Alle Außenmauern bestehen aus Quadern, die einen breiten Randschlag und leicht abgeschliffene Bossen aufweisen. Einzelne Fenster in den Türmen und das Portal zeigen ornamentale Zierformen. Neben Bogenfenstern kommen auch Okuli mit profiliertem und geschmücktem Gewände vor. Der Palas ist auf der Meerseite zu vermuten und besaß wohl eine ganze Reihe von Zierfenstern. Das ist umso naheliegender, als es der Burg Bari keineswegs an Aufwand gebricht. Die größte Überraschung ist die gewölbte Torhalle mit ihren freistehenden und wandverbundenen Säulen und der Laube nach dem Hofe zu. Es ist wie eine Erinnerung an Gelnhausen. Kapitelle und Kämpfer sind edle Meißelarbeiten und teilweise von den Steinmetzen signiert. Unter den Tiermotiven begegnet auch — im Scheitel des Portals — der staufische Adler.

Die Hafenkastelle von *Barletta, Brindisi, Manfredonia, Tarent* mögen dem Typus Trani — Bari entsprochen haben. Sie alle haben größere Umbauten, die in ihre Substanz eingriffen, erfahren. Es ist anzunehmen, daß die Hafenburg mit Rundtürmen hier auch bereits vertreten war.

Sie ist in den beiden sizilischen Hafenburgen des Kaisers: Syracus und Catania erhalten geblieben. Die Planung von *Catania* geht auf das Jahr 1239 zurück, die Ausführung folgte bald, ausnahmsweise in Bruchsteinen mit Hausteinfassungen der Tür- und Fenstergewände, der Säulen, Pfeiler und Gewölberippen. Es ist eine völlig
Z 86 regelmäßige, quadratische Vierflügelanlage mit Rundtürmen an den Ecken und halbrunden Zwischentürmen in der Mitte jeder Seite. Die Eckräume sind im Inneren turmartig abgegrenzt, aber ebenso wie die verbindenden Hallen gewölbt. Der Außenansicht geben die Kontraste zwischen den graden, fensterarmen Wandflächen und den
T 128 runden Turmkörpern ihre Note. Hier ist mit sparsamen Formen ein vollendeter Wehrbau geschaffen, der auch in seinen monumentalen Gemächern einen herben Zug nicht verleugnet. Die Kapi-

telle haben einfache Knospenform, einige Schlußsteine zeigen Bildwerk. Der Kaiser ließ in einer überdachten, kleeblattbogenförmigen Nische der Nordfront sein Wappentier anbringen.

Sizilien hatte bereits in *Augusta* eine bedeutende Kastellanlage erhalten, die 1239, als Catania begonnen wurde, fast vollendet war. Teile von ihr sind erhalten, einige Mauern haben vorzügliches Bossenquadermauerwerk; das Ganze ist aber nur im Grundriß rekonstruierbar. Es ergibt sich ein Vierflügelbau mit quadratischen Ecktürmen und rechteckigen oder fünfseitigen Zwischentürmen. Die innere Aufteilung war noch nicht so folgerichtig regelmäßig wie zu Catania. Auch Augusta hatte in erster Linie als Kastell zu dienen.

Dagegen ist der auf der äußersten Spitze der Halbinsel Ortygia vor Syrakus angelegte, ursprünglich durch einen Meeresarm von der Stadt getrennte Bau „*Maniace*“ wiederum ein Palast – einer der schönsten und eigenartigsten der Hohenstaufenzeit! Das Gebäude ist ein einziges Quadrat, ein mit runden Ecktürmen versehener Kubus. Der 51 × 51 m messende Innenraum war bis auf das qua- Z 87
dratische Feld in der Mitte überwölbt. Die Gewölbe ruhten auf 16 Rundsäulen. So ergab sich eine einzige, große Säulenhalle, wie sie von orientalischen Moscheen oder byzantinischen Zisternen her bekannt ist. Dieses Raumbild ist aber auch zisterziensischen Schöpfungen nicht fremd. Friedrich II. hatte ja ein merkwürdig enges Verhältnis zu diesem Orden – dessen graues Gewand er sich auch auf dem Sterbebette anlegen ließ – und unter seinen Bauverständigen kamen einige aus dem Orden von Citeaux. Aber auch den Erbauer von S. Francesco in Assisi, Elias von Cortona, hat Friedrich um seinen Rat angegangen

Die Säulenhalle von Maniace empfing das meiste Licht vom offenen Lichtschacht in ihrer Mitte her. Doch besaß sie auch Fenster. Eines von ihnen, das meerwärts gerichtet war, zeigt ein reich profiliertes, mit zwei Säulenpaaren ausgesetztes und mit einem geradezu hellenistisch anmutenden Kapitellgürtel versehenes Gewände. Es sind dafür mehrere Gesteinsarten verarbeitet worden. Das gleiche gilt vom großen Eingangsportal. Es ist spitzbogig, von sauberem Schnitt, und mit ausgesuchtem, verschieden getöntem Steinmaterial errichtet. Beiderseits des Bogens, fast in Scheitelhöhe, sind zwei rechteckige Nischen über Konsolen ausgespart. Hier standen zwei antike Bronzewidder, deren einer sich heute im Museum zu Palermo befindet. Sie korrespondierten mit den Tierkörpern, die auf den Deckplatten und über den Säulenkapitellen kauern. Daß man auf diesem geschichtegesättigten Boden der einst größten Stadt der Griechen das Vorbild antiker Statuen verpflichtend empfand, bezeugt die Konsolfigur eines dornausziehenden Knaben in einem der Eingangsgewölbe zu den Türmen — eine Replik des berühmten „Dornausziehers". Der Palast von Syracus verstand sich von vorneherein als Kunstwerk, obwohl er an der militärisch wichtigsten Stelle des Hafens lag. Aber er war von Natur aus derart geschützt, und er hatte auch eine so eindrucksvolle, fugenlose äußere Wehrform, daß er innen nur Palast zu sein brauchte. Ein Bekenntnis zum gefährdeten Leben, ein Ja zur Schönheit der Welt.

Die Festlandsburgen, welche Friedrich II. erbaute, liegen in den Bergen von Apulien, Lukanien und Campanien. Da stehen unweit von Bari in Richtung auf die Murge dei Trulli die riesigen Buckelquadertürme von *Gioia del Colle.* Trotz mancher Restaurierung ist der Eindruck der Unbezwingbarkeit dieser Wände außerordentlich überzeugend. In der Anlage war auch diese Burg ein rechteckiger Vierflügelbau. Drei Seiten davon sind erhalten, die vierte, nördliche, durch andere Bauten ersetzt.

Burg *Melfi,* Ort der für die Verfassung des südlichen Stauferstaates so bedeutsamen „Konstitutionen von Melfi", ist stark verbaut und erst nach Ausführung der begonnenen Freilegung zu beurteilen. Es handelte sich offensichtlich um eine rechteckige Anlage mit vier quadratischen Ecktürmen.

Die einzige unregelmäßige Burg Friedrichs II., *Oria,* bildet ein großes Dreieck, dessen Schildmauer unter Karl von Anjou mit zwei Rundtürmen besetzt wurde. Die Grundrißdisposition erinnert an Scharfeneck in der Pfalz.

Die hochgelegene Bergburg *Lagopesole* in Lukanien wirkt von
Z 88 außen recht verschlossen. Sie ist aber von allen süditalienischen Bur-
gen am ehesten mit Hohenstaufenburgen in Deutschland vergleich-
T 129 bar. Das Tor ähnelt dem zu Landeck in der Pfalz, der Grundriß
samt dem etwas übereck gestellten Bergfried darf zu Wildenberg und
Z 17 zur Eckartsburg in Beziehung gesetzt werden. Lagopesole ist durch
eine Quermauer in 2 ungleiche Abschnitte zerlegt. Die Gebäude des

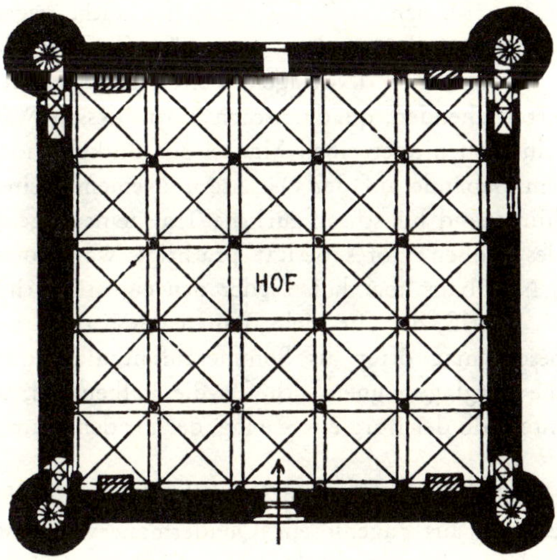


Z 87 Kastell Maniace in Syracus (Sizilien), Grundriß nach Agnello aus Hahn 17

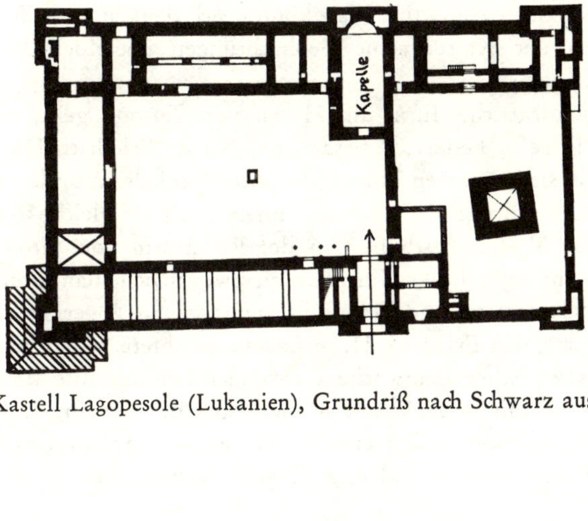


Z 88 Kastell Lagopesole (Lukanien), Grundriß nach Schwarz aus Hahn 6

Nordteils lehnen sich mit drei Flügeln an die Ringmauer an. Die Ecken sind zu Türmen verstärkt. Hier ist auch, gegenüber der Einfahrt, eine Kapelle angelegt. Der Südteil führt die Mauerfluchten, wiederum mit Eckvorlagen, weiter, besteht aber sonst nur aus einem freistehenden, quadratischen Turm, dessen Wände unten fast glatt sind, oben aber einen Mantel aus Buckelquadern haben; ferner einem Gebäude auf der Ostseite und einem kleinen Nebenbau. Am Turm sind hübsche, figürliche Tragsteine angebracht. Der Westbau des großen Hofes besitzt prächtige Wandkonsolen. Das Portal des Nordbaus aber hat wieder den eigentümlichen „zisterziensischen“ Umriß, der für viele Bauten des Kaisers bezeichnend ist. Lagopesole mag öfter als Sommeraufenthalt gedient haben. Die einsame Berglage eignete sich für die Falkenjagd, umsomehr, als dicht unterhalb der Burg ein See lag, der ihr den Namen gegeben hat.

Ein Jagdschloß in den Bergen ist auch *Gravina di Puglia.* Ein
Z 89 großes Rechteck aus fugenlosem Quadermauerwerk ist auf der
einen Schmalseite durch einen kubischen Torbau zugänglich, wäh-
T 122b rend die gegenüberliegende Schmalseite vom Palas ausgefüllt wird. Schon bei der Besprechung von Seligenstadt wurde Gravina als Beispiel dieses Typus genannt, der auch bei der Erklärung deutscher Anlagen, wie Leofels, berücksichtigt werden sollte. Gravina hat eine sehr rationale Architektur. Man könnte sich denken, daß in solchen Schlössern der Kaiser seine Beobachtungen über den Vogelflug angestellt hat.

Der quadratische Turm am Hafen von *Termoli* geht, wie sein
Name „Torre di Federico“ besagt, auf Kaiser Friedrich II. zurück.
Z 90 Er erhebt sich inmitten eines geböschten Sockels mit vier runden
T 123 Eckausladungen und ist in seinem Inneren in zwei gleiche Teile zerlegt. Ganz ähnlich beschaffen ist der Rundturm von *Bitonto,* der ebenfalls im eigentlichen Turmaufbau zwei nebeneinanderliegende, gewölbte Kammern und Gänge in mehreren Stockwerken enthält.

Der Turm, den Friedrich II. in *Lucera* errichtete, wo er das Lager seiner sarazenischen Leibwache aufschlagen ließ und mit Mauern zu umgeben begann – der große Mauerkranz der Festung Lucera ist erst von Karl von Anjou erbaut worden –, war ein Kaiserhaus. Es stand auf einem gewaltigen, abgeschrägten Sockel. Nur dieser

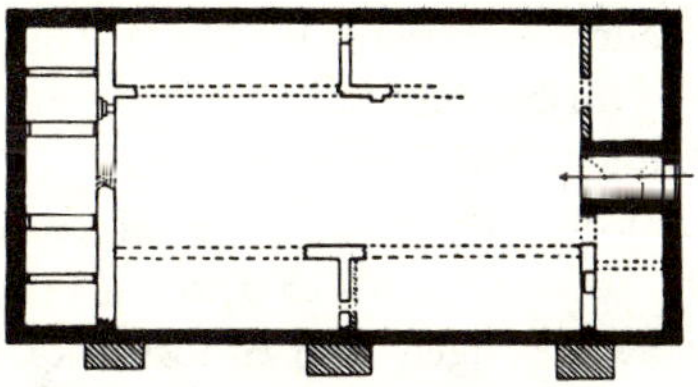

Z 89 Jagdschloß Gravina di Puglia (Apulien), Grundriß nach Schwarz aus Hahn 2

Z 90 Torre di Federico in Termoli (Molise), Schnitt nach Tuulse 89

blieb zu großen Teilen erhalten. Der obere Aufbau ist leider mutwillig erst im 18. Jahrhundert zerstört worden. Doch ermöglichen genaue Untersuchungen der Ruine zusammen mit erhaltenen Zeich-
Z 91 nungen von Jean Louis Desprez, 1778, eine Rekonstruktion der Anlage. Über dem Sockel erhob sich also ein vierflügeliger Bau mit turmartigen Eckverstärkungen drei Stockwerke hoch. Der Hof in der Mitte war oben achteckig geschlossen und hatte den Charakter eines Lichtschachts. Die Räume aller drei Wohnstockwerke waren gewölbt. Die einzelnen Architekturteile, wie sie Desprez wiedergibt, zeigen die gleiche Formenwelt, die uns von anderen Burgen und Palästen Friedrichs II. her bekannt ist. Hier wird der Typus des Wohnturms – genauer der des englischen Shell-keep, verbunden mit arabischen Formen, wie sie später im Prinzessinenturm der Alhambra bei Granada sichtbar werden – umgeschmolzen in eine Kaiserpfalz. Er wird zur Voraussetzung des bedeutendsten Bauwerks, das unter Kaiser Friedrich II. entstand, des *Castel del Monte*.

Kein Bauwerk der Hohenstaufenzeit ist so sehr vom überragen-
Z 93 den Geist seines Bauherrn geprägt, wie diese 1240 begonnene, 540 m hoch über dem Meer gelegene Burg im Heideland der Murge westlich Andria. Auf achteckigem Grundriß, zweigeschossig, mit je acht trapezförmigen, gewölbten Räumen, mit acht achteckigen Türmen versehen, trägt dieses weithin sichtbare Denkmal eines kaiser-
T 125 lichen Bauherrn den Namen „Krone Apuliens“.

T 124 Den Zugang gewährt ein großes, spitzbogiges Portal, das in einen Rahmen mit dreiseitigem Giebel eingebettet ist. Die hellenistische Komponente ist unverkennbar. Fast möchte man annehmen, daß das Giebelfeld plastisch ausgestattet war. Sicher war das beim Tympanon der Fall. Zu beiden Seiten des Portalvorbaus tritt die Wand in zwei schmalhohen, spitzbogig geschlossenen Nischen zurück. Sie betonen die Eingangsseite.

Die Außenhaut des Schlosses ist mit sparsamen Mitteln behandelt, aber dabei von außerordentlicher Plastizität. Um das Gebäude ist ein Sockel herumgeführt, die Stockwerke werden durch einen Gesimswulst voneinander getrennt. Den einfachen Rundbogenfenstern des Erdgeschosses mit abgeschrägtem Gewände entsprechen im Obergeschoß Doppelfenster mit Kleeblattbogen und Vierpässen. Nur in einem Raum, aus dem man auf Andria und das Meer sieht, ist

Z 91 Lucera (Apulien), Kaiserpalast, Schnitt nach Körte aus Hahn 31

Z 92 Castel del Monte, Schnitt nach Chierici aus Hahn 33

das Fenster erweitert und dreifach unterteilt. Den oberen Abschluß mag einst ein Kranz von Schwalbenschwanzzinnen gebildet haben.

Z 92 Im Inneren sind die Raumfolgen beider Stockwerke in sich gleich gestaltet. Die Gewölbe des Erdgeschosses ruhen auf runden Wandvorlagen mit Knospenkapitellen. Der Rippenquerschnitt ist rechteckig. Drei Portale führen in den Hof, sie sind von der zisterziensisch-burgundischen Art, die auch in Lagopesole wahrnehmbar ist. Im Zentrum des Hofes muß ein achtseitiges Wasserbecken angenommen werden. Die Hofwände sind durch eine Stockwerkszäsur – wo eine Galerie umlief – waagerecht geteilt. Vor dem Obergeschoß zeigen sie Spitzbogenblenden. Diese entsprechen den einzelnen Räumen, von denen sich drei in Türen mit geradem Sturz in Rundbogenblende hofwärts öffnen. Die Räume selbst sind gewölbt, wobei die
T 126 Rippen, Gurt- und Schildbogen von Laubwerkkapitellen auf Bündelsäulen ihren Ausgang nehmen. Von den Türmen sind nur drei mit Treppen versehen, die übrigen enthalten Bade- und Toiletteräume. In einem der Türme findet man ein sechsteiliges, in einem anderen ein dreiteiliges Gewölbe, jeweils auf figürlichen Konsolen.

Das Raffinement, mit dem hier alle Formen präsentiert werden, die tadellose Werkarbeit, die Profile und jede Einzelheit bezeugen ebenso wie die Auffassung des Ganzen eine höchst verfeinerte Lebensart. Die Köstlichkeit dieser Architektur, auf deren Außenwänden die Sonne spielt, kommt hier auf mannigfache Weise zum Ausdruck. Castel del Monte ist durchdacht und berechnet in allen Einrichtungen, in der Führung der Treppen, der Wasserversorgung, den Bade- und Abortanlagen, und dabei von erlesener Sorgfalt in der Steinsetzung, in den Schmuckformen und in der Auswahl des Materials. Die Brecciarossa-Steine, am antikisierenden Portal, an den Erdgeschoßsäulen und den Türumrahmungen im Obergeschoß, stehen neben feinsten Marmorsorten bis zum halb durchsichtigen Cipollino. Dieses braungelbe Oktogon strahlt einen Glanz aus, der nur von Friedrich II. selbst herrühren kann. Er hat zwar kaum selber am Reißbrett gesessen – obwohl ihm das zuzutrauen wäre – aber die Persönlichkeit des Kaisers, der sich mit dem Studium der Naturkräfte und dem Lauf der Sterne befaßte, der das auf Beobachtung beruhende Werk über die Falkenjagd (de arte venandi cum avibus) schrieb, hat diesen Plan des Castel del Monte ersonnen und ver-

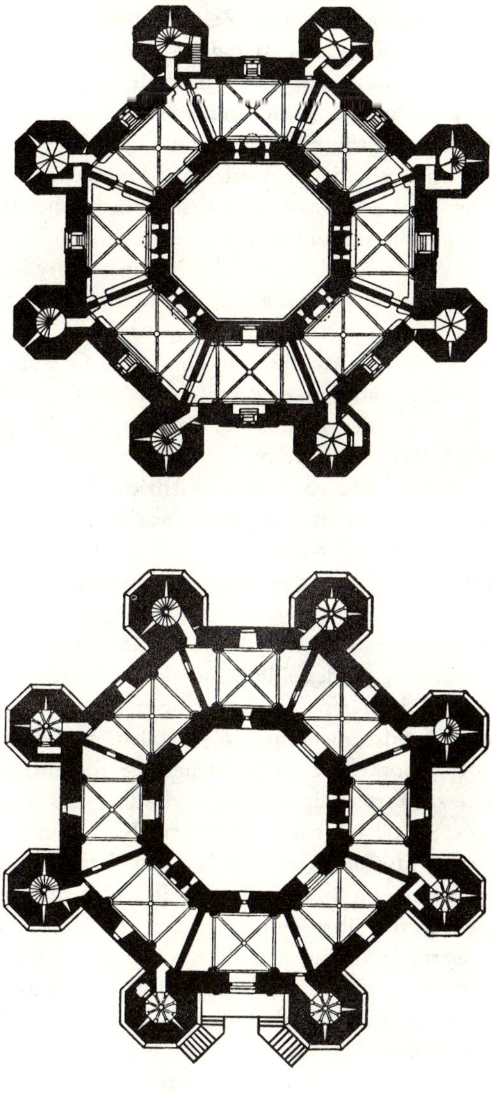

Z 93 Castel del Monte, Grundrisse der beiden Geschosse nach Ebhardt I, 25 (ergänzt)

wirklicht. Kein anderer in seiner Zeit konnte das. Es ist darum müßig, über die persönliche Beteiligung Friedrichs II. an diesem Bauwerk zu streiten oder nach Belegen dafür zu suchen. Castel del Monte ist seine ureigenste Schöpfung, ist Geist von seinem Geist.

Die Freude an diesem herrlichen, im Ganzen wohlerhaltenen Schloß wird freilich verdüstert durch das schmerzende Wissen, daß es auch ein Denkmal des Hasses und des durch ihn bewirkten leidvollen Untergangs des staufischen Hauses ist. Wurden doch hier jahrzehntelang die unschuldigen Kinder König Manfreds auf Befehl Karls von Anjou gefangen gehalten, der bestimmt hatte, daß sie leben sollten, als wären sie nie geboren worden ...

Das Castel del Monte ist die vollkommenste Leistung des staufischen Burgenbaus, eines der geistvollsten Kunstdenkmäler der Menschheit. Hier hat der Genius des Bauherrn die Architektur zu kristallinischer Klarheit geläutert.

Im gleichen Jahre 1240 vollendete Friedrich II. ein anderes Bauwerk, das eigentlich keine Burg ist, aber doch die äußeren Merkmale eines Wehrbaus trägt und darum unter die Kastellbauten des Kai-
Z 94 sers eingereiht werden darf: das Triumphtor an der Volturnobrücke zu *Capua*.

Wo die von Norden kommende Via Casilina sich anschickt, an der Stadtgrenze von Capua den Fluß auf einer römischen Brücke zu überschreiten, ließ der Kaiser 1233 ein Tor errichten. Es bestand aus zwei mächtigen Rundtürmen über polygonalen, mit bossierten Quadern verkleideten Sockeln, zwischen denen die Torfahrt geradewegs auf die Brücke zuführte. Für die Turmzylinder war schwarzer Tuff verwendet, die Sockel bestehen aus hellem Kalkstein. Die Außenseite des Tors war fassadenartig zwischen den Türmen hochgemauert und mit einer Reihe von Bildwerken in reicher Umrahmung geziert. In der Mitte thronte über einer Gruppe von drei Büsten, zwei bärtigen Männern, in denen man Petrus von Vinea und Thaddäus von Suessa erblicken wollte, und einer Justitia, der Kaiser selbst. Eine Inschrift verkündete ihn als Bauherrn, als Hüter des Rechts und als Rächer des Bösen. Darüber war eine doppelgeschossige Blendgalerie, oben mit dem uralten, schon an der Lorscher Torhalle – dem Triumphtor Karls des Großen – verwendeten Spitzgiebelmotiv geschlossen. Die rahmenden Säulen setzten sich bis zum Dachgesims

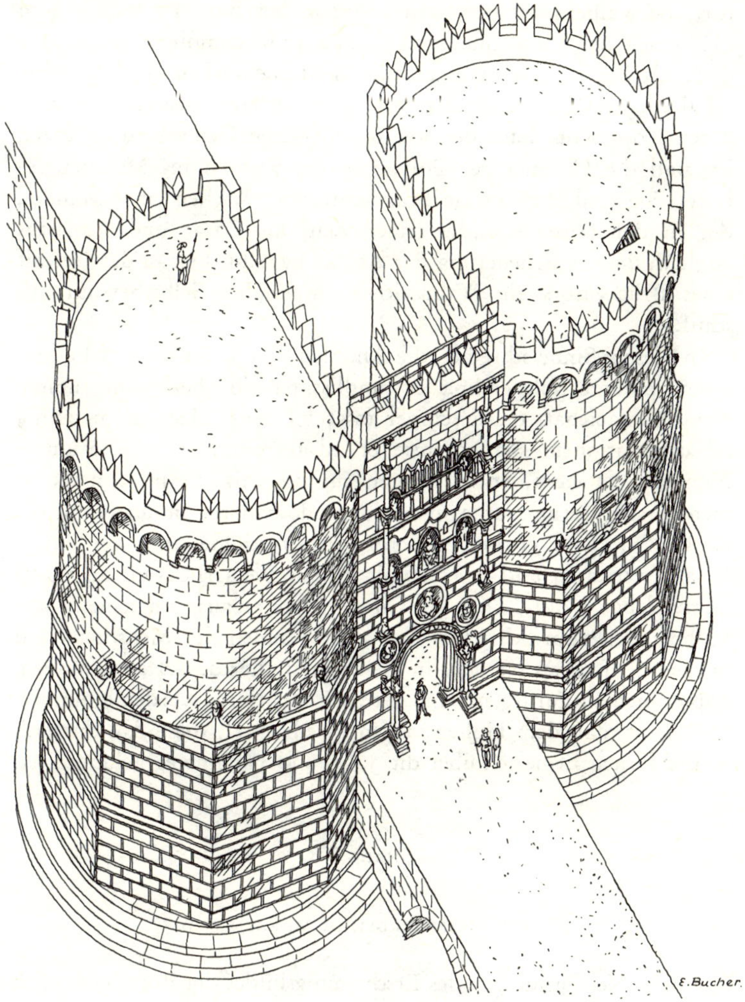


Z 94 Capua (Campanien), Triumphtor Friedrichs II., Rekonstruktion nach Willemsen 105

tort. Schwalbenschwanzzinnen krönten den Bau. Er wurde zum Leidwesen der Einwohner von Capua 1557 demoliert, blieb aber doch als Torso, den man aus den Festungswerken herausschälte, erhalten. Ein Teil der Skulpturen, der Überrest der Kaiserstatue, deren Kopf wohl nach der sog. Raumerschen Gemme zu ergänzen ist, und die Hermen der Polygonecken, wurden ins Museum gerettet. Sie sind ehrwürdige Fragmente vom Wirken eines Mannes, der in der Formensprache seiner Zeit, als Cäsar und Augustus zugleich um die Erneuerung der Antike bemüht, hier in der Gestalt eines Brückentors ein Wahrzeichen imperialen Selbstbewußtseins schuf.

In diesem Sinne schreiben die Annalen von S. Giustina in Padua: „nam palatia pulcherrima et amplissima sibi fieri cum summa instantia faciebat, quasi semper esset victurus. Hec autem omnia ad ostentationem sue potentie et ad terrorem et admirationem hominum faciebat, et ut famam sui nominis ita imprimeret in mentes singulorum, ut eam nullo modo valeret unquam oblivio abolere“ („denn er ließ außerordentlich schöne und weitläufige Paläste errichten und tat das mit großer Beharrlichkeit, als ob er immer leben wollte. Dies alles aber führte er aus, um seine Macht zu beweisen zum Schrecken und zum Staunen der Menschen, und um den Ruf seines Namens in die Herzen aller derart einzuprägen, daß er niemals auf irgend eine Art daraus entfernt werden könnte“). Es scheint, daß dem Hohenstaufen Friedrich II. diese Absicht nach menschlichem Ermessen über die Jahrhunderte hinweg gelungen ist.

## Anhang II:

## Kreuzfahrerburgen im Morgenland

Große Neuformungen des Erscheinungsbildes der Burg haben sich im 12. und 13. Jahrhundert vor allem in Frankreich angebahnt. Sie stehen im Zusammenhang mit dem vorwiegend durch den französischen Adel getragenen Burgenbau der Kreuzritter im Morgenland. Bauherrn waren sowohl einzelne Barone, als auch organisierte Gemeinschaften, insbesondere die Ritterorden. Von diesen ist der ursprünglich im St.-Johannes-Hospital zu Jerusalem beheimatete Johanniterorden bereits bald nach dem 1. Kreuzzuge auf den Plan getreten, allerdings erst 1184/85 bestätigt worden. Der Orden der Templer hatte seine Wohnung im Königspalast auf der Ostseite des Salomonischen Tempels und wurde 1188 bestätigt. An der Fassung seiner Statuten war Bernhard von Clairvaux beteiligt. Der jüngste der Ritterorden, der Deutsche Ritterorden, wurde vor Akkon ins Leben gerufen und 1198 nach der Templerregel erneuert.

Inmitten eroberter und darum ständig gefährdeter Ländereien wurden durch die Kreuzfahrer über 100 Burgen erbaut, eine einzigartige Leistung, deren Umfang aus zahlreichen Ruinen deutlich wird. Wie so oft in der Geschichte gewannen die Dinge auf kolonialem Boden — und das waren die Kreuzfahrerstaaten — andere Proportionen. Die Maße wuchsen ins Riesenhafte. Der abendländische Burgenbau fand im Orient sein vergrößertes Ebenbild. Er gelangte dort zu einer Erfüllung, die ihm in den Heimatgebieten nicht vergönnt war. Dabei wurden alle wesentlichen Merkmale der abendländischen Burg beibehalten. Aber die europäischen Burgenbauer lernten auch von den Arabern, denen sie die Flankierung der Mauern und den Schutz der Tore absahen, von denen sie die Anlage von Zwingern lernten und auch die Anlage von großen Vorratsräumen und Zisternen. Die Araber ihrerseits hatten schon byzantinische Formen weitergeführt, so daß wir hier zuletzt auf die große Lehrmeisterin Byzanz, auf die spätgriechische Wehrbaukunst stoßen. Armin Tuulse hat die Bedeutung der theodosianischen Landmauer von Konstantinopel betont mit ihrem ausgeprägten System von zwei parallelen Mauern, der Haupt- und der Vormauer, und einer durch Türme verschiedener Grundrißform in regelmäßigen Abständen gebildeten zusätzlichen zweiten Linearverteidigung.

Robin Fedden und John Thomson stellen in ihrer Studie über die Kreuzfahrerburgen zwei Perioden des Burgenbaus durch die Kreuzfahrer fest: die Expansionsperiode und die Periode des Rückzugs. Der Strategie der Offensive entsprachen die einfachen, übersichtlichen Anlagen; der Defensive dagegen die großen, komplizierten Festungen. Nach dem Mißerfolg des dritten Kreuzzugs führte der vierte zu einem ganz anderen, fürs erste viel verlockenderem Ziel, nach Konstantinopel. Dann gelang es im fünften Kreuzzug nur dem diplomatischen Geschick Kaiser Friedrichs II., die Christen noch einmal ohne Blutvergießen in die ihnen teuren Stätten des heiligen Landes zu bringen. Als aber der Waffenstillstand mit den Moslim abgelaufen war, blieb keine entscheidende Offensive des Abendlandes mehr zu erhoffen, was auch die gescheiterten Unternehmungen König Ludwigs IX. bestätigten. Die Kreuzritter stellten sich und ihre Burgen darauf ein, bis zum letzten Mann zu kämpfen.

Gerade in der Periode des Rückzugs wurden die bedeutendsten Werke im Burgenbau der Kreuzritterzeit geschaffen. Die Not war der große Zuchtmeister geworden und zwang zu sorgfältiger Planung aller Bauteile. Sie entbehrten dabei nicht der Form und verzichteten auch nicht auf Schmuck. In einer durchweg unwirtlichen, ausgedörrten Felslandschaft bekundeten gewaltige Türme und kühn auf die Klippen über schwindelnden Abgründen gesetzte Mauern den entschlossenen Willen ihrer Erbauer zum Behaupten und Beherrschen.

Die „Franken" bauten im Orient zunächst und gern einzelstehende Donjons. Sie schließen sich an den normannischen Typus an und sind kennzeichnend namentlich für die ältere Periode
Z 95 *(Giblet, Chastel rouge)*. Der jüngeren gehört der Turm von *Chastel blanc* an. Er vereinigt über einer Zisterne Kapelle und Saal. Auch andere Wehranlagen übernehmen den Donjontyp *(Safita)*, der stets eine wichtige Rolle spielte.

Die zweite Burgform ist die der Ringmauerburg, meist auf einem ovalen Grundriß. Eine durch runde oder rechteckige Turmvorlagen verstärkte Mauer umgibt ein Gelände, das öfter eine große Ausdehnung besaß. Ihr bestes Beispiel ist die um 1120 erbaute Burg *Saone* im Fürstentum Antiochia. Sie fiel 1188 nach tapferer Verteidigung in die Hände Saladins und konnte den Moslim nicht mehr entrissen werden. Die Anlage ist durch zwei in den Felsen gebrochene Gräben vom übrigen Bergrücken abgetrennt. Davon ist der an der Angriffsseite liegende Halsgraben „eines der eindrucksvollsten Denkmäler, das die Lateiner im heiligen Land hinterlassen haben". Bei seiner Ausschachtung ließ man eine Felsnadel als Brückenpfeiler stehen; „sie steht wie ein Obelisk und erinnert an die alten Bauwerke des Niltals, mit denen dieses Unternehmen, 170 000 Tonnen massiven Felsens wegzuschlagen, allein zu vergleichen ist" (Fedden/Thomson). Über dem Grabenrand erhebt sich die Ringmauer, ge-

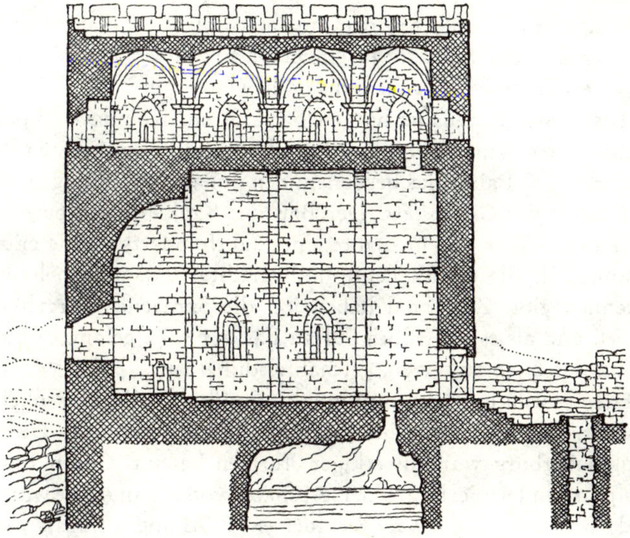

Z 95 Chastel blanc (Syrien), Schnitt durch den Turm nach Tuulse 69

Z 96 Krak des Chevaliers (Syrien), Ansicht der Burg nach Essenwein I, 55

schützt und überragt von dem an sie angebauten Hauptturm. Das Tor lag auf der Südseite in einem Turm. Eine weite Vorburg erstreckte sich jenseits des Grabens nach Westen hin.

Aus diesen Ringmauerburgen hat sich ein Komposit-Typus entwickelt, dem wir in den beiden größten und bedeutendsten Kreuzfahrerburgen Palästinas begegnen, den Johanniterfestungen *Margat* und *Krak des Chevaliers*. Der Bau des Krak begann bereits bald nach 1110. Aber erst im Laufe eines Jahrhunderts wurde er zu der Festung, als die er sich heute noch mächtig und uneinnehmbar zu erkennen gibt. Zwölfmal haben ihn die Sarazenen vergeblich belagert, und als es schließlich Sultan Baibars 1271 gelang, sich in den Besitz der Burg zu setzen, geschah es durch List.

Z 96 Hier wurde ein Festungstypus zu größter Vollkommenheit entwickelt, der uns als reine Wehrarchitektur erscheint. Die frühe Ringmauerburg war mit eckigen Türmen besetzt. Gegen Ende des 12. Jahrhunderts erfolgte der Ausbau, wobei namentlich die Süd- und Westseite mit einer gemauerten Böschung (Talus) versehen wurde, welche bei den Moslim „der Berg“ hieß. In diese Böschung eingebaut und über sie hinausragend ist ein gewaltiges, aus Türmen und einer Art Schildmauer bestehendes Werk, der stärkste Wehrbau der gesamten Burg. Und doch huldigt dieser riesige Mauerklotz der Schönheit ritterlicher Weltauffassung. Im Saalbau und in der Kapelle ist die französische Gotik zu Hause, die Galerie vor dem Saal gleicht einem Kreuzgang mit edlem Fenstermaßwerk, Laubwerkkapitellen und profilierten Kreuzrippengewölben.

Burg *Margat* war 1186 an die Johanniter gelangt, die sie zu einer gigantischen Festung ausbauten und auch mit großen unterirdischen Gewölben zur Stapelung von Vorräten für fünf Jahre versahen. Die Burg liegt an der Spitze einer weitläufigen Bergfläche, von der sie durch einen Graben abgetrennt ist. Sie besitzt ihr stärkstes Bollwerk in einem mächtigen Rundturm. Ihn ließ Sultan Kalaun 1285 unterminieren und überzeugte die Belagerten, daß weiterer Widerstand zwecklos sei. Das führte zur Übergabe der Burg und zum ehrenvollen Abzug der Besatzung. Die soliden Mauern bestehen aus glatten, hammerrechten Quadern. Die Kapelle ist ein einschiffiger, gewölbter Saal mit runder Apsis. Das Portal war ehedem mit eingestellten Ecksäulen versehen. Seine Bogenläufe sind profiliert, von

Z 97 Burg Starkenberg/Montfort (Israel), Grundriß nach Tuulse 72

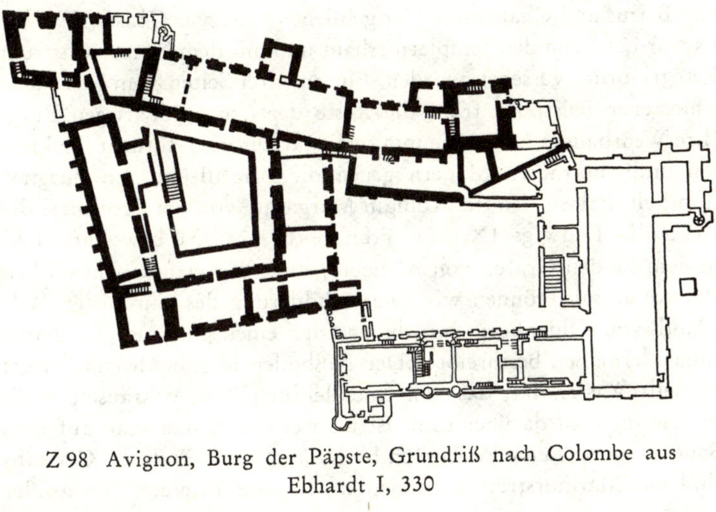

Z 98 Avignon, Burg der Päpste, Grundriß nach Colombe aus Ebhardt I, 330

der Art, wie sie in der zeitgenössischen französischen Baukunst üblich war und durch die Zisterzienser in Europa verbreitet wurde.

Unter den Burgen der Kreuzfahrer war auch eine vom deutschen Orden erbaut worden. Das geschah 1227/29, als Kaiser Friedrich II. im heiligen Land weilte. Wir dürfen vermuten, daß Hermann von Salza den Bau nicht nur befohlen, sondern auch geistig inspiriert
Z 97 hat. Es war die Burg *Starkenberg (Montfort)* in Israel, eine Bergspornanlage auf länglichem Grundriß. Die Zwingermauer umschließt ein großes, abgerundetes Rechteck. Über die Bebauung des Burginneren läßt sich bisher nur soviel sagen, daß die Gebäude an einen quadratischen Turm in einer längeren Flucht anschlossen. Am Auffallendsten ist der vor die Umfassungsmauer in den Halsgraben auf die Angriffseite gestellte quadratische „Bergfried“, der in dieser Funktion und Lage seine deutsche Verwandtschaft nicht verleugnet – wenn es auch abwegig erscheint, Montfort als eine nach Palästina verpflanzte rheinische Ritterburg zu charakterisieren. Wir haben es vielmehr mit den tastenden Anfängen einer Entwicklung zu tun, die, vom gleichen Orden getragen, erst auf deutschem Boden zur Reife in den Ordensburgen Preußens und des Baltikums gedieh.

Das letzte Stück Land, das den Kreuzfahrern nach dem Falle der stark befestigten Küstenstadt Akkon 1291, nach der Kapitulation von Beirut und Château de Mer geblieben war, war *Chastel Pèlerin.* Es war 1218 von den Templern erbaut und mit dem Namen Castrum Peregrinorum versehen worden. Ein auf drei Seiten vom Meer umschlossener Felssporn trägt die Reste der einst großartigen Burg. Ihre Wehrbauten kehrte sie mit zwei starken, von Türmen flankierten und überragten Mauern gegen die Angriffseite. Im Burghof stand ein Palast, den die Königin Margarete von der Provence, die Gemahlin Ludwigs IX. von Frankreich, 1250/51 bewohnte, und in dem sie den Grafen von Alençon gebar. Wie es in einem solchen Palaste aussah, können wir einer Schilderung des Chronisten Wilbrand von Oldenburg entnehmen, der einen Burgsaal in Beirut folgendermaßen beschreibt: „Der Fußboden ist mit Mosaik belegt; es stellt Wasser dar, das von einer leichten Brise gekräuselt wird, und wenn man darüber geht, ist man erstaunt, daß man auf dem Sand darunter keine Fußspuren hinterläßt. Die Wände des Gemachs sind mit Marmorstreifen verkleidet, die eine Täfelung von großer

Schönheit bilden. Die gewölbte Decke ist so bemalt, daß sie aussieht, als ob man in den Himmel blickte. In der Mitte des Raums befindet sich ein Brunnen aus vielfarbigem und wunderbar poliertem Marmor. In der Brunnenschale ist in Mosaik ein Drache abgebildet, der mehrere Tiere zu verschlingen scheint. Ein klar hervorströmender Wasserstrahl und die Luft, die durch die offenen Fenster streicht, verleihen dem Gemach eine köstliche Frische."

Chastel Pèlerin besaß auch eine zehneckige Kirche, die in drei sechseckige Apsiden mündete. Sie war nach dem Vorbild des Tempels in Jerusalem erbaut.

Am 14. August 1291 räumten die Templer die Burg. Damit endete ein fast 200 Jahre währendes, an Erfolgen und Niederlagen reiches, kampfdurchtobtes Zeitalter europäischer Kolonisation. Es hat tiefe Spuren hinterlassen. Es hat das christliche Abendland nicht nur vor Aufgaben, sondern auch vor Fragen gestellt, die ihre Fruchtbarkeit in den folgenden Generationen beweisen sollten.

## E. Die gotische Burg

### *1. Die Lage zur Zeit des Interregnums (1254–1273)*

Die gotische Burg zeichnet sich im deutschen Burgenbau als Typus geschichtlich seit dem Ende der Hohenstaufen ab. Es beginnt das Zeitalter der Territorialburgen, die neben und auch im Gegensatz zu den Reichsburgen sich ausbilden. Erst von da an wird es möglich, von der rechtlichen Zugehörigkeit her die Reichsburgen von den Landesburgen zu trennen. Die Ansätze dieser Entwicklung liegen freilich schon in den Auseinandersetzungen des Reiches mit den stärker werdenden Partikulargewalten, wie sie seit dem Tode Heinrichs VI. (1197) an Heftigkeit zunahmen. Das ius munitionis, das Recht zur Anlage von Befestigungen, ursprünglich reines Königsrecht, wurde bereits unter den Saliern von mächtigen Fürsten in Anspruch genommen, bis Friedrich II. formell im Privileg zugunsten der weltlichen Fürsten, 1230/31, auf seine ausschließliche Anwendung verzichtete. Im Interregnum ist darum so manche Burg, die vorher sinnvoll den großen Stützpunktsystemen des Reiches eingeordnet war, und diesem Umstand erst Entstehung und Gestalt verdankte, zu einem Raubnest herabgesunken, von dem aus fehdelustige Friedensstörer so lange ihr Unwesen trieben, bis ihnen, meist von Reichswegen oder durch einen der Städtebünde, das Handwerk gelegt wurde.

Doch haben diese geschichtlichen Vorgänge die Form der Burg nicht wesentlich beeinflußt. Man baute weiterhin nach staufischer Art. Die Palasbauten von *Hohen-Geroldseck* und *Schauenburg* im Schwarzwald führen die staufische Tradition sowohl in Stockwerksgliederung wie Fensteranordnung weiter. Es sind mächtige Turm-
T 119 häuser aus Bruchsteinen mit Hausteinkanten. Die zu Zweier- und Dreiergruppen vereinten Fenster des Saals von Hohengeroldseck sind noch völlig staufisch verstanden.

Der *Kagenfels* am Odilienberg ist 1262 durch einen Ministerialen des Bischofs von Straßburg in der Art eines staufischen Wohnturms mit Buckelquadermantel errichtet worden.

Die hochgezogene Mantelmauer der *Schönburg* bei Oberwesel
T 151 folgt denselben Grundsätzen wie die Schildmauer von Ortenberg, doch tritt in Oberwesel neben diesen verschlossenen Mauerklotz ein durch zwei Saalgeschosse mit spitzbogigen Doppelfenstern aufgegliederter Palas.

Das Bild der deutschen politischen Verhältnisse, die zunehmende Aufspaltung des Reichsraums stehen im Gegensatz zu der nationalstaatlichen Entwicklung, die besonders in Frankreich zu einer Konzentration der Kräfte führt, an der auch der Burgenbau seinen Anteil hat. Der große Wehrbau, den der letzte Kreuzfahrer, König Ludwig IX. (1226–1270), schuf, war die Stadt *Aigues-Mortes.* Ihr Donjon, die Tour de Constance, war dazu bestimmt, dem König Quartier zu bieten. Die beiden gewölbten Säle des Inneren leben in den Stilformen, die auch an den Kastellen Friedrichs II. zu finden sind. Die Anlage von Aigues-Mortes selbst gleicht einem antiken Lagerkastell. In die Fußstapfen Ludwigs trat auch König Philipp IV., der Schöne (1285–1314). Er gab mehreren, zum Teil nach ihm genannten Festungsbauten ihre Gestalt. In *Villeneuve-lès-Avignon* errichtete er einen gewaltigen Donjon. Der 1307 vollendete Turm war gleichsam der Wachtposten des französischen Königs gegenüber der Stadt, auf deren Boden von 1316 an einer der bedeutendsten Schloßbauten des europäischen Festlandes im 14. Jahrhundert, die Burg der Päpste in *Avignon*, entstehen sollte. In ihr leben die Erinnerungen an die vierflügeligen Kastelle Friedrichs II. ebenso weiter, wie der Typus des Donjons, verbunden mit Raumdispositionen, die aus der Klosterarchitektur kamen und hier einem eigenartig miteinander verschmolzenen geistlich-weltlichen Herrscherideal dienstbar gemacht wurden. „Die Repräsentation aus den Glanztagen des Ritterlebens hat unter kirchlicher Regie eine feierliche Monumentalität gewonnen, die in verschiedenen Variationen in der Innenarchitektur auftritt, die aber gleicherweise dem Äußeren der Burg, dank einer überzeugenden Kombination von Wehrcharakter und Massenwirkung eines Fürstenpalastes, das Gesicht gibt" (Tuulse). Z 98

## *2. Die Burgen des Deutschen Ordens*

Kaiser Friedrich II. hatte 1226 zu Rimini dem deutschen Ritterorden und seinem ihm persönlich nahestehenden Hochmeister, Hermann von Salza, das Kulmer Land und Preußen bestätigt unter der Bedingung, daß die von dem Orden zu erobernden und zu missionierenden Gebiete im Reichsverband blieben. Der Orden begann, gewitzigt durch böse Erfahrungen mit König Andreas von Ungarn im Burzenland, mit großer Umsicht sein Werk. Unter Landmeister Hermann Balk nahm die Eroberung Preußens von der inzwischen auf dem westlichen Weichselufer errichteten Burg *Vogelsang* seinen Anfang, indem er unfern 1230 die Burg *Nessau* erbauen ließ. Von hier aus überschritt er 1231 den Strom und legte den Brückenkopf *Thorn* an. 1233 entstand *Marienwerder*. Der Weichsellauf wurde durch eine wachsende Zahl von Befestigungen geschützt. Sie zeigen einen planenden Geist am Werke, der das Land nicht nur erobern, sondern auch gewinnen und behalten wollte. Der Orden errichtete darum nicht nur Burgen, er warb auch Kolonisten, mit denen er die Felder zu bestellen und neu gegründete Städte zu besiedeln gedachte. Die Burgenstrategie des Ordens war an sich nichts Neues. Man meint die berühmte Charakteristik Herzog Friedrichs des Einäugigen von Schwaben wieder zu vernehmen. Auch im Morgenlande hatten Templer und Johanniter in solcher

Weise ihre Burgen gebaut, nur daß ihnen der Nachschub, vor allem an Menschen, fehlte, über den der deutsche Orden, der an der Grenze des geschlossenen deutschen Siedlungsgebiets operierte, verfügen konnte.

Die ersten Ordensburgen waren einfache, dem Gelände entsprechende Wehrbauten. Einige standen auch auf dem Platze zerstörter Befestigungen der Pruzzen. Das zeigt Burg *Balga* in Hügellage am Kurischen Haff. Die erhaltene Form stellt bereits die zweite, um 1250 errichtete Burg dar, deren Kernwerk ein unregelmäßiges Sechseck beschreibt.Doch ist deutlich zu erkennen, daß der Anlage ein Plan zu Grunde liegt, der mehrere Polygone gleichmäßig übereinanderlegte, so daß sie am Steilhang nach der Haffseite eine gemeinsame Frontmauer besaßen.

Die Burgen haben den Orden während der lebensgefährlichen Bedrohung der Jahre 1244–51 gerettet, weil sie sich als feste Stützpunkte erwiesen, die als Inseln in einem feindlichen Meer aushielten und Zuflucht gewährten. Als Rittergemeinschaft mit Mönchsgelübden, die auf strenge Satzungen und eine militärische Disziplin verpflichtet war, besaß der Orden ein bestimmtes Raumbedürfnis, das die Gestalt seiner Hauptbauten bestimmte. Es waren dies Kirche, Kapitelsaal, Refektorium (Remter) und Schlafsaal (Dormitorium). Als man sich entschloß, dieses „Konventshaus" vierflügelig um einen Hof zu gruppieren, war der Typus der Ordensburg geschaffen, der sich als außerordentlich zukunftsträchtig erwies. In der Deutschordensburg, wie sie nach 1260 ihre mannigfach abgewandelte, aber stets vom gleichen Prinzip bestimmte Verwirklichung fand, hat der europäische Burgenbau eine seiner wichtigsten und künstlerisch bedeutsamsten Ausformungen erfahren.

Das antike Kastellquadrat mit seiner übersichtlichen Regelmäßigkeit, mehr aber noch der Burgentypus der apulischen und sizilischen Uferburgen Kaiser Friedrichs II., dazu das Kloster in jener architektonisch betonten Fassung, die ihm die Zisterzienser gegeben hatten, gehörten zu den Vorformen der Ordensburg als Gesamtanlage. Auf die Einzelgestalt hatte der deutsche Bergfried – öfter auf achteckigem Grundriß – eingewirkt. Und schließlich hat die niederdeutsche Backsteinbauweise mit ihren besonderen Form- und Proportionsgesetzen die Burgen des Ordens geprägt. Eine merkwürdige

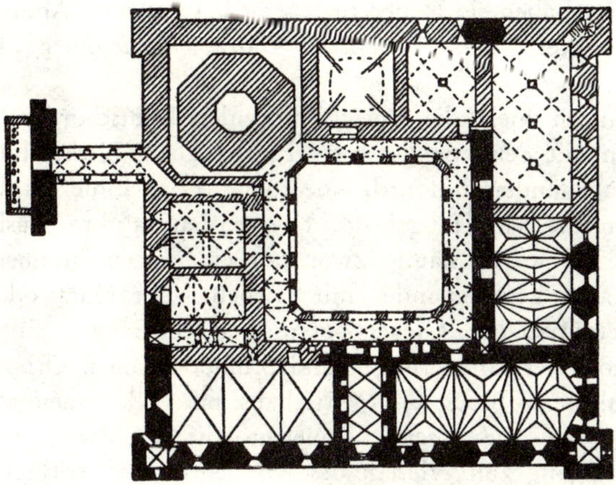

Z 99 Burg Rehden (Ostpreußen), Grundriß nach Dehio/Gall, Deutschordensland Preußen 97

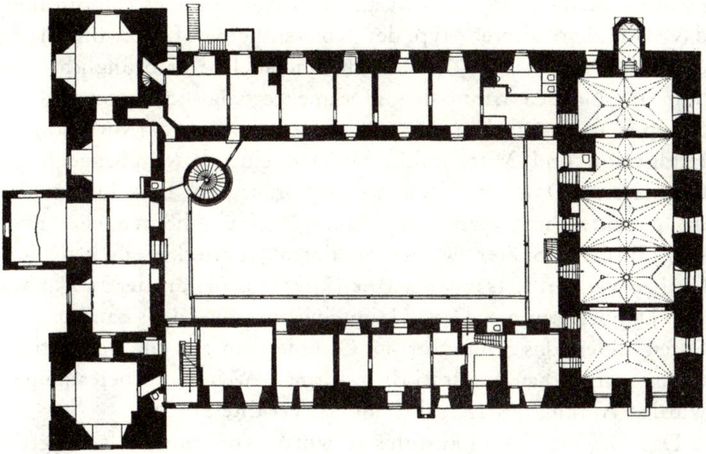

Z 100 Neidenburg (Ostpreußen), Grundriß der Ordensburg nach Ebhardt I, 599

Sonderform haben sie in der turmartig beschaffenen Abortanlage,
T 136 dem „Dansker“ *(Marienwerder, Thorn, Marienburg)* hervorgebracht.

Im Ganzen hielt die Entwicklung der Deutschordensburg – zusammen mit den von ihr formal abhängigen Bischofsburgen – das 14. Jahrhundert hindurch eine folgerichtige Linie ein, auf der vor allem die vier Flügel des Konventhauses ihre Ausbildung erfuhren. Sie waren häufig zwar mit einem gemeinsamen Dach gedeckt, aber gegeneinander mit Giebeln abgegrenzt oder nach außen betont. Diese Giebel boten Gelegenheit zur Entfaltung reicher, gotischer Gliederungen und Schmuckformen. Öfter wurde der geschlossene Block des Mittelbaus mit Ecktürmen versehen
Z 99 *(Rehden, Mewe, Heilsberg).* Daneben tritt die Zweiturm-Front,
T 142 die am Eingang zum Viereck des Konventhauses errichtet wurde
Z 100 *(Neidenburg, Arensburg).* Sie führte den älteren Typus der Zweiturmburg mit anschließendem Gebäudeviereck, den *Bütow* vertritt, weiter.

Beispielhaft für die Burgen des deutschen Ordens wird stets sein
T 137 größter Monumentalbau, die *Marienburg,* bleiben. Seit 1309 war sie Mittelpunkt der Verwaltung des Ordens und Sitz des Hoch-
Z 101 meisters. Sie bestand zunächst aus dem Konventhaus (Hochschloß), das nach dem älteren Typ des Konventhauses für zwölf Brüder errichtet war. Es ist 1274–80 entstanden. Die ursprüngliche Vorburg im Norden nahm den Hochmeisterpalast auf, der 1318/25 errichtet und zwischen 1384/98 erweitert wurde (Mittelschloß); Hochschloß und Mittelschloß bildeten einen zusammengehörigen Organismus. Daran schloß sich eine Vorburg an. Den äußeren, um die gesamte Burg gezogenen Mauergürtel überhöhten eine Reihe von Türmen. Später wurde er durch Vorwerke, Zwinger und Gräben verstärkt. Das Wassertor (Nikolaustor) an der Nogat war ein Doppelturmtor. Den Haupteingang von der Landseite im Osten bildete das Schnitztor, im Grunde ebenfalls ein Doppelturmtor mit ungleichen quadratischen Türmen. Weitere Torbefestigungen wurden Anfang des 15. Jahrhunderts errichtet.

Das Geviert des Hochschlosses wurde von einem als Bergfried
Z 102 verstandenen, jedoch recht schlanken Turm überragt. Seine Wandfläche war in mehreren Stockwerken durch Blendbogen gegliedert.

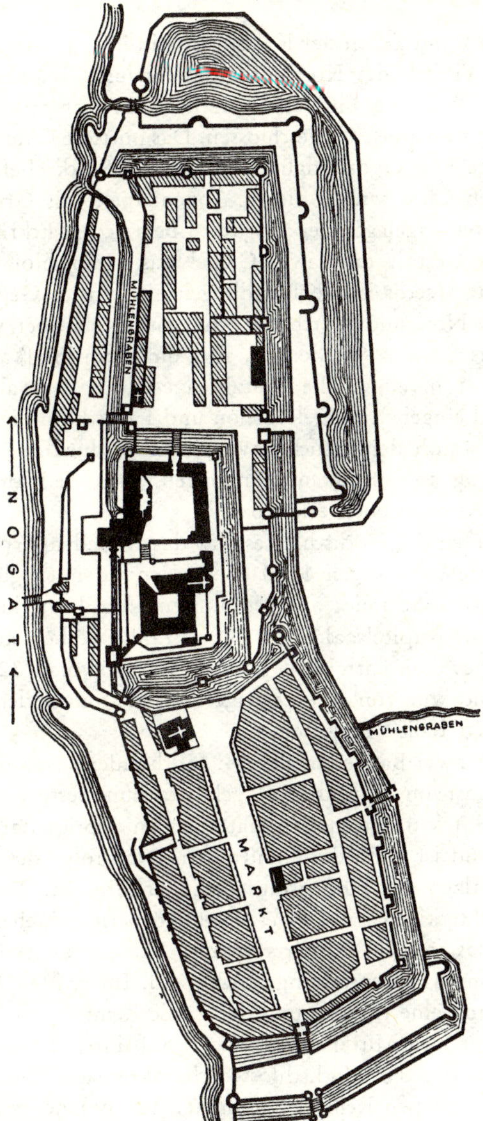


Z 101 Marienburg (Westpreußen), Lageplan nach Dehio/Gall, Deutschordensland Preußen 117

Der Turm stand neben der Kapelle, die in ihrer ersten Gestalt nicht über das Viereck des Konventhauses hinausgriff, dann aber 1344 eine neue Wölbung und einen nach Osten vorspringenden Chor erhielt. Er war dreiseitig geschlossen. Das mittlere Chorfenster füllte eine riesige Muttergottesfigur in glasiertem Stuckrelief. Unter dem erweiterten Chor wurde die St. Annenkapelle als Gruftkirche der Hochmeister angelegt. Der Nogat zu begrenzten Ecktürmchen verschiedener Gestalt und zwei Giebel das Hochschloß. Die Mauer erhielt durch sechs große Blendbogen ein ernstes Gepräge, dessen wehrhafte Note auch durch die Scharten des darüber verlaufenden Wehrgangs gewahrt wurde. Das Tor zum Hochschloß an der Nordwestecke ist in eine hohe, spitzbogige Nische mit abgewinkelter Rückwand eingebettet. Dekoration und Farbschichtung, sowohl des Portals als auch der seitlich davon in unterschiedlicher Größe und Formgebung angeordneten Blendbogen, sind vielleicht mit orientalischen Assoziationen erklärbar.

Im Inneren des Hochschlosses war das Kapellenportal, die „Goldene Pforte“, die gegen 1300 entstanden ist, mit figürlichem und ornamentalem Schmuck aus gebranntem Ton, bemerkenswert. Der angrenzende Kapitelsaal besaß „Dreistrahlgewölbe“, aus denen sich die Sterngewölbe entwickelt haben. Der Hof maß 32 × 27 m im Lichten und war von einer zweigeschossigen, im Süden sogar dreigeschossigen Laube umgeben.

Der aus zwei Bauzeiten des 14. Jahrhunderts stammende Hochmeisterpalast im Mittelschloß gehörte zum besten, was gotische Profanarchitektur geschaffen hat. Seinem repräsentativem Range entsprechend ist er in die unmittelbare Nachfolge der Kaiser- und Fürstenpfalzen der Hohenstaufenzeit einzureihen. An den eigentlichen rechteckigen, aus zwei Raumkörpern bestehenden Hochmeisterpalast waren hofwärts weitere Bauteile angehängt, die mit einer betonten Bogenstellung abschlossen. Im rechten Winkel dazu folgten dann eine Kapelle und der große Remter von 1318/25. Die Wasserfront des Mittelschlosses war auf ihrer Langseite ähnlich streng wie die des Hochschlosses charakterisiert. Nur die hohen
T 139 Fenster des großen Remters zeichneten sich besonders ab. Dagegen entfaltete der Hochmeisterpalast eine kräftige Wandgliederung durch kantige Mauerrisalite, die in der Mitte von Säulen unterbrochen

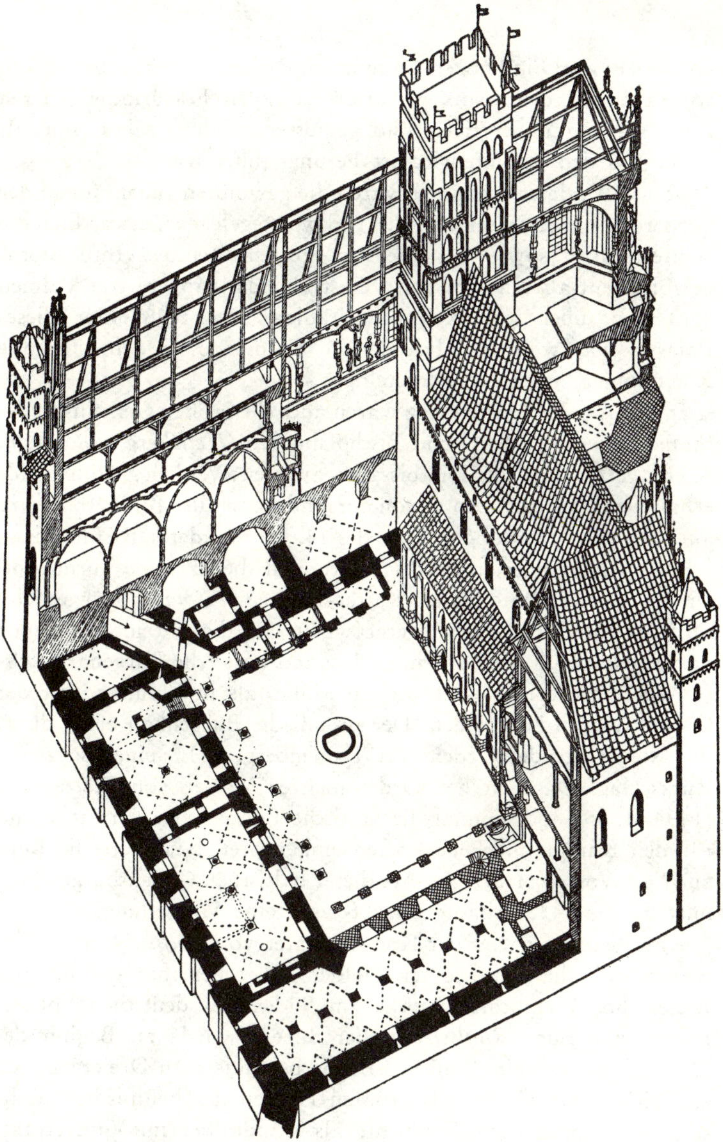

Z 102 Marienburg, Schnitt durch das Konventshaus nach Dehio/Gall, Deutschordensland Preußen 113

und oben von Flachbogen zusammengehalten wurden. Die Ecken trugen auf einem Kranz gestufter Konsolen Ecktürmchen, deren Zinnenbekrönung vertiefte und gemusterte Felder zeigte, und als solche um den gesamten Palast herumgeführt war.

T 138 Von vollendeter Schönheit waren die gewölbten Innenräume: der vordere Sommerremter und der rückwärts gelegene, etwas kleinere Winterremter, sowie des Meisters großer Remter. Ihre Sterngewölbe entfalteten sich mit feinsträhligen Rippen wie Palmen sprießend, über schlanken Mittelsäulen. Der Baumeister dieses Palastes war wahrscheinlich der im Dienst des Ordens stehende Rheinländer Nikolaus Fellenstein.

In der Art der Marienburg waren auch die großen Gemeinschafts-
T 140 räume anderer Ordens- und Bischofsburgen *(Heilsberg, Allenstein,*
Z 104 *Königsberg)* angelegt. Die bis zum zweiten Weltkrieg noch wohlerhaltenen Bauten gaben davon ein eindrucksvolles Bild. *Arensburg* auf Ösel wurde in der 2. Hälfte des 14. Jahrhunderts in Hausteinen errichtet. Der klare, rechteckige Grundriß besitzt eine Turmfront. In den Gängen und Sälen waltet hier eine etwas abgewandelte Ordensarchitektur, die schwerer wirkt, als die graziösen Formen der deutschen Ordensburgen. In Livland hatte die Burgenarchitektur des Ordens in viel stärkerem Maße, als in Preußen, mit der Grenzsituation zu rechnen. Der preußische Burgenbau erlitt durch die Niederlage des Ordens bei Tannenberg, 1410, einen schweren Rückschlag. Dagegen hat Ordensmeister Wolter von Plettenberg (1494–1535) noch einmal die baltische Burgenkette verstärkt und für den Kampf mit Feuerwaffen eingerichtet, besonders die Burg zu *Riga.* Von der trutzigen Art dieser baltischen Ordensburgen vermittelte die 1443 erbaute Burg *Bauske* eine Vorstellung.

Alte Bemalung wies der Komturremter von *Lochstädt* auf. Hier
T 141 waren auch die neun „guten Helden“ zu sehen, auf die sich das Ritterethos verpflichtet wußte. Im Süden des deutschen Sprachraums, auf Burg *Runkelstein* bei Bozen, wurde zu Beginn des 15. Jahrhunderts ein ähnliches Thema behandelt. In Dreiergruppen erscheinen dort die jeweils größten Helden der heidnischen, jüdischen und christlichen Geschichte als Wandbilder im Vintlertrakt, ebenso die drei vornehmsten christlichen Könige und die drei edelsten Liebespaare.

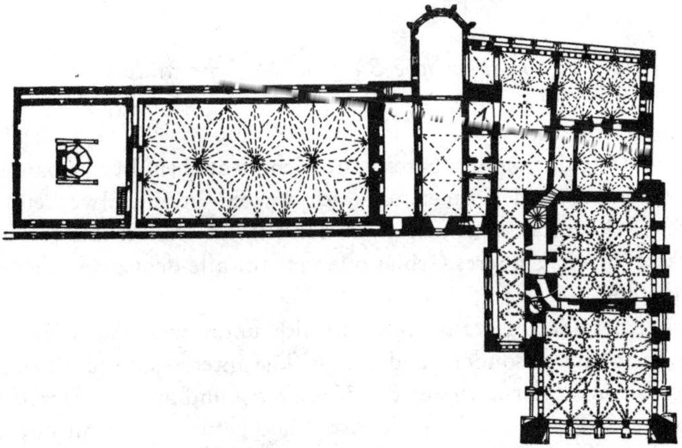

Z 103 Marienburg, Hochmeisterpalast nach Dehio/Gall, Deutschordensland Preußen 115

Z 104 Heilsberg (Ostpreußen), Bischofsburg, Grundriß nach Dehio/Gall, Deutschordensland Preußen 208

## *3. Die rheinische Burg im 14. Jahrhundert*

a. Sonderformen

Das 14. Jahrhundert bereicherte den deutschen Burgenbau mit neuen, geistvollen Formen, die sich sowohl in Einzelwerken, als auch in Gesamtanlagen zeigen. Es fehlt ihnen freilich die Verbindlichkeit für ein größeres Gebiet oder gar für alle deutschsprechenden Reichsteile.

Im Rheinland gewann, offensichtlich unter westlichem Einfluß,
das Turmhaus besondere Bedeutung. Die interessanteste Abwand-
Z 105 lung davon ist der noch auf der *Kasselburg* und auf der *Ehrenburg*
T 148 vertretene Typus des bergfriedartig hochgeführten Torturms, der
T 149 aus einem breiten Mittelstück über einer Torfahrt und zwei seit-
lichen Rundtürmen von unterschiedlichem Durchmesser besteht.
Man darf sie in der Nachfolge jener Doppelturmtore sehen, wie
Z 106 sie noch im 13. Jahrhundert zu *Mürlenbach* oder *Welschbillig* in der
Eifel erbaut wurden. Davon enthält das Tor der Burg Mürlenbach
Z 43 Wohnräume und Kapelle und schließt unmittelbar an den Palas an.
Unter den Vorformen zu den Doppelturmtoren der Kasselburg und
der Ehrenburg ist auch der Donjon der elsässischen Burg *Lichten-*
T 150 *berg* zu nennen. Eine zweitürmige Anlage im Rheinland ist ferner
die kurtrierische Burg an der Moselbrücke in *Koblenz* mit zwei
ungleichen Türmen, in deren einem 1425 eine Kapelle eingerichtet
wurde.

Der von Ludwig dem Baiern um 1327 auf einer Rheininsel bei
T 161 Caub gegründete *Pfalzgrafenstein* bestand zunächst wohl nur aus
einem fünfeckigen, mit einer Mauer umgebenen Turm. Die bald
danach dem Zuge der Mauer folgend aufgeführten Gebäude gaben
Z 15 der Anlage die Gestalt eines regelmäßigen, gestreckten Sechsecks.

Die Burgen *Ehrenfels* und *Reichenberg* verdanken ihren von
T 154 Türmen flankierten Schildmauern ihr charakteristisches Gepräge.
Der Ausbau von Reichenberg geschah unter den Grafen von
Z 28 Katzenelnbogen nach 1319. Vom gleichen Geschlecht wurde 1368–
1371 auch das höchst originelle *Burgschwalbach* im Taunus angelegt.
Z 107 Sein Grundriß zeigt ein fast regelmäßiges Fünfeck, an dessen Basis
ein eingezogener, rechteckiger Wohnbau anschließt, während in die
zur Schildmauer verstärkte Spitze ein runder Bergfried hinein-

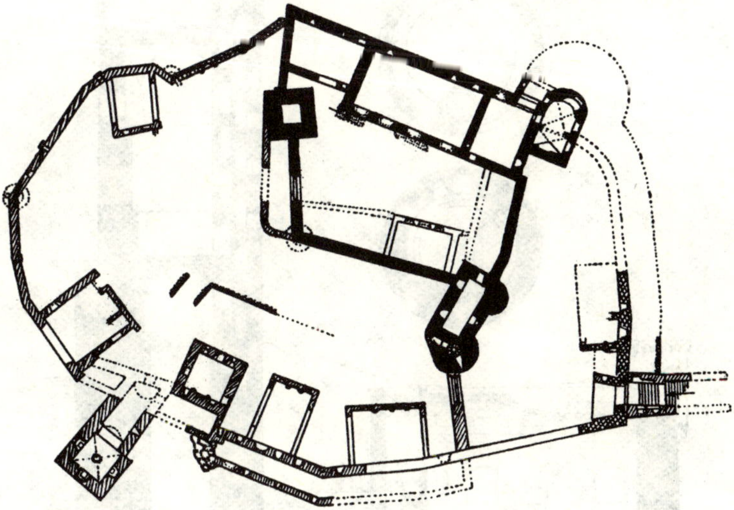

Z 105 Kasselburg (Eifel), Grundriß

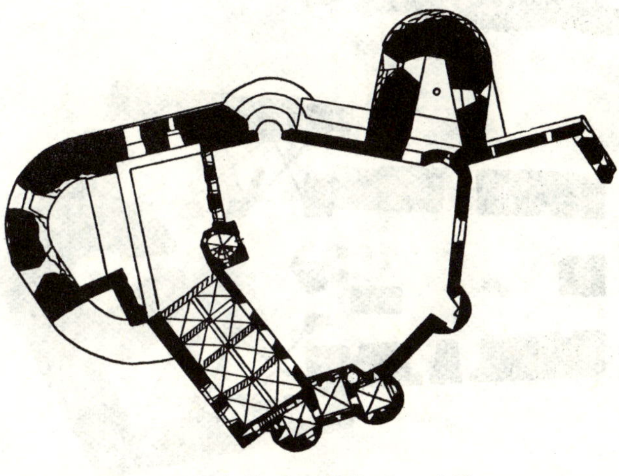

Z 106 Mürlenbach (Eifel), Grundriß

Z 107 Burgschwalbach (Taunus), Grundrisse und Schnitt nach Ebhardt I, 434, 435

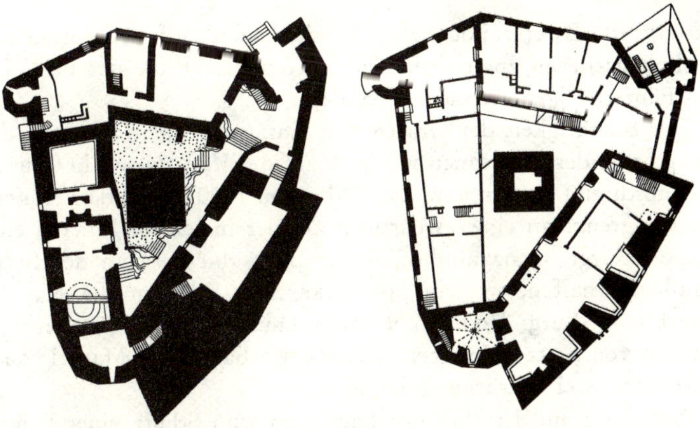

Z 108 Marksburg (Rhein), Grundrisse nach Ebhardt I, 413

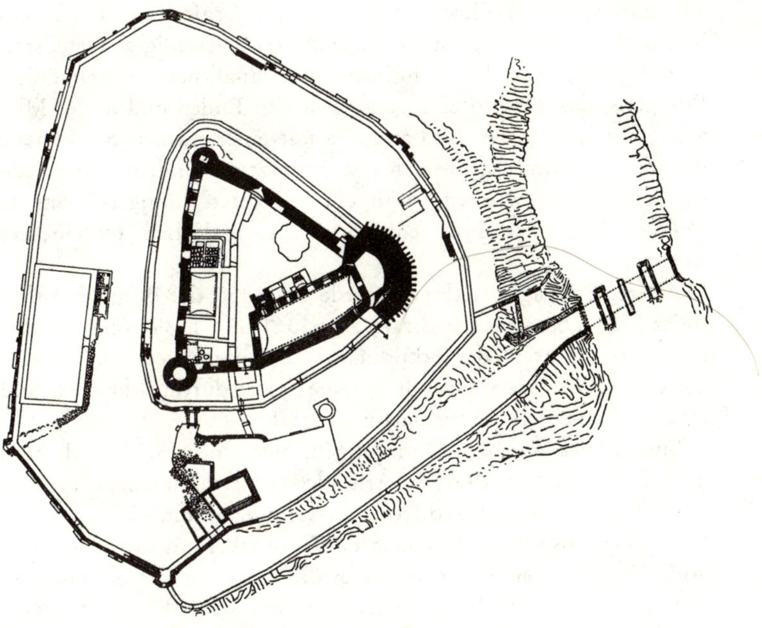

Z 109 Auerbacher Schloß (Bergstraße), Grundriß nach Kraus aus Ebhardt I, 407

T 152 gestellt ist. Zwei runde Erkertü-mchen an den freien Ecken des Wohnbaus liegen zugleich in der inneren Fluchtlinie der den Hof des Fünfecks flankierenden Gebäude.

Der Bautätigkeit der Grafen von Katzenelnbogen am Ende des
Z 108 14. Jahrhunderts begegnen wir auch auf der *Marksburg*. Ihr Grund-
T 158 riß umschreibt ein Dreieck. Der Palas, um 1400, mit dicker Außenmauer, grenzt an einen Wehrturm an, der in seinem Inneren eine
Z 109 Kapelle birgt. Ganz ähnlich ist die Burg *Auerberg* an der Bergstraße beschaffen, wo ein bollwerkartiger Eckturm die Kapelle umschließt. Burg *Hohenstein* im Taunus wurde 1405 von den Grafen von Katzenelnbogen wieder aufgebaut. Ihre Mantelmauer wird von zwei Ecktürmen überhöht.

Auf Felsgrund ist über der Lahn und zum Schutz einer Brücke
T 93 Burg *Runkel* im 12. Jahrhundert durch die Herrn von Runkel und Westerburg erbaut worden. Größere Verstärkungen fanden im 14. Jahrhundert, vielleicht auch durch die Grafen von Katzenelnbogen, denen die Burg im 15. Jahrhundert zeitweilig gehörte, statt. Die Burg folgt dem Felsen in Form eines länglichen unregelmäßigen Polygons, das durch drei Türme an beiden Enden und in der Mitte gegliedert und gegen die Landseite mit einer starken Schildmauer bewehrt ist. Zwei Türme haben zugespitzte Grundrisse. Der Palas ist gleichsam dazwischengedrängt. Der ernsten kantigen Front der Mauern über dem Fluß entspricht eine malerisch aufgelockerte Vorburg.

Als regelmäßiges Rechteck wurde um 1355 die Burg *Thurnberg* (oder Maus) begonnen und zwischen 1361 und 1388 vollendet. Der Rundturm steht in der Schildmauer. Der Bergfried von *Lahneck* hat einen fünfeckigen Grundriß, seine Spitze durchbricht die Schildmauer, die beiderseits turmartig verstärkt ist.

Burg *Meinsberg* bei Mandern, Sitz einer lothringischen Lehensherrschaft, wurde 1419 durch Arnold von Sierck zu einem repräsentativen Bauwerk auf rechteckigem Grundriß mit vier mächtigen Ecktürmen ausgebaut. In einem der Türme befand sich eine kunstvolle Kapelle, deren zierliches Gewölbe in einer Beschreibung aus dem Beginn des 19. Jahrhunderts gerühmt wird. Sie ist leider beseitigt worden. In ihr empfing 1439 Jacob von Sierck die Weihe zum Erzbischof von Trier.

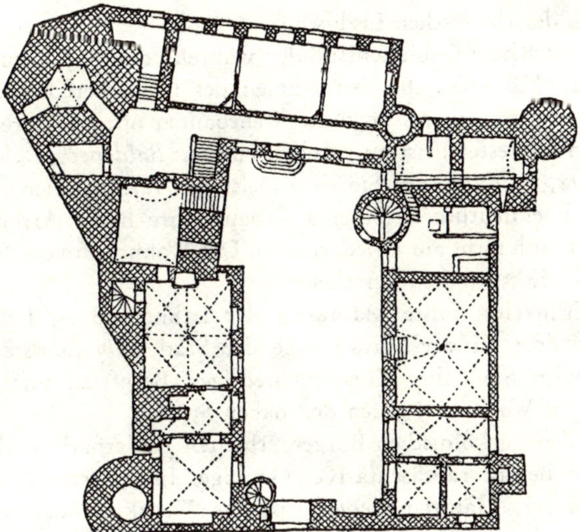

Z 110 Oberlahnstein (Rhein), Martinsburg, Grundriß nach Tuulse

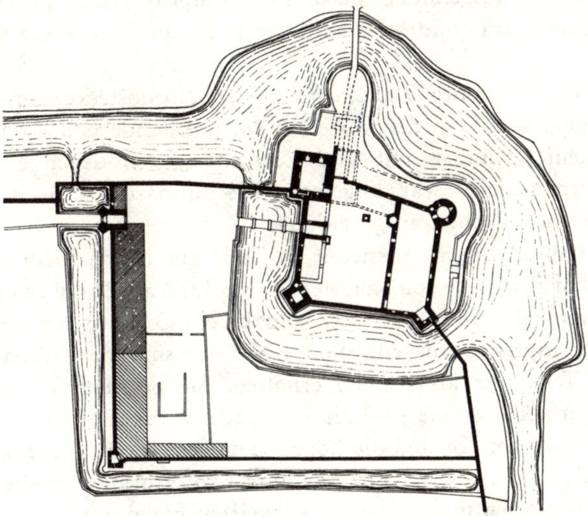

Z 111 Burg Lechenich (Rheinland), Grundriß nach Wildemann 39

b. Burgen der rheinischen Erzbischöfe

Im Mosel-Rhein-Gebiet entstanden während des 14. Jahrhunderts eine Anzahl Burgen, die den Namen des trierischen Erzbischofs Balduin tragen, und als bewußte Wehrbauten oft, wie bereits erwähnt, in kürzester Frist aufgeführt wurden: *Baldeneck, Baldenau, Baldeneltz, Balduinstein.* Sie sind meist als Turmpalatien, jedoch nicht nach einheitlichem Schema, erbaut. Ihre herbe Architektur verzichtet auch nicht auf Gliederungen. Der Wohnturm von Baldeneck ist mit Ecktürmchen versehen.

Sehr frühzeitig faßte Mainz an der Lahnmündung Fuß und
Z 110 errichtete dort an der Südwestecke der Stadt *Oberlahnstein* die Martinsburg. Sie kehrt einen mehreckigen Bergfried und einen rechteckigen Wohnturm gegen den nahen Strom.

Unter den kurkölnischen Burgen erhielten Andernach, Lechenich und Zons betont repräsentatives Gepräge. In *Andernach,* einem Basaltbau mit Hausteingliedern, ist die Wehrkraft der an der Südostecke der Stadt gelegenen Burg in zwei Türmen verkörpert, mit starken Mauern und gewölbten Geschossen. Dazwischen lagen Palas und Tor. Als Motiv sind besonders die spätgotischen Bogenfriese zierlich ausgebildet. Sie sind allen drei Bauteilen gemeinsam, werden aber am quadratischen Turm noch durch Eckerker hervorgehoben.

Z 111 Die Backsteinburg *Lechenich* an der Nordostecke der Stadtumwallung wurde in der Mitte des 14. Jahrhunderts auf fast qua-
T 162 dratischem Grundriß mit vier Ecktürmen, von denen einer als Wohnturm gedacht war, angelegt. Ihre Turmarchitektur ist durch Strenge und Klarheit ausgezeichnet.

Die Landesburg Friedestrom in *Zons* am Niederrhein, welche Erzbischof Friedrich von Saarwerden um 1350 als Zollburg erbauen ließ, nimmt die Südostecke der beinahe ein Quadrat umschreibenden, befestigten Stadt ein. Von der Burg sind der Torbau und andere Teile nur als Ruinen erhalten. Sie bestehen aus Basaltmauerwerk. Hausteine sind als Eckquadern, für die Konsolen der Ecktürmchen am Tor und die Bogenfriese verwendet. Das Stadtbild beherrscht der „Juddeturm“ genannte Hauptturm, dem die Spätrenaissance einen malerischen, geschweiften Helm mit Laterne aufsetzte.

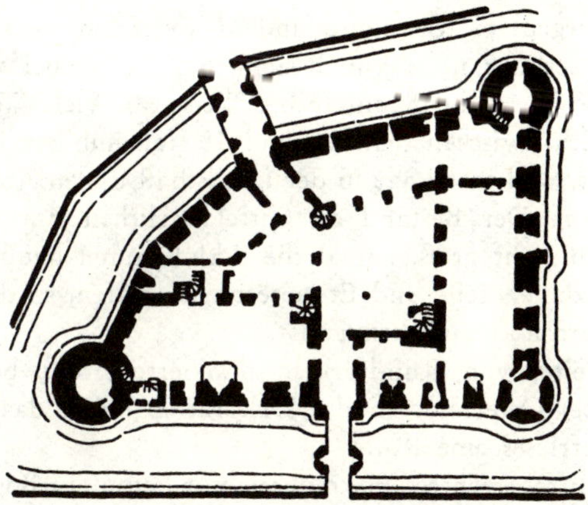

Z 112 Burg Kempen (Rheinland), Grundriß nach Inv. aus Ebhardt I, 141

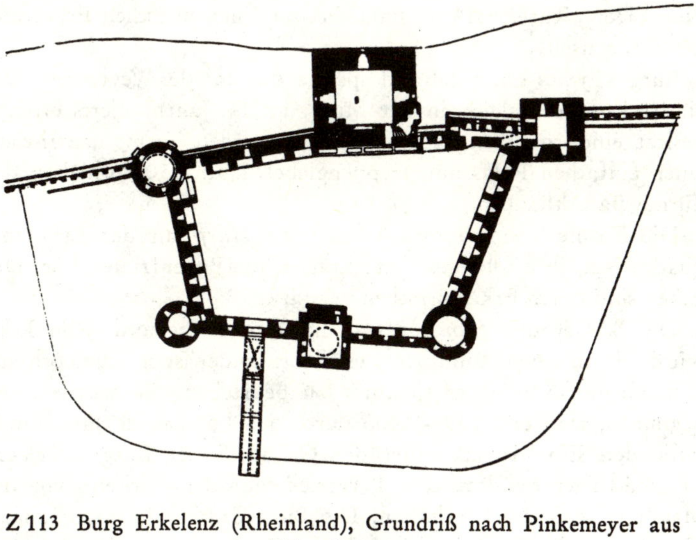

Z 113 Burg Erkelenz (Rheinland), Grundriß nach Pinkemeyer aus Ebhardt I, 146

c. Wasserburgen im Rheinland und in Westfalen

Die Wasserburg neigt zur Regelmäßigkeit. Dabei wandelt sie ihre Möglichkeiten in mannigfacher Weise ab. Viele Wasserburgen wurden auch zwischen dem 16. und 18. Jahrhundert in Schlösser verwandelt, weil ihre Lage in der Landschaft diesen Absichten sehr entgegenkam. Der Bestand an mittelalterlichen Burgen ist aber immer noch recht groß, zumal die Schloßbauten häufig nur Umbauten einzelner Teile und Erweiterungen waren, so daß auch da der alte Kern noch zu erkennen ist.

Eine breite, von Rundtürmen flankierte Front besitzt Burg *Vondern* bei Osterfeld. In der Dekoration spielt das Motiv des Spitzbogenfrieses eine Rolle.

Ein eckturmbewehrtes Herrenhaus mit betontem Bogenfries hat sich in *Lörsfeld* bei Kerpen erhalten. Um 1350 wurde der Bau der Burg *Konradsheim* bei Lechenich begonnen. Da der Erzbischof Einspruch erhob, konnte sie erst 200 Jahre später, vermutlich aber im ursprünglichen Sinne, zu Ende geführt werden. Geplant war wohl
T 156 eine mit Rundtürmen versehene Vierflügel-Anlage. Das heutige Bild erhält durch die Treppengiebel von Palas und Torturm seine Note. Der „Rittersaal" im Palas besitzt einen hübschen Erker auf der Grabenseite.

Burg *Veynau* am Eifelrand sperrte das Tal des Veybaches. Die
T 157 eindrucksvolle Anlage, in der Mitte des 14. Jahrhunderts erbaut, besitzt einen quadratischen und einen runden Turm, dazwischen einen einfachen Palas mit Treppengiebel. Nach 1708 erhielten die Türme Barockhauben.

Z 9 Die Türme von *Hülchrath* und von *Harff* an der Erft sind quadratisch, ihre Obergeschosse kragen auf Bogenfriesen vor. Die Ecken sind durch Erkertürmchen verstärkt.

Z 112 Die Wasserburg *Kempen* war im Dreieck gebaut. Jede Ecke wurde durch einen Rundturm geschützt. Leider ist sie nur noch aus dem Grundriß in ihrer Qualität zu beurteilen. Sie wurde 1316 begonnen, aber erst 1396—1400 durch den Baumeister Jan Hundt
Z 113 vollendet. Ein Trapez bildet der Grundriß der Burg *Erkelenz*. Ein mächtiger quadratischer Bergfried, auf der Feldseite vor die Mauer tretend, blieb erhalten. Die Burg *Zülpich* liegt auf einem Hügel über der Stadt und ist mit der Stadtmauer verbunden. Ihr

Grundriß befolgt ein Viereck, das mit Ecktürmen ausgestattet ist. Auch die westfälischen Wasserburgen weisen noch zahlreiche mittelalterliche Bestandteile auf. Die Kapelle von *Rheda* wurde T 104, 105
schon erwähnt. Schloß *Gemen* ist mit zwei ansehnlichen Rund- T 160
türmen aus dem 15. Jahrhundert versehen. *Burgsteinfurth* bietet von der romanischen Doppelkapelle bis zum Renaissanceerker Johann Beldensnyders das Bild eines stattlichen Herrensitzes, zu dessen Gestalt auf ovalem Inselgrundriß fast jedes Jahrhundert zwischen dem 12. und dem 18. beitrug. In der regelmäßigen Grundrißform sind die sechseckige, turmbewehrte Burg *Kaunitz* und die rechteckige Burg *Westerwinkel* bemerkenswert. Ein Wohnturm des 13. Jahrhunderts mit Ecktürmchen ist auf der *Schelenburg* erhalten. Haus *Vischering*, fast kreisrund in Randbebauung errichtet, aber auf einer Seite durch einen rechteckigen Turmvorbau betont, liegt malerisch inmitten eines Sees und ist über eine lange Brücke zugänglich.

### d. Westdeutsche Palatien

Zu *Vianden* in Luxemburg wurde um 1300 westlich an den älteren anschließend, aber mit nach außen verschobener Mittelachse, ein zweiter, größerer Palas errichtet. Es ist ein recht stattliches, zweigeschossiges Gebäude. Seine nördliche Längswand wurde durch Rundturmvorlagen gegliedert. Ein weiterer Rundturm nahm die Südwestecke ein. Möglicherweise war der Bau rundum mit Türmen besetzt, bevor im späteren 14. Jahrhundert der Nassauer Bau angefügt wurde.

Die sehr ausgeprägte Anlage von *Nideggen* über dem Rurtal steht auf dem Grundriß eines fast regelmäßigen Rechtecks. Ihr mächtiger, rechteckiger Bergfried ist ostwärts gegen die Angriffsseite gerichtet. Dieser Turm ist noch staufisch und besitzt vier Geschosse, die durch eine mittlere Wand in zwei Kammern geteilt sind. Hier befindet sich auch die Kapelle. Man wird an den Trifels erinnert. Den Hauptteil der Südfront über dem steilen Felshang zur Rur hin nimmt der Palas ein. An den Ecken von achteckigen Türmen flankiert, in der Mitte mit einem rechteckigen Vorbau versehen, entfaltet er in zwei Geschossen dicht gestellte, rechteckige Fenster, die die Wandfläche weitgehend auflösen.

Erbaut wurde die Burg durch die Grafen von Jülich, die 1356 den Herzogstitel erhielten. Aus dieser Zeit mag auch der Palas stammen.

Um 1320 bereits entstand der Saalbau des Schlosses zu *Marburg* an der Lahn. Er erweist sich in der Nordansicht als ein klar
Z 114 disponierter Bau. Der schmale, natürliche Baugrund mußte seinetwegen verbreitert werden, was hohe Substruktionen zur Folge hatte. Die Ecken des Hauses sind durch Risalite verstärkt und mit Türmchen ausgestattet. Die Wände werden von Strebepfeilern gehalten. In der Wandmitte tritt ein giebelgeschmückter Vorbau in Erscheinung. Beide Geschosse haben gotische Fenster. Das obere
T 143 Stockwerk nimmt in ganzer Ausdehnung der zweischiffige Saal ein. Seine Kreuzrippengewölbe ruhen auf vier Achteckpfeilern. Der parallele Südflügel des Palas mündet in die 1288 geweihte Kapelle.
T 144 Ihre vier Konchen umschließen einen Zentralraum, dessen Formen von der Elisabethkirche abhängig sind.

### *4. Die Burgen Kaiser Karls IV.*

Kaiser Karl IV. aus dem westdeutschen Hause der Grafen von Lützelburg, kam 1437 zur Regierung. Er war in Prag geboren und hieß eigentlich Wenzel. Seine Erziehung empfing er in Paris. Während dieser Zeit hat er seinen für französische Zungen schwer aussprechbaren Namen in Karl geändert. Sein politisches Denken war im böhmischen Raum verwurzelt, geistig wußte er sich weitgehend der französischen Bildung verbunden. Das Reich, dessen römischen Glanz sein Großvater, Kaiser Heinrich VII. – Dantes Kaiser – vergeblich zu erneuern trachtete, hat er vom böhmischen Block her beherrscht. Er war, wie sein Großonkel, der Trierer Erzbischof Balduin, ein Burgenbauer. Er hat auch der Stadt und Burg Prag ein neues Gesicht gegeben. Als Bauherr hat er nach dem Tode seines ersten Prager Architekten, Matthias von Arras, 1352 den jungen Peter Parler aus Schwäbisch-Gmünd an seinen Hof gerufen und ihn mit derart wichtigen Aufgaben betraut, daß die von ihm geleitete Hütte die erste im Reich wurde. Auch die Plastik und die Malerei verdanken Karl IV. eine neue Blüte, an die der heute übliche Begriff der „böhmischen Schule“ erinnert.

Z 114 Marburg, Schloß, Aufriß des Nordflügels nach Essenwein II, 50/51

Die bedeutendste Burganlage, die von des Kaisers Schöpfungen erhalten blieb, ist der nach ihm genannte *Karlstein* südwestlich von
T 146 Prag über dem Tale der Beraun. Seinen Grundstein legte Karl IV. 1348; 1357 wurden die Burgkapellen eingeweiht. Es ist anzunehmen, daß es sich nicht um eine Teilweihe handelte, die nur den in den Türmen untergebrachten Kapellen galt, sondern daß zu diesem Zeitpunkt die gesamte Burg ihrer Bestimmung übergeben wurde. Sie wurde Aufbewahrungsort der Reichskleinodien und eines umfänglichen Reliquienschatzes, den der Kaiser gesammelt hatte. Die Anwesenheit Karls IV. auf dem Karlstein ist oft bezeugt.

Z 115 Die Grundrißgestalt der Burg ist durch das Gelände, einen zerklüfteten Kalkfelsen, vorgezeichnet. Die natürlichen Bedingungen werden durch ein planmäßige Anlage gemeistert: zwei Schenkel stoßen rechtwinklig gegeneinander. Ein in nordsüdlicher Richtung verlaufender Gipfelkamm trägt die beiden massigen Wohn- und Kapellentürme. Der niedrigere, von Osten nach Westen ziehende Kamm, trägt den Palas, den Torbau, eine Vorburg und endet in einem Brunnenturm. Der Kernburg ist auf der Westseite ein Torzwinger vorgelagert, durch den der Fahrweg geleitet wird.

Die Burg verlor nach Karls IV. Tod (1378) rasch an Bedeutung, wurde von den Hussiten vergeblich belagert und 1487 durch einen Brand heimgesucht. Nach ihrer Wiederherstellung hat sie vor allem unter Kaiser Rudolf II. (1576–1612) noch eine Rolle als Schatzkammer und Archiv gespielt. Im 30jährigen Krieg erlitt sie schwere Schäden. Kaiserin Maria-Theresia ließ die Kapelle im Palas erneuern. Kaiser Franz I. befahl 1812 eine Wiederherstellung. Im großen Umfang wurde Burg Karlstein dann 1888–97 durch den Wiener Dombaumeister Schmidt im Sinne eines integralen Historismus, der ihr den Charakter der Erbauungszeit geben sollte, überholt und instandgesetzt. In diesem Bauabschnitt erhielt sie ihr heutiges Aussehen. Manche Spuren ihrer Baugeschichte wurden dabei freilich getilgt und der Umriß der Dächer allzusehr in der Art von Viollet-le-Duc erneuert. Auf Ganze aber gehört der Karlstein zu den hervorragendsten Schöpfungen der deutschen Burgenbaukunst. Sein Baumeister ist uns zwar nicht überliefert, aber es ist naheliegend, die vom Kaiser mit der Neugestaltung von Prag beauftragten Architekten Matthias von Arras und Peter Parler auch

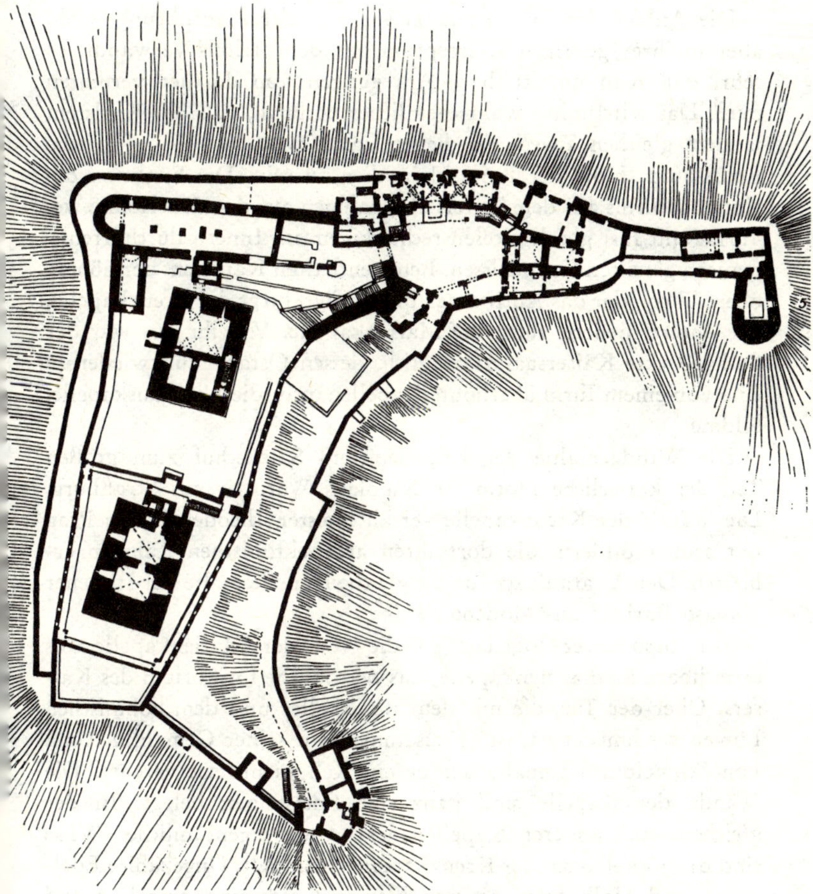

Z 115 Burg Karlstein (Böhmen), Lageplan nach Hartmann aus Ebhardt II, II, 466

hier – mindestens in der Beaufsichtigung des Bauwesens – am Werke zu sehen.

Die Anlage der Burg ist zwar nicht in der Planführung, wohl aber in ihrer geistigen Konzeption mit dem Trifels verwandt, so sehr, daß man unmittelbare Anregungen von dorther vermuten muß. Das wird umso wahrscheinlicher dadurch, daß der Karlstein ja dem gleichen Zweck zu dienen hatte, wie einst die pfälzische Reichsburg: Hort der Reichskleinodien zu sein. Die Funktion des Kapellenturms auf dem Trifels übernahmen auf dem Karlstein zwei Türme mit fast gleich großen rechteckigen, im Innern durch Trennmauern geteilten Grundrissen. Beide enthalten Kapellen, der höhere obere Turm, der das Antlitz der Burg prägt, birgt die Kreuzkapelle, der untere niedere Turm die Marienkapelle. Von ihr aus war der flachgedeckte Kaisersaal zugänglich, dessen Ostabschluß wiederum eine von einem Turm überhöhte Kapellenapsis, die Nikolauskapelle, bildete.

Die Wandgemälde der Kapellen und Säle schuf zum großen Teil der kaiserliche Hofmaler Nikolaus Wurmser aus Straßburg. Die Wände der Kreuzkapelle versah Meister Theoderich von Prag mit seinen Bildern, die dort ihren architektonischen Rahmen erhielten. Den Altaraufsatz für die gleiche Kapelle malte der Italiener Tomaso Barisini aus Modena.

Von besonderer Eigenart ist die von der Marienkapelle aus erreichbare Katharinenkapelle, das persönliche Oratorium des Kaisers. Über der Tür, die mit dem Reichsadler und dem böhmischen Löwen geschmückt ist, ist er zusammen mit seiner Gemahlin Anna von Schweidnitz gemalt, wie er ein Reliquienkreuz verehrt. Die Wände der Kapelle sind ganz mit Edelsteinen belegt. In der gleichen, auch anderen Kapellen des Kaisers eigentümlichen Weise sind die Sockelzonen der Kreuzkapelle behandelt. Ungezählte Edelsteine und Halbedelsteine sind hier in Goldgrund eingelegt und erfüllen mit ihren Farben und Lichtbrechungen den Raum, in dem die Reichskleinodien ihre Stätte hatten. Karl IV. hat hier nicht nur ein Zeugnis seiner persönlichen, der Mystik ergebenen Religiosität geschaffen, sondern auch ein Denkmal seines Verständnisses vom Reich, das in dieser Kreuzkapelle seine Sinnmitte haben sollte. So wird begreiflich, daß der kaiserliche Geschichtsschreiber Benesch von Weitmühl sagen konnte: „Auf dem weiten Erdkreis gibt es keine Burg oder Kapelle von so kostbarem Werk".

Die Bauten der ovalen Vorburg begrenzen einen kleinen Hof. Der Brunnenturm, als solcher wieder mit dem Brunnenturm des Trifels zu vergleichen, steht im Westen der Burg auf oblongem, nach Süden abgerundetem Grundriß.

In den 70er Jahren des 14. Jahrhunderts begann Karl IV. zu *Tangermünde* am Elbufer auf einem bereits von den Askaniern befestigten Hügel einen ausgedehnten Burgneubau. Ein gewaltiger, viereckiger Bergfried erhob sich hinter einer Schildmauer. Der Palas lag dem Strom zu. Über dem stadtseitigen Tor wurde ein weiterer Turm errichtet.

Die Ausstattung der Burg trug kaiserliches Gepräge. Die Bilder des Saals zeigten Karl IV. im Kreise seiner Ahnen, in der Art wohl, wie sie die Bilder Meister Theoderichs in der Kreuzkapelle von Karlstein wiedergeben. Die Chronisten werden nicht müde, die Pracht der Burgkapelle zu schildern, die allerorts mit bunten Steinen geziert war und kostbare Heiltümer barg.

Die Kaiserburg Tangermünde gelangte 1412 an die Hohenzollern, die verschiedene Umbauten durchführten. Bis zum 17. Jahrhundert war sie im Ganzen wohlerhalten. Merian hat sie noch im Bilde überliefert. Im Kampfe Kurbrandenburgs mit den Schweden sank sie in Trümmer. Zwei restaurierte Türme und die Ringmauer sind allein übrig geblieben.

Seine umfangreichsten Bauten ließ Karl IV. aber in Prag ausführen. Hier war die auf dem *Hradschin* gelegene Königsburg 1303 durch einen Brand stark beschädigt worden. Karl IV. begann ihren Wiederaufbau „ad instar domus regis Francie" – nach dem Vorbild des Hauses des Königs von Frankreich. Eine wörtliche Übernahme eines ihm aus seiner Jugendzeit am französischen Hofe bekannten Palastes fand jedoch nicht statt. Auch hier ist das Vorbild im Sinne der geistigen Konzeption zu verstehen. Karl erneuerte den Palas des Königs Ottokar II., der noch der staufischen Pfalzenbaukunst zuzurechnen ist, in gotischen Formen. Das Ergebnis war ein langgestreckter Flügel, dessen dreiteiliges Hauptgeschoß auch den Thronsaal mit eingebauter Kapelle enthielt. In seinen Mauern wurde zwischen 1493 und 1502 durch Benedikt Ried der Wladislawsche Saal, der mit 62 × 16 m gewaltigste Saalraum seiner Zeit, eingerichtet.

1355 gelangte die auf einer Pegnitzinsel gelegene Wasserburg *Lauf* (Wenzelschloß) an Karl IV. und die Krone Böhmen. Der Kaiser ließ die aus staufischer Zeit herrührende Anlage erneuern, woran noch das böhmische Wappen und die Wenzelfigur am Torturm erinnern. König Wenzel errichtete den mit zahlreichen Wappen geschmückten „Wappensaal" und wohl auch den „Kaisersaal".

Karl IV. hat als Urheber der neuen Stadtplanung von Prag auch dem städtischen Wehrbau seiner Zeit starke Impulse gegeben. Er legte eigenhändig 1348 den Grundstein zur neuen Stadtmauer und begann damit „eine wahrhaft königliche Planung, wie sie das Abendland in diesem Ausmaße noch nie gesehen" hatte (Schürer). Die künstlerische Qualität der von ihm eröffneten und gelenkten Arbeiten zeigen beispielhaft die Türme der Karlsbrücke, von denen der durch Peter Parler erbaute Altstädter Brückenturm mit den Statuen der thronenden Herrscher Karl IV. und Wenzel IV. sowie dem hl. Veit unter einem großen gotischen Zierbogen mit dem Adler des Reichs geschmückt ist.

Im Burgenbau ist der Einfluß des Kaisers noch auf Burg *Bösig* überliefert. Sie liegt im Herzen der böhmischen Landschaft auf
Z 116 einem Bergrücken. Der runde Bergfried nimmt fast die Mitte des aus zwei gestreckten Rechtecken zusammengesetzten Berings – ursprünglich Kernburg und Vorburg – ein. Die Gebäude folgten in der Hauptsache den Längsseiten. Von besonderer Schönheit ist die Kapelle. Sie liegt in der Fortsetzung des südlichen Palas und bildet mit einem 5/8 Chor den polygonalen Abschluß dieses Flügels. Das einschiffige, zweijochige Langhaus ist mit Kreuzgewölben überdeckt. In einem Joch ist eine Empore errichtet. Um den ganzen Kapellenbau führt ein gewölbter Umgang, der von Strebepfeilern gehalten wird. Die Fenster sind mehrgliedrig unterteilt. Der geistvolle Bau könnte durchaus in den Kreis Peter Parlers gehören.

### *5. Der deutsche Burgenbau im 14. und 15. Jahrhundert*

Die Entwicklung des Burgenbaus im deutschen Sprachgebiet während des 14. Jahrhunderts führte zur Anlage oder zum Aus-

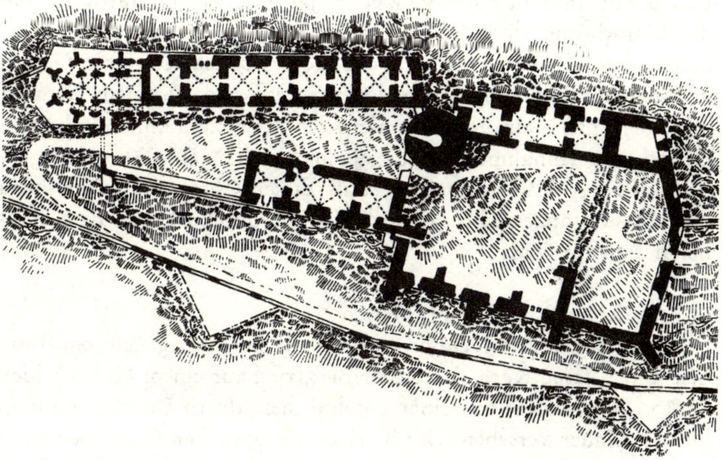

Z 116 Burg Bösig (Böhmen), Grundriß nach Ebhardt II, II, 490

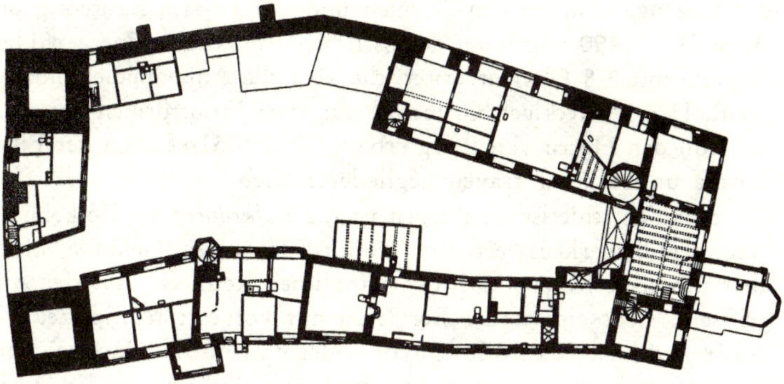

Z. 117 Burg Rochlitz (Mulde), Grundriß nach Ebhardt I, 502

bau großer Burgen, die ein stets neues, originelles Bild ergaben. Das bleibt auch fast das ganze 15. Jahrhundert hindurch so. Für die Betrachtung sind die Burgen in einzelnen „Ballungsgebieten“ bereits zu Attributen der Landschaft geworden. In ihrer Gestalt vereinen die Bauteile verschiedener Stilepochen zu einem Gesamtbild, dem meist ein großer malerischer Reiz zukommt. Es besteht Grund zur Annahme – man denke an die zahlreichen Burgenstaffagen der Tafelmalerei –, daß dieser Charakter wenn nicht mit Absicht angestrebt, so doch dem Architekten wie dem Bauherrn bewußt war.

a) Brandenburg, Sachsen, Schlesien

In der Mark Brandenburg wurde die bei Belzig gelegene Burg *Eisenhart,* deren Kern ein runder Bergfried auf einem Hügel bildet, im 15. Jahrhundert mit einer ansehnlichen, durch Rundtürme flankierten Mauer versehen. Der Torbau mit gotischen Gewölben stellt ein abgewandeltes Doppelturmtor dar.

Die sächsische Burg *Rochlitz* an der Mulde ist über einem fast
Z 117 rechteckigen Grundriß erbaut. Auf der Angriffseite stehen zwei quadratische Türme von 1390, „Jupen“ genannt. Als Baumeister wird Nicol von Straßburg genannt. Palas und Wohnbau bilden das Gegengewicht zu den Türmen und ordnen sich rechteckig um einen Hof. 1490 wurde an der östlichen Schmalseite eine gewölbte Kapelle mit 3/8 Chor errichtet, die über die Außenmauer hinausgreift. Den rechteckigen Grundriß mit zwei Fronttürmen hat auch das von den Herrn von Brieg erbaute Schloß *Strehla* an der Elbe. Türme und Häuser tragen gegliederte Giebel.

Unter den schlesischen Burgen ist die *Bolkoburg* bei Bolkenhain besonders bemerkenswert. Ihr Grundriß folgt dem Gelände, strebt aber in der Kernburg nach dem länglichen Rechteck. Auf der Angriffseite steht ein runder Bergfried mit vorgesetzter Spitze, wie ihn französische (La Roche-Guyon) oder italienische (Gavone) Burgen aufweisen. Interessant ist die Linienführung der Zwingermauern, die sich im Nordosten in einer mit einem Rundturm besetzten Spitze treffen.

Die *Zeisburg* ist über einem klaren Rechteck mit Rundturm in der Schildmauer (ähnlich in Thurnberg oder am Ludwigstein) errichtet. Auch die Hochburg von *Kynast* (zwischen 1351 und 1364) besteht aus einem Rechteck mit abgeschrägter Kante, die auf den runden Bergfried zuführt. Die daran angrenzende obere Vorburg ist dreieckig angelegt. Im Grundriß von *Greiffenstein* begegnet uns wieder das Fünfeck mit dem Frontturm in der Spitze (wie in Zwingenberg am Neckar, Ehrenstein bei Ulm). In weitem Kreise schließt sich darum eine Vorburg. Die langgestreckte Kernburg von *Tzschocha* ist auf der Angriffs- und Eingangsseite durch den runden Bergfried geschützt. Der zweischiffige, gewölbte Palassaal nimmt die gegenüberliegende Schmalseite ein.

b) Böhmen und Mähren

In Nordböhmen liegt Burg *Friedland* auf einem Bergkegel. Die Anlage der Kernburg umschreibt ein Oval, das von einem runden Bergfried in der Mitte beherrscht wird. Der gotische Stilcharakter ist durch Renaissance-Umbauten etwas verwischt.

Auf Burg *Pürglitz* an der Beraun ist die Gründungsurkunde ausgefertigt, mit der Karl IV. die Neugestaltung von Prag anordnete. Die Gesamtanlage folgt einem eckturmbewehrten, rechtwinkligen Dreieck, aus dem sich wieder die Kernburg im spitzen östlichen Winkel aussondert. Ihre Hauptbauten sind der Palas mit anschließender Kapelle auf der Südflanke, ein Wohnbau im Norden, der Torbauflügel gegen den Vorhof und ein runder Bergfried, dessen Unterbau im Osten durch einen mehreckigen Mauerklotz verstärkt ist. Ein wesentlicher Teil der Bauten stammt aus dem 13. Jahrhundert, doch sind auch größere Bauarbeiten für das 15. Jahrhundert bezeugt und es will scheinen, daß sie zwischen 1480 und 1522 das entscheidende Gepräge erhielt. Möglicherweise hat Benedikt Ried an der Ausgestaltung dieser großen, von König Wladislaus gerne aufgesuchten Burg mitgewirkt. Sein Anteil an den Burgen *Schwihau* und *Blatna* steht fest. Die Wasserburg Schwihau versah er mit einer äußeren Umwallung auf dem Grundriß eines weitläufigen Fünfecks. Schloß *Frankenstein* in Schlesien hat er 1524/30 als vierflügeligen Bau angelegt.

Bestandteile mehrerer Epochen umschließt Burg *Neuhaus* in Südböhmen, eine auf Felsen erbaute Wasserburg, die in nachmittelalterlicher Zeit schloßartig ausgebaut wurde. Die Kernburg umschließt einen unregelmäßigen, viereckigen Hof, der auf einer Seite von der sog. „Heinrichsburg" begrenzt wird. Diese reicht vom Ostflügel bis zum runden Bergfried und ist im Wesentlichen um 1338 errichtet. Die Außenwände sind horizontal abgeschlossen und mit Zinnen bekrönt. In der Mitte des Flügels springt ein von hohen Strebepfeilern gehaltener Kapellenchor dreiseitig aus der Wand. Er war mit einem Turm versehen und soll 1472 ausgeführt worden sein.

Burg *Pernstein* in Mähren nördlich von Brünn bildet den Kern einer weitläufigen Anlage auf einem Bergsporn. Die innerhalb eines großen, von den Zwingermauern begrenzten Dreiecks be-
Z 118 findliche Burg ist zu einer ungemein geschlossenen Gebäudegruppe zusammengedrängt. Im Umriß wechseln breite Haus- mit spitzen Turmdächern ab, während die Wände durch konsolengetragene Erker, 25 an der Zahl, belebt werden.

Hoch über der Thaya erhob sich die alte Herzogsburg *Znaim* auf einem Bergvorsprung. Sie umfaßte ein ausgedehntes Areal, das schon früh bebaut war, wie die runde Katharinenkapelle bezeugt. Ihr Raum wurde Anfang des 13. Jahrhunderts ausgemalt. Sie ist, nachdem der achteckige, stadtwärts gelegene Turm 1892 eingestürzt ist, der einzige nennenswerte mittelalterliche Teil der Anlage.

c) Österreich, Südtirol, Schweiz

Die gotischen Burgen des österreichischen Donauraums weisen die gleichen entwicklungsgeschichtlichen Merkmale wie die der
T 147 Nachbarlandschaften auf. In *Heidenreichstein* nördlich von Zwettl blieb eine bedeutende Wasserburg erhalten. Ihr Grundriß umschreibt ein Viereck mit Ecktürmen von unterschiedlicher Dicke. Der quadratische Bergfried stammt aus dem 13. Jahrhundert. Die Wohngebäude des 15. Jahrhunderts umgeben einen inneren Hof mit drei Stockwerken. Im östlichen Eckturm ist eine romanische Kapelle mit Holzdecke und Resten von Rankenmalerei vom Jahre 1456 untergebracht. Die Burg *Klam* bei Grein, eine große, unregelmäßige Anlage, besteht aus Vorburg und Hauptburg. Der beherrschende Bauteil ist ein mächtiger, sechsgeschossiger Wohnturm, in dessen viertem Stockwerk sich die ehemalige Kapelle befindet:

Z 118 Burg Pernstein (Mähren), Ansicht nach Prokop aus Ebhardt II, II, 496

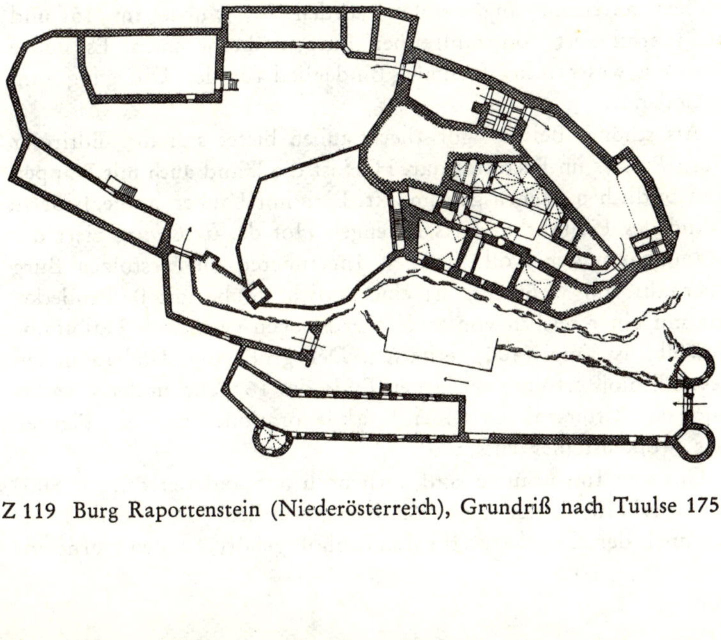

Z 119 Burg Rapottenstein (Niederösterreich), Grundriß nach Tuulse 175

ein flachgedeckter Saal, dessen Wände in zwei Zonen mit figürlichen Darstellungen und Rankenwerk bemalt sind. Die Fresken sind um 1380/90 entstanden und von der böhmischen Malerei beeinflußt. Eine zweite Burgkapelle zum hl. Kreuz wurde 1491 geweiht. Schiff und Chor sind gewölbt, über dem Altarraum erhebt sich ein Chorturm mit geschweifter Haube.

Burg *Viechtenstein*, unweit der Donau auf beherrschender Anhöhe, ist in der Architektur einfach. Doch ergibt die Gruppierung
T 186 der einzelnen Bauteile: der romanische Bergfried nächst dem Torhaus, der Palas-Wohnbau mit Ecktürmen aus dem 16. Jahrhundert, ein eindrucksvolles Bild. Das gilt in noch stärkerem Maße von
T 179 Burg *Rapottenstein*, einer Kuenringschen Burg im niederösterreichischen Waldviertel. Hier erhebt sich die Kernburg in Gestalt eines
Z 119 unregelmäßigen Polygons mit Frontturm auf einem Felsen, geschützt durch große Vorburgen und Zwingermauern. Das äußere Tor ist als Doppelturmtor ausgebildet. Die Außenwände der Hauptburg sind kaum gegliedert. Sie wirken durch ihre großen Flächen. Dagegen ist der Innenhof von mehrstöckigen Lauben umgeben. Das Laubenmotiv, das schon an einzelnen Bauten der Hohenstaufenzeit angewendet worden ist, wurde im 15. und 16. Jahrhundert von zahlreichen Burgen übernommen. Es stellte auch ein wesentliches formales Bindeglied für den Übergang zum Schloß dar.

Als schönes Beispiel gotischer Lauben bietet sich die südtiroler Burg *Prösels* im Eisacktal dar. Hier ist die Wand auch mit Wappen und bildlichen Szenen geschmückt. Eine mit Lauben aufgegliederte Wand des 15. Jahrhunderts im engen Hof der *Trostburg* ziert der Stammbaum der Wolkensteiner. Im Inneren dieser stolzen Burg oberhalb von Waidbruck ist eine gotische Stube mit Balkendecke, die mit einer seitlich von zwei Viertelbogen gestützten Halbtonne gewölbt ist (um 1400), erhalten. Der großartige Umbau in ein festes Schloß erfolgte erst gegen Ende des 16. Jahrhunderts, wobei auch der Rittersaal mit seinen Stuckdekorationen und den Figuren der Wolkensteiner entstand.

Gotische Innenräume sind auch noch auf anderen Burgen Südtirols erhalten. Besondere Beachtung verdient die (neue) Rüstkammer der *Churburg*. Ihr Laubenhof gehört zu den vornehm-

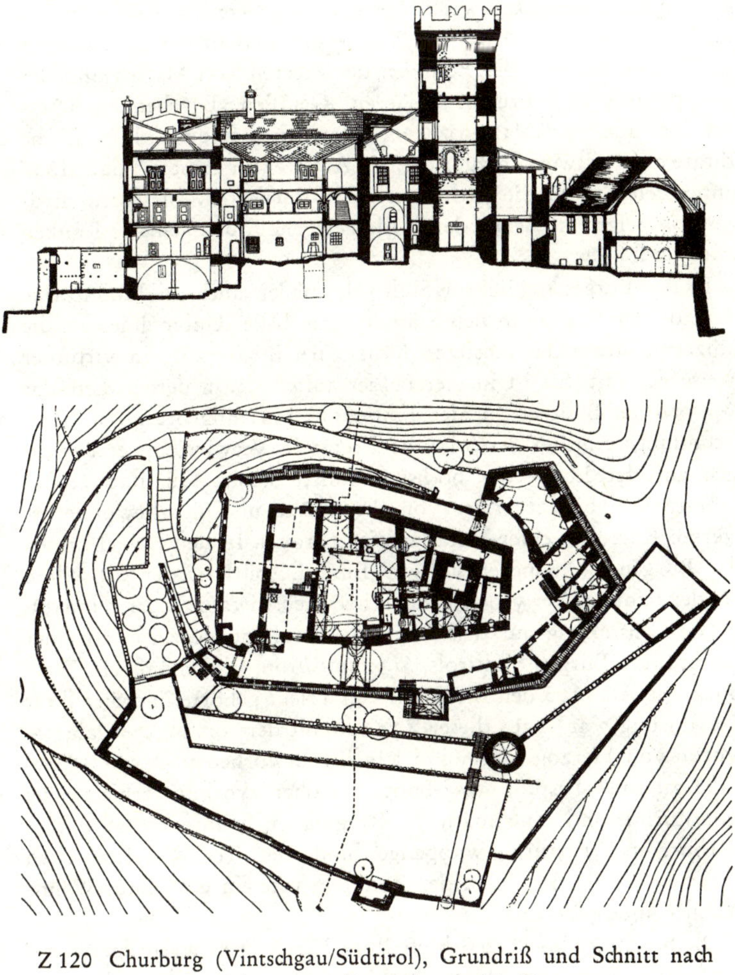

Z 120 Churburg (Vintschgau/Südtirol), Grundriß und Schnitt nach Weingartner, Burgenkunde 35, 53

T 185 sten Beispielen seiner Art. Er ist zweigeschossig. Die Säulen des gewölbten ersten Stockwerks bestehen aus weißem Marmor und sind verschieden geformt. Die Wände sind bemalt mit den Wappen und Stammbäumen der Besitzer: der Herren von Matsch und der Trapp, auch mit Früchten, Tieren, Gefäßen, Begebenheiten aus der Tierfabel und Narrenszenen. Dazwischen finden sich klassische
Z 120 Zitate auf Rollwerkkartuschen. Die Architektur entstand nach 1537 unter den Trapp, die auch den Palas erneuerten. In seinem Erdgeschoß zeigt eine neben der Halle gelegene Stube gemalte Ranken mit Jagdbildern.

In der Burgenarchitektur Südtirols spielen auch die Wohntürme der adligen Ansitze in den Städten eine Rolle. Unter ihnen ist die hölzerne Decke des Ansitzes Jöchelsturn in *Sterzing* in virtuoser Weise verziert. Sie ist in vier Felder aufgeteilt, in deren Mitte das Wappen der Besitzer mit der Jahreszahl 1469 angebracht ist. „Der Erfindungsreichtum des Schnitzers setzt in Verwirrung; er bewegt sich auf der Ebene der höchsten künstlerischen Qualität ... das Schnitzwerk besitzt etwas von der Härte und der bewundernswerten Präzision einer Metallarbeit“ (Frodl). In den Einzelformen der Burgen ist mancher südliche Einfluß spürbar, der sich schon bei der häufigen Verwendung der Schwalbenschwanzzinnen kund tut.

Die Umstellung auf den Artilleriekampf wurde zeitig an einer der größten Burgen Südtirols, *Sigmundskron*, vorgenommen. Diese Burg, die seit 1163 den Bischöfen von Trient gehörte und Sitz ihrer Verwaltung war – aus dieser Zeit stammt der romanische Palas –, wurde von Herzog Sigismund käuflich erworben und von 1474–1483 zu einer Festung ausgebaut. Die obere Vorburg erhielt zwei Rundtürme und eine mächtige Ringmauer, während die untere Vorburg mit Torturm, wappengeschmücktem Tor und Rondellen versehen wurde. In einem der Rondelle war ein gewölbtes Wohngemach untergebracht.

Die bereits 1272–82 errichtete Burg *Fürstenberg* wacht im oberen
T 133 Vintschgau über der Malser Heide, eine regelmäßige rechteckige Anlage mit Frontturm. Die talwärts gelegene Schmalseite nahm der Palas ein. Seine getäfelten Räume gehören einer späteren Zeit an. Fürstenberg war im Besitz der Bischöfe von *Chur*. Sie besaßen über der Stadt am jungen Rhein einen wehrhaften „Hof“. In der Land-

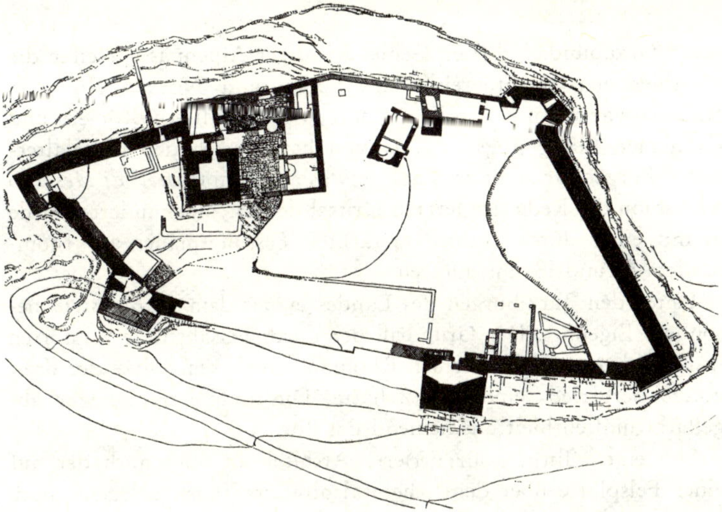

Z 121 Castell di Mesocco (Graubünden), Lageplan nach Poeschel aus Ebhardt I, 365

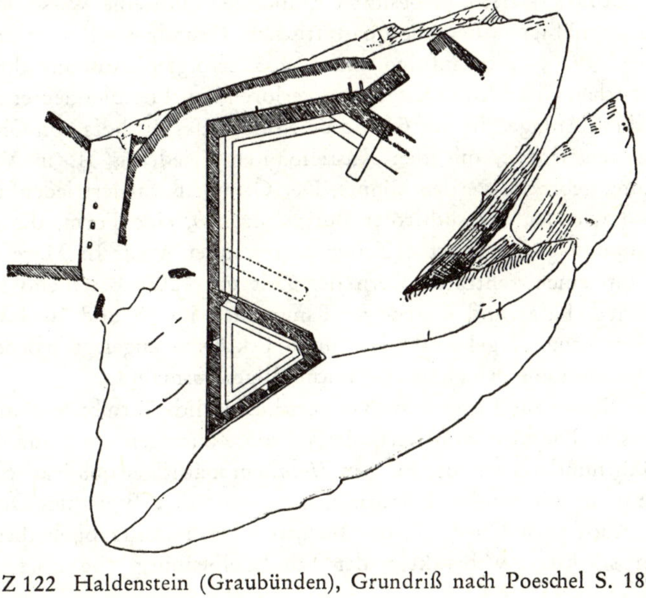

Z 122 Haldenstein (Graubünden), Grundriß nach Poeschel S. 180

schaft Graubünden, diesem Gebiet wichtiger Alpenpässe, treffen die verschiedenen Machtbereiche aus Süden und Norden einander. Rhätien war schon in den Kämpfen zwischen Galliern, Römern und Germanen Begegnungsraum. Davon haftet auch den mittelalter-
Z 121 lichen Burgen Graubündens noch etwas an. Vom *Castell di Mesocco* war schon die Rede. Im letzten Drittel des 15. Jahrhunderts wurde es mit einer durch Türme verstärkten Festungsmauer auf rhomboidem Grundriß umschlossen.

Unter den Turmburgen des Landes eignet dem *Haldenstein* be-
Z 122 sondere Eigenart. Der Grundriß der durch Felsabstürze zerstörten Burg bildete wohl auch einen Rhombus, in dessen Spitze der dreieckige Bergfried seinen Platz hatte. Die andere Spitze war abgeflacht und enthielt anscheinend das Tor.

Um einen Turm konzentrierte Architektur zeigt auch der auf einer Felsplatte über dem Rheintal abwärts Thusis gelegene, noch bewohnte *Ortenstein*. Eng schmiegen sich die Gebäude um den quadratischen Bergfried. Die spätgotische Burgkapelle ist dem dritten Stockwerk des Turms angefügt.

Im Schloß *Marschlins* besitzt Graubünden auch eine Wasserburg auf regelmäßigem, beinahe quadratischem Grundriß mit vier Ecktürmen, die freilich infolge eines 1905 erfolgten Ausbaus ihren historischen Charakter weitgehend verloren hat. Poeschel deutet an, daß diese Anlage, die auf Grund und Boden des Bischofs von Chur geschaffen wurde, mit den Kastellbauten Friedrichs II. in Verbindung gebracht werden könnte. Der Grundriß variiert jedenfalls ebenso wie der der südtiroler Burg *Maretsch*, eine Form, die im Wehrbau seit den ältesten Zeiten angewendet wird. In Maretsch sind um einen zentralen Kern der Zeit um 1200, bestehend aus Bergfried, Palas und viereckiger Ringmauer, im 15. und 16. Jahrhundert neue Flügel und vier runde Ecktürme angelegt worden. Die Innenräume erhielten eine reichhaltige Ausmalung.

Der Schweizer Burgenbau hat verschiedentlich Turmburgen aufzuweisen. Die alte, von Berthold V. von Zähringen am Ende des 12. Jahrhunderts erbaute Burg in *Thun*, ein mächtiger quadratischer Wohnturm mit runden Ecktürmchen, vertritt den Typus des Donjons. Auch nach Übergang der Burg in Berner Besitz blieb dieser Turm stärkster Wehrfaktor der Schultheißenburg, die dort im

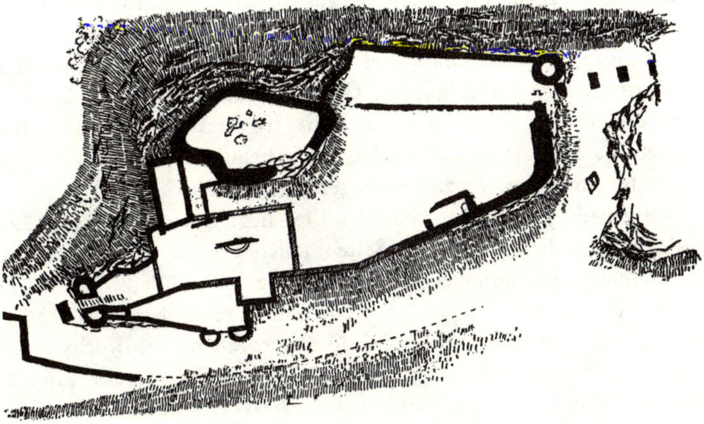

Z 123 Pfäffingen (Basel-Land/Schweiz), Grundriß nach Ebhardt I, 723

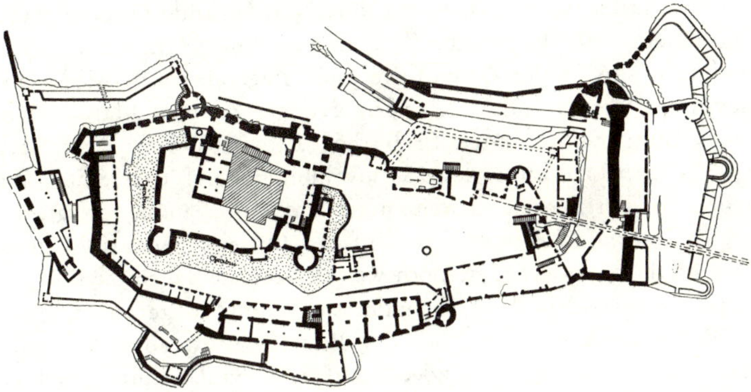

Z 124 Hohensalzburg, Grundriß der Feste nach Probst aus Ebhardt I, 665

15. Jahrhundert entstand. Auf der *Habsburg* wurden an einen romanischen Turm mit Wänden aus Rustikaquadern sowohl im 13. Jahrhundert ein Palas, als auch im 15. Jahrhundert ein zweiter Turm angegliedert. Ähnlich wirkt der Rustikaturm von *Frauenfeld* als Kristallisationskern jüngerer Gebäude. Eine Turmburg mit Donjoncharakter ist *Angenstein* am Ausgang des Liestals. Der ungegliederte Mauerklotz aus dem 13. Jahrhundert ist heute durch Anbauten in seiner Wucht etwas gemildert.

Auf einem Bergrücken über der Lies liegt Burg *Pfäffingen.* Die
Z 123 Anlage umschließt auf drei Seiten einen frühen Wohnturm mit unregelmäßigem, annähernd nierenförmigen Grundriß. Sie wurde auf der Nordostseite im 15./16. Jahrhundert verändert. Das Mauer-
T 130 werk des Wohnturms und der Schildmauer besteht aus Bruchsteinen, zwischen die ungleichmäßig Steine mit Buckeln verteilt sind, so daß die Wände einen eigentümlichen, bossengespickten Charakter erhalten.

Zu den bedeutendsten mittelalterlichen Wehrbauten des süddeutsch-österreichischen Raums gehört die Feste der Fürstbischöfe von Salzburg, die *Hohensalzburg.* Auf einem Felsmassiv über der Stadt errichtet, war ihr Umfang durch das Gelände vorgezeichnet. Die innere, 1077 begonnene Burg ist von einem Graben umgeben
Z 124 und hebt sich in der Grundform eines ungefähren Rechtecks mit davor im Westen und Süden verlaufendem Zwinger klar ab. Um diese Burg wurde unter Erzbischof Leonhard von Keutschach (1495–1519) zu Ende des 15. Jahrhunderts auf drei Seiten ein großer, ovaler Bering, teilweise mit Randhausbebauung, gelegt, der im 16. Jahrhundert vor allem auf der Ostseite verstärkt wurde. Das 17. Jahrhundert fügte noch weitere Außenanlagen dazu.

Im spätgotischen Palas befindet sich die 1496 geweihte Leonhardskapelle. Das Glanzstück der Raumfolge ist aber der große
T 189 Saal, dessen bemalte Holzdecke auf vier Säulen mit gedrehten Schäften ruht. „Die Beseeltheit einer organischen Form ist hier vereint mit der abstrakten Schönheit eines technischen Gebildes" (Grießmaier).

Den schönsten Burgturm Österreichs besitzt die Burg Hasegg in
T 177 *Hall* im sog. „Münzerturm". Ein rundes Untergeschoß trägt auf weit vorkragenden Konsolen einen zwölfeckigen Oberbau. Jede

zweite Polygonseite ist mit einem abgewalmten Dacherker besetzt. Ein zweiter zwölfseitiger Oberbau von geringerem Durchmesser trägt ein spitzes Kegeldach.

Hohensalzburg und die der gleichen Landschaft angehörende Feste *Hohenwerfen* wirken vor allem als Ganzes durch Schichtung und Gliederung ihrer Baumasse – eine Eigenart, die die meisten Burgen des österreichischen Alpengebietes auszeichnet. In immer neuen Abwandlungen der Grundrißform wird das oft schwierige Gelände gemeistert. Es entsteht ein manchmal blockhaft zusammengerafftes, dann wieder kettenförmig gedehntes Gesamtbild. Nur im letzteren Falle hat die Ringmauer noch eine verbindende Funktion zwischen den einzelnen Bauteilen, unter denen der Bergfried oder Wohnturm, der Palas, die Kapelle und das Tor ihrer Bestimmung gemäß eine eigene Note tragen.

Die Architektur ist arm an Details. Die Mauern bestehen meist aus Bruchsteinen. Die horizontalen Zinnenabschlüsse der Gebäude und die flache Neigung der Dächer, die sich manchmal als Grabendächer hinter Mauern verstecken, läßt diese Burgen oft als Schachtelung kubischer Baukörper erscheinen. Die Wandflächen sind durch – hellen – Verputz geglättet und bilden auf diese Weise vielerorts einen auffallenden Kontrast zu der Naturbeschaffenheit ihres Baugrundes oder ihrer Umgebung.

Burg *Heimfels* bei Sillian in Tirol, im 13. Jahrhundert von den T 190
Grafen Görz erbaut, ist breit in die Landschaft gelagert. Bergfried und Palas erreichen beinahe die gleiche Höhe. Die *Frauenburg* bei Unzmarkt in der Steiermark, der Sitz des hier 1275 verstorbenen Minnesängers Ulrich von Lichtenstein, läßt mit ihrem zinnenbekrönten Turmpalas erkennen, daß sich diese Entwicklung bereits
im späten 13. Jahrhundert anbahnte. Das Kärntner Schloß *Frauen-* Z 125
*stein* ist seinem Charakter nach eine Wasserburg mit einem etwas verschobenen Rechteck-Grundriß und einem Laubenhof, um den sich auf drei Seiten Wohnflügel legen. Die Anlage ist mit fünf Rundtürmen bewehrt. Die Burg wurde fast völlig zwischen 1519 und 1521 neu erbaut. Der mächtige Block der Wohnbauten erhält durch die Rundtürme und die Dächer einen bewegten Umriß.

Hoch über dem Donautal der Wachau thront auf felsiger Höhe der *Aggstein,* eine langgestreckte, von den Kuenring gegründete, nach 1429 durch Jörg Scheck vom Walde neu errichtete Burg. Trotz Zerstörung durch die Türken, 1529, und späterer Umbauten trägt sie noch wesentlich das Gepräge des 15. Jahrhunderts. Bemerkenswerte Schmuckformen sind kaum vorhanden, aber die Gesamterscheinung dieser kühn auf die Felsen gesetzten Bauten, vor allem der Hochburg mit Palas und Kapelle, ist sehr eindrucksvoll.

Im 13. Jahrhundert bereits hatten die Herren von Güssing Burg *Lockenhaus* am Zöbernbach im Burgenland zu bauen begonnen. In ihrem Hof ist noch ein unterirdischer, vermutlich römischer Raum erhalten, der die alte Besiedlung des Platzes beweist. Der Palas der Kernburg – an deren Nordseite sich ein dreiflügeliges „äußeres Schloß" aus dem 16./17. Jahrhundert anschließt – weist einen zweischiffigen Saal des späten 13. Jahrhunderts auf. Seine Kreuzrippengewölbe ruhen auf achteckigen, stämmigen Säulen. Die Längsachse des Grundrisses ist einmal geknickt. Die sich daraus ergebenden Überschneidungen beleben das Raumbild. Es erinnert stark an ein zisterziensisches Dormitorium und bezeugt damit die Nähe dieser Formen, die aus der geschichtlichen Lage und der öfter festgestellten Inanspruchnahme zisterziensischer Gedanken und Werkleute im Burgenbau resultieren.

d) Bayern, Oberpfalz

T 168 Das auffallende Gepräge der niederbairischen Herzogsburg *Burghausen* an der Salzach beruht wesentlich auf der Eigenart ihres Grundrisses. Die Gebäude sind auf einem verhältnismäßig schmalen
Z 35 Bergkamm als Baugrund angeordnet. Die kunstgeschichtlich bemerkenswertesten Teile enthält die noch von Herzog Heinrich I.
Z 126 (1253–90) angelegte Kernburg. Es sind der Palas oder Fürstenbau am Südende, die Dürnitz und die innere Schloßkapelle. Davon geht die St. Elisabeth geweihte Schloßkapelle mit gewölbtem Langhaus und polygonalem Chor, deren Achse vor dem Chor einen Knick aufweist, noch ins 13. Jahrhundert zurück. Die Wände des Chors zeigen Rundbogenfriese und deutsches Band. Das innere der Kapelle erhielt erst um 1420 seine Gestalt. Auch die Erdgeschoßmauern des Dürnitzstocks entstammen dem 13. Jahrhundert. Im frühen 15. Jahrhundert wurde dann zunächst ein Gewölbe im Erdgeschoß („Zehrgaden"), das zur Lagerung von Vorräten diente,

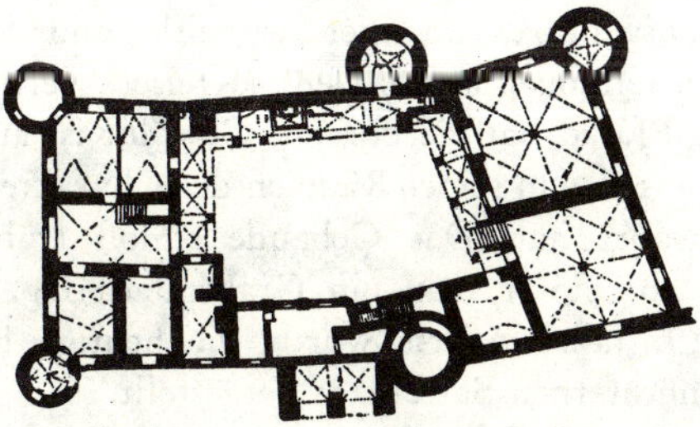

Z 125 Schloß Frauenstein (Kärnten), Grundriß nach Grueber aus Ebhardt I, 671

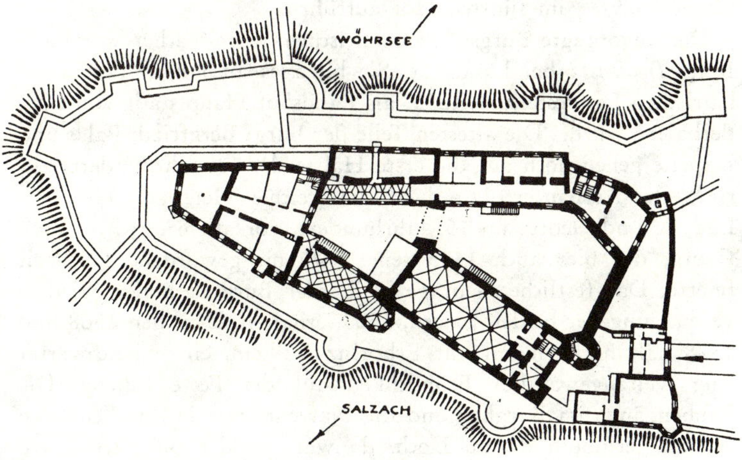


Z 126 Burghausen (Salzach), Grundriß der Kernburg nach Hager

eingebaut und darüber eine zweischiffige Halle, die heizbar war
T 169 und der Burgbesatzung als Aufenthaltsraum diente. Diese Halle, „in Haustein ausgeführt, von einer fast zeitlos anmutenden Schlichtheit der Bogenstellungen auf Säulen" (Kreisel), vertritt eine Tradition, die vom Pfalzenbau herkommt. Gewölbt ist auch das Unter-
T 167 geschoß des Palas, der in seinen Räumen den Charakter der Herzogswohnung gewahrt hat. Das Gebäude schloß früher mit einem Zinnenkranz ab, hinter dem ein Grabendach lag. Wohl erst zu Beginn des 19. Jahrhunderts wurde die heutige Bedachung mit einem etwas nüchternen Satteldach hergestellt.

Mit großer Sorgfalt hat Herzog Georg der Reiche (1479–1503) die Burg im Zeichen der drohenden Türkengefahr, vermutlich durch seinen Baumeister Ulrich Pesnitzer, ausbauen und verstärken lassen. Aus seiner Zeit stammen das gewaltige mit zwei seitlichen Türmen versehene Georgstor, die starken äußeren Türme, namentlich am Wöhrsee, und die elegante äußere Schloßkapelle, die Ulrich Pesnitzer 1479/89 im fünften Hof aufführte.

Der bevorzugte Burgsitz der bairischen Wittelsbacher war indes Burg *Trausnitz* bei Landshut. Sie blieb es auch nach der ersten bairischen Landesteilung 1255, als Landshut Hauptstadt von Niederbaiern wurde. Die ältesten Teile der Burg: Bergfried, Palas und Kapelle gehen noch auf die erste Hälfte des 13. Jahrhunderts zurück. Der Ausbau erfolgte durch die „reichen Herzöge", Heinrich, Ludwig und Georg, im 15. Jahrhundert, vor allem durch Herzog Georg, der hier auch 1475 seine berühmt gewordene Hochzeit feierte. Das festliche Gepräge bleibt der Burg nach der Wiedervereinigung der beiden Baiern, 1503, erhalten. Zwischen 1568 und 1578 hält noch einmal mit Erbprinz Wilhelm ein unbeschwerter Zug weltzugewandter Fröhlichkeit auf der Feste Einzug. Die Laubengänge im Burghof und die Narrentreppe im „italienischen Anbau" erinnern daran. Doch, da war aus der Burg schon ein Schloß geworden.

Auch andere bairische Burgen lassen im 15. Jahrhundert die Neigung zur Prachtentfaltung erkennen. Herzog Ludwig der Gebartete (1413–41), dessen Schwester Isabeau mit König Karl VI. dem Wahnsinnigen von Frankreich vermählt war, hat das Schloß zu *Ingolstadt* erbaut. Es zeigt einen Bauherrn am Werk, der

manche Anregungen aus Frankreich und Oberitalien aufgenommen hat, die ihn in der planvollen Anordnung der Räume, der Treppen- T 198
häuser und dem rippengewölbten „Schönen Saal“ eine typisch bairische Leistung „voll Eigenwilligkeit und ununterdrückbarer Kraft und Urwüchsigkeit“ (Kreisel) schaffen ließen.

Ein Jagdschloß war *Blutenburg*, das Herzog Albrecht III. in den 30er Jahren des 15. Jahrhunderts vor den Toren von München neu erbaute, und dem Herzog Sigismund, 1488, die Schloßkapelle zu- T 170
fügte. Ihre kostbare Ausstattung gibt heute noch einen Begriff von dem neuen höfischen Stil, der von Burgund seinen Ausgang genommen hatte, und der das ausgehende 15. Jahrhundert beherrschte.

Die Bischöfe von Passau besaßen die beiden auf der Landzunge zwischen Donau und Ilz gegenüber der Stadt gelegenen Burgen *Niederhaus* und *Oberhaus*. Sie wirken mehr im Gesamtbild als T 134
durch ihre architektonischen Details. Die Feste Niederhaus stellt ihren rechteckigen Bergfried an die Spitze der Anlage. Die höher gelegenen Wohnbauten ragen darum als Block über die Turmspitze empor. Die Feste Oberhaus erhielt ihr heutiges Gepräge im wesentlichen durch Umbauten des 16. Jahrhunderts.

Die über den bewaldeten Hängen des Inntals südlich von Passau gelegene, durch ihre geschlossen horizontal gelagerte Baumasse eindrucksvolle *Neuburg* war ursprünglich im Besitz der Grafen des Rottalgaus und gelangte schließlich an Passau. Die heutige Anlage hat in der Hauptsache Herzog Friedrich der Streitbare von Österreich nach 1310 aufgeführt.

Das bischöflich regensburgische *Wörth* an der Donau wurde zu Anfang des 16. Jahrhunderts festungsartig verstärkt, wodurch das äußere Bild der Burg geprägt wurde. Doch ist der mächtige, quadratische Wohnturm, der die Ostfront beherrscht, noch durchaus mittelalterlich verstanden.

Burg *Hohenaschau* ist nur noch in ihrer Grundstruktur eine Burg. Der Bergfried stammt aus dem 13. Jahrhundert. An ihrem Ausbau zum Schloß im 17. Jahrhundert waren vorwiegend italienische Handwerker beteiligt.

Die Bischöfe von Augsburg erwarben 1322 den Schloßberg in *Füssen* und erbauten dort unter Benutzung einer älteren Burg das Hohe Schloß, einen der bedeutendsten Wehrbauten Oberschwabens.

Die heutige Gestalt, mit dem durch Türme und gegliederte Giebel
malerisch belebten Umriß, geht in der Hauptsache auf Bischof
Friedrich II. von Zollern (1486–1505) zurück. Er ließ durch einen
Halsgraben, die „tiefe Schlucht" genannt, das Burgareal von dem
angrenzenden Bergausläufer abtrennen, erbaute die St. Veitskapelle
und den Dreifaltigkeitsturm und vergrößerte den Palas zum Für-
T 187 stenbau. Der dort eingerichtete große „Rittersaal" mit seiner fla-
chen, in quadratische und achteckige Felder eingeteilten Holzdecke,
deren Schmuck aus Rosetten und figürlichen Heiligenreliefs besteht –
möglicherweise Frühwerke von Jörg Lederer –, kann durchaus
neben den gewölbten Palassälen der Zeit bestehen. Die Hofwände
dieses Flügels sind mit reizvollen spätgotischen Architekturmotiven
bemalt und 1494 bezeichnet.

Ein bevorzugtes Burgengebiet ist die Oberpfalz nördlich des
Donauknies von Regensburg. Die Burgen im oberen Naabtal:
*Falkenberg, Leuchtenberg, Obermurach* und das Felsennest *Flossen-*
T 92 *bürg* gehören mit wesentlichen Teilen ihres Bestandes noch ins 12.
und 13. Jahrhundert und haben dementsprechend herbe, kantige
Formen. Die ausgedehnte Ruine *Burglengenfeld* mit drei Türmen
Z 129 ist noch mit einem spätgotischen Torhaus versehen. Wohlerhalten
Z 127 ist Burg *Trausnitz* an der Pfreimd, eine Anlage mit Frontturm in
einer Ecke des unregelmäßig fünfeckigen Grundrisses, der auf
das späte 13. Jahrhundert weist. Die Aussage eines solchen Bau-
T 145 werks ist schlicht: der Senkrechten des Bergfrieds entsprechen die
Waagerechten der Wohnbauten, dem mehr Körperhaften des Turms
die große Fläche der Wand.

Im Altmühltal besitzt die auf steiler Felsklippe stehende Burg
T 172 *Prunn* noch einen romanischen Bergfried, an den sich der Palas
anlehnt und in seiner Fortsetzung ein fensterreicher Trakt dem
Tale zu. Der Ausbau erfolgte hier im 15. und 16. Jahrhundert.

T 173 Die bischöflich eichstättische Burg *Hirschberg* über Beilngries ist
durch schlanke, mit Satteldächern und Treppengiebeln bekrönte
Türme ausgezeichnet. Noch stärker ist diese Turmaufgipfelung auf
Burg *Sternfels* vollzogen und zum eigentlichen Ausdruck dieser
Wehrarchitektur geworden.

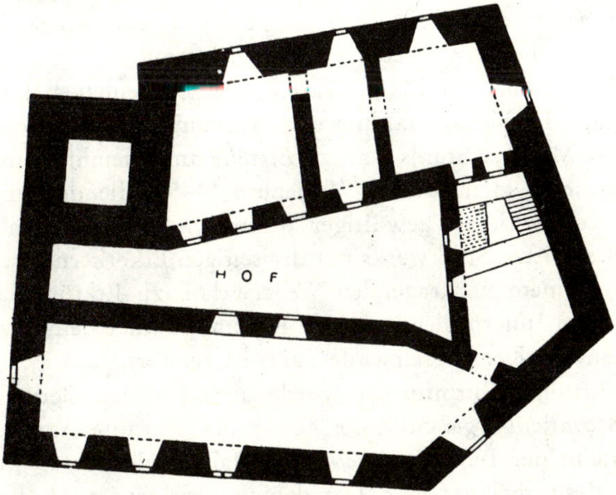


Z 127 Burg Trausnitz an der Pfreimd (Oberpfalz), Grundriß nach Kreisel, Altbayern

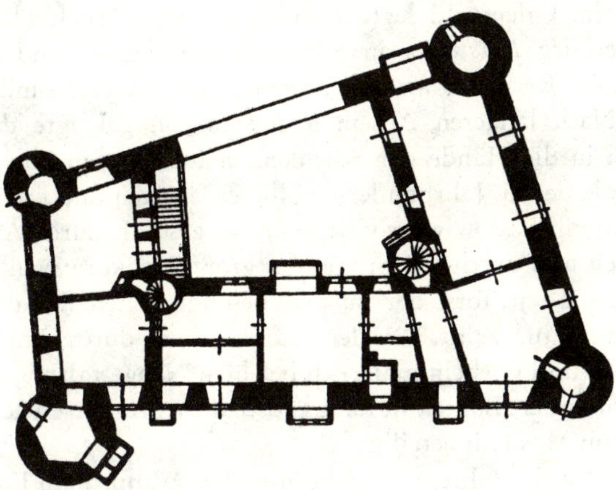

Z 128 Schloß Fürstenau (Odenwald), Grundriß nach Ebhardt I, 405

e) Franken und Hessen

Neue Varianten der gotischen Burg bringen verschiedene Anlagen in Franken und im Gebiet des heutigen Hessen.

Die Erzbischöfe von Mainz waren große Burgenbauer. Im Rheingau begann Erzbischof Balduin von Trier um 1330, als er auch Verweser des Mainzer Stuhls war, zu *Eltville* am Rheinufer eine Burg, die Erzbischof Heinrich von Virneburg 1345 vollendete. Erhalten ist das Kernwerk, ein gewaltiger Wohnturm. Seine Kanten sind in Höhe des dritten Stockwerks mit dreiseitigen Eckerkern besetzt, die sich über einem vorkragenden Wehrgeschoß zu Ecktürmchen entwickeln. Im Innern dienten große Kamingemächer dem Erzbischof als Wohnung. Der angrenzende Palas ist zerstört.

Die Eltviller Turmformel wurde auch für den Bergfried des
Z 44 alten *Aschaffenburger* Schlosses verwendet. Ein interessanter Turm entstand in der Burg *Steinheim* am Main, welche 1425 in mainzischen Besitz gelangt war. Der damals errichtete runde Bergfried
T 175 besteht aus zwei Geschossen, die außen durch einen Bogenfries voneinander geschieden werden. Der abschließende Zinnenkranz wird durch vier vorgekragte Turmerker unterbrochen, die ebenso wie der Turm selbst steinerne Dächer tragen.

Mitten im Odenwald legte Erzbischof Peter Aspelt (1306–20) die Wasserburg *Fürstenau* in Steinbach auf dem Grundriß eines
Z 128 verschobenen Rechtecks an und bewehrte sie mit vier runden Ecktürmen. Nach längeren Auseinandersetzungen gelangte die Burg schließlich in die Hände der Schenken, später Grafen von Erbach, die sie Ende des 15. Jahrhunderts völlig erneuerten und im 16. Jahrhundert in ein Schloß verwandelten. Das geschah durch Ausfüllen der Gräben und durch Errichtung des großen, dekorativen Bogens, anstelle des alten Tors, der zu den Besonderheiten der deutschen Schloßarchitektur zählt. An der spätgotischen, durch Anbringung von Erkern und Giebeln malerisch belebten Neugestaltung war der auch durch andere Bauten in der Landschaft hervorgetretene Meister Konrad von Mosbach beteiligt.

Um 1499 – die Jahreszahl steht über dem Wappen am Burgtor – begann Michael II., Graf zu Wertheim, den Ausbau der hoch über
Z 130 dem Mümlingtal gelegenen Burg *Breuberg* zu einem festen Schloß. Der leitende Baumeister dieser Arbeiten, die sich auf die Anlage der

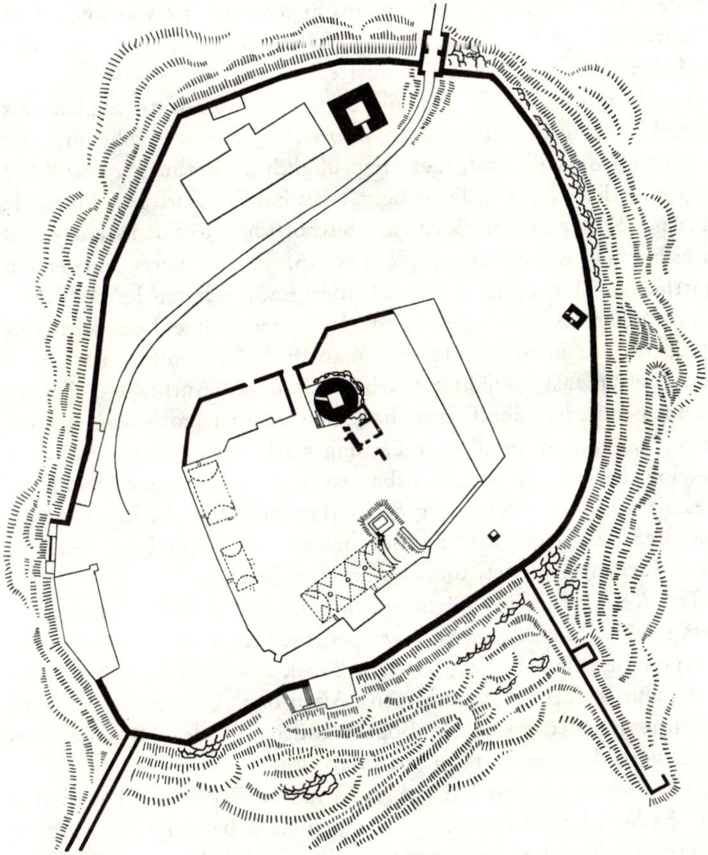

Z 129 Burglengenfeld (Oberpfalz), Grundriß nach Ebhardt I, 566

Vorburg und auf mächtige Außenwerke erstreckten, scheint Hans Steinmiller von Wertheim gewesen zu sein. Er hat seinen Namen an dem 1528 vollendeten Zeughaus angebracht. Er war auch, laut Inschrift, auf der *Minneburg* bei Neckargerach tätig, deren spätgotischer Palas sein Werk sein dürfte.

Die Burg der Bischöfe von Würzburg, die dieses Amtes zugleich als Herzöge von Franken walteten, *Marienberg* auf der Höhe über der Stadt und dem Flußtal, hieß ursprünglich „Wurzburg". Erst 1172 begegnet der Name „Marienberg". Bischof Konrad von Querfurt (1198–1202) gab der Burg, als bischöflicher Residenz ein neues Gesicht. Sie wurde am Ende des 15. Jahrhunderts mit einem stattlichen Mauerring umgürtet, der nach seinem letzten Bauherrn Scherenbergzwinger heißt. In seinem Zuge liegt auch das
T 193 Haupttor zur inneren Burg. Wie man Bischof Rudolf von Scherenberg, dessen fast 100jähriges, lebenserfahrenes Antlitz uns Tilman Riemenschneider überliefert hat, den letzten gotischen Bischof nennt, so nimmt in diesem Festungswerk noch einmal das Proportionsdenken gotischer Wehrbauten und ihrer Linearverteidigung Gestalt an. Das Scherenbergtor ist dabei ein feingliedrigerer Verwandter des Georgstors zu Burghausen: breit verriegelt es, von zwei Türmen begleitet, die Zufahrt zur Burg.

Die *Kadolzburg* bei Fürth wurde von den Hohenzollern besonders im 15. Jahrhundert zu einer bedeutenden Burg erweitert. Der waagerecht gelagerte bergfriedlose Block aus Buckelquadermauerwerk wurde durch den mächtigen „Alten Bau" beherrscht. Er besaß
T 182 einfache Rechteckerker mit Bogenblenden auf der Hofseite. Das Stockwerk darüber bestand aus Fachwerk.

Nördlich des Mains hat sich die einst im Besitz der Kurfürsten von Sachsen befindliche und von ihnen stark befestigte *Koburg* zu einer umfangreichen Burg entfaltet. Ihr Grundriß ist ein längliches Oval mit Randhausbebauung. Der heutige Charakter der Höfe wird wesentlich durch die gotischen Bauten: das 1482 aufgeführte gotische Haus, das Steinerne Haus und den 1502–07 entstandenen Fachwerkbau des Palas, der ein abgebranntes romanisches Gebäude ersetzte, bestimmt. Für die Außenansicht von Westen her treten die beiden Türme im Zuge der Mantelmauer, der rote und der blaue Turm gewichtig in Erscheinung.

Z 130 Burg Breuberg (Odenwald), Ansicht nach Merian

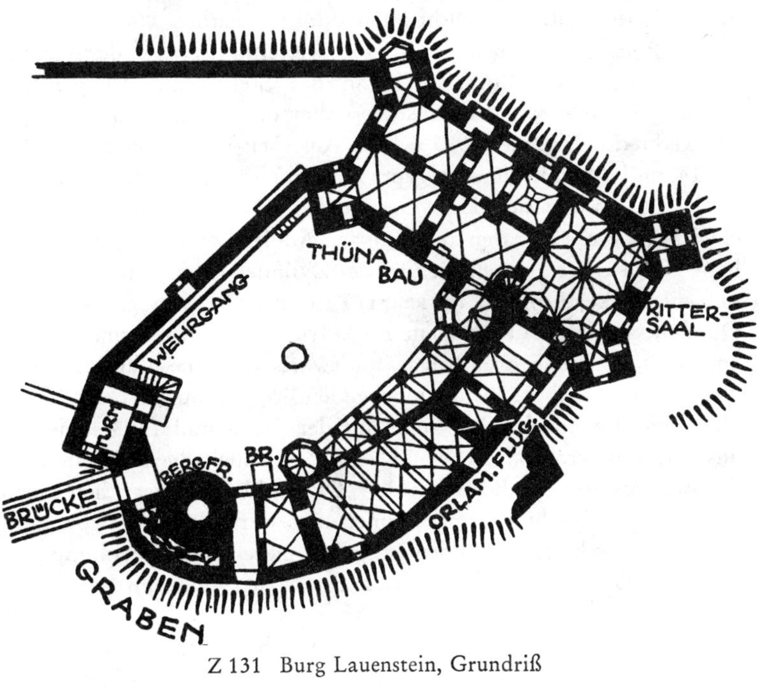


Z 131 Burg Lauenstein, Grundriß

Auf der Grenze zwischen Franken und Thüringen liegt die Burg *Lauenstein,* ein Bau auf dem Oval angenäherten, mehreckigen
Z 131 Grundriß mit Frontturm, der, wie das Fischgrätenmauerwerk des Bergfriedstumpfs zeigt, noch in das 12. Jahrhundert zurückreicht. Die Grafen von Orlamünde, seit 1248 im Besitz der Burg erwähnt, lassen im 14. Jahrhundert auf der Ostfront einen großen Wohnbau, den Orlamünder Flügel, errichten. Den Abschluß der Entwicklung bildet der Thünabau. Er nimmt die gesamte nördliche Schmalseite der Burg ein. Ein rechteckiges Haus wird an den Ecken von vier mit gewölbten Gemächern ausgestatteten Türmen gehalten. Der
T 183 „Rittersaal" ist gewölbt. Die kantigen Rippen des Sterngewölbes wachsen aus einem mittleren Rundpfeiler und aus halbrunden Wandvorlagen. Dieser Thünabau gehört zu den großen Palas-Schöpfungen der deutschen Spätgotik. Er steht aber auch am Ende einer Typen-Abfolge, die den Turmpalas, wie er in einer Reihe von Anlagen im Saale-Gebiet *(Reinstedt, Orlamünde, Burgk)* als „Kemenate" begegnet, zum wichtigsten Burgteil machte.

Die Reichsburg *Friedberg* in der Wetterau ist eine der ganz wenigen deutschen Burgen, die an der Stelle eines römischen Kastells errichtet wurden. Sie übernahm dabei dessen Grundriß, ein Rechteck von 250 × 160 m. Ihr Aussehen wurde entscheidend im 14. und 15. Jahrhundert geprägt, vornehmlich durch ein Bauwerk von wahrzeichenhafter Gestalt, den 1374 aus dem Lösegeld
T 174 eines nassauischen Grafen aufgeführten Adolfsturm. Der über 50 m hohe Turm trägt auf seinem unteren Zylinder einen Zinnenkranz mit vier Erkertürmchen (erneuert). Ein Aufsatz von geringerem Durchmesser wird über einem Bogenfries von Giebelzinnen und einem Steinhelm gekrönt. Das stadtwärts gelegene Burgtor mit zwei Türmen gehört dem ausgehenden 15. Jahrhundert an (der über dem Tor angebrachte Stein mit der Jahreszahl 1493 stammt aus einem anderen Bauwerk). In jener Zeit erhielt die Südwestecke
Z 132 des Burggevierts das Bollwerk des „Dicken Turms", der schon zur Gruppe der Geschütztürme rechnet und durch einen gewölbten Gang mit der Burg verbunden ist. Sein Inneres weist zwei kuppelgewölbte Geschosse und innerhalb der Mauer hochführende, gewendelte Treppen auf.

Die im Besitz der Grafen von Isenburg befindliche *Ronneburg,*

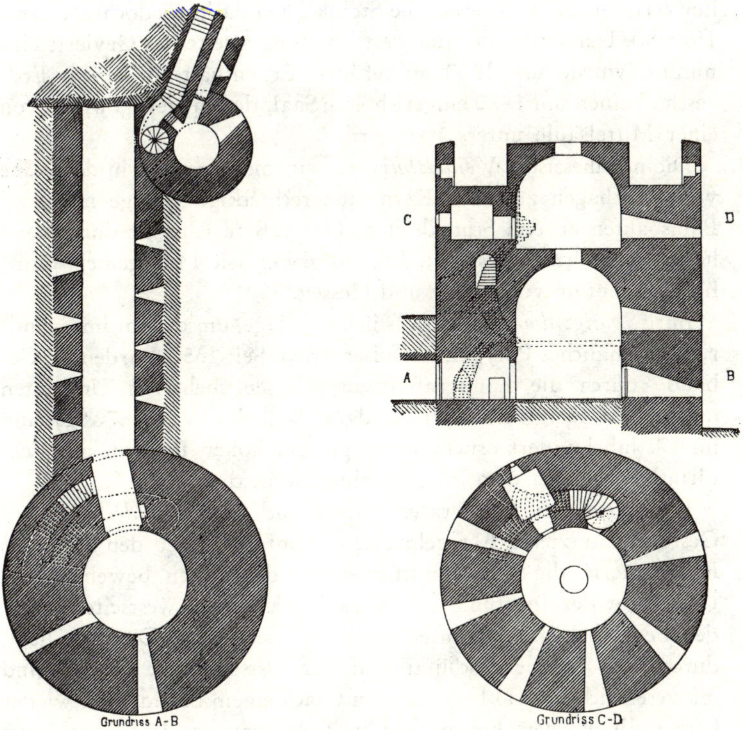


Z 132 Burg Friedberg (Hessen), Grundrisse u. Schnitt des Dicken Turms nach Inv. 77, 78

auf rechteckigem Grundriß mit Frontturm, unweit von Büdingen, hat im 15. und 16. Jahrhundert ihr Gepräge erhalten. Der runde Bergfried stammt zwar in seinem Unterbau noch aus dem 13. Jahrhundert, seine charakteristische Steinkuppel datiert jedoch von etwa 1575/80. Der Palas, der die westliche Schmalseite des Gevierts einnimmt, wurde um 1330 aufgeführt. Er enthält in seinem Erdgeschoß einen um 1470 eingerichteten Saal, dessen Sterngewölbe von einer Mittelsäule unterstützt wird.

Die nordhessische *Weidelsburg* auf einem Berggipfel in der Nähe von Wolfhagen zeigt im Kern eine rechteckige Anlage mit zwei
Z 133 Palasbauten an den Schmalseiten. Der äußere Ring ist durch neun halbrunde Türme verstärkt. Die Burg war seit 1443 gemeinschaftliches Eigentum von Mainz und Hessen.

Burg *Spangenberg*, gleichfalls in Gipfellage, umschreibt im Grundriß ein längliches Polygon ohne Bergfried. Seit 1350 wurden die Gebäude durch die Landgrafen von Hessen mehreren Umbauten unterzogen, besonders unter Landgraf Wilhelm IV. (1567–92), und
T 196 im 17. Jahrhundert erneut befestigt. Ein hoher Torturm mit Ecktürmchen verleiht dem Eingang eine malerische Note.

Die hessischen Landgrafen gaben auch der *Trendelburg* ihre Gestalt. Ein ziemlich regelmäßiges Fünfeck bildet den Zug der Ringmauern, die mit Rundtürmen an den Ecken bewehrt sind. Die Mitte der in stumpfem Winkel geknickten Westseite nimmt der Bergfried ein. Dahinter steht frei der Palas. Das Tor liegt, durch zwei Türme geschützt, auf der Ostseite. Die Bauten sind im wesentlichen 1443 begonnen und nach einem Brand 1456 wieder hergestellt worden, haben aber zu Teilen erst um 1500 ihre Form erhalten.

Mehr und mehr muß der Burgenbau der allgemeinen Verwendung artilleristischer Feuerwaffen Rechnung tragen. Er tut es nach einem bis heute gültigen Grundsatz, daß der größeren Durchschlagskraft der Geschosse die stärkere Deckung entgegengesetzt wird, verbunden mit der aktiven Abwehr aus derartigen Stellungen heraus. Als Bauform bot sich hier zunächst der Rundturm an, der bei großen Verteidigungsvorteilen dem Angreifer die geringeren Möglichkeiten bot. So entstanden die mauerstarken Geschütztürme. Der hessische Festungsbaumeister Hans Jakob von

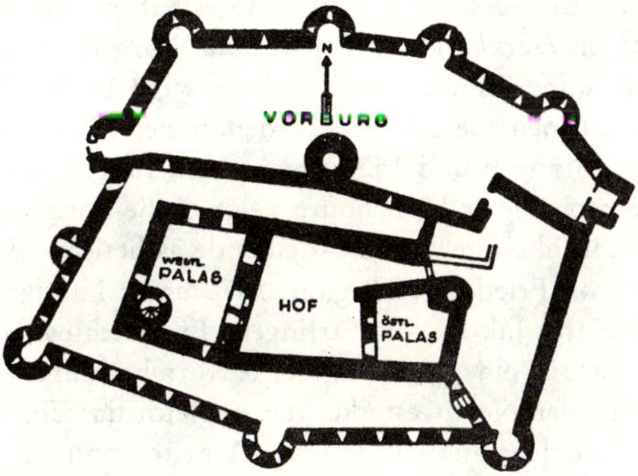


Z 133 Weidelsburg (Hessen), Grundriß nach Dehio/Gall, Nördliches Hessen 48

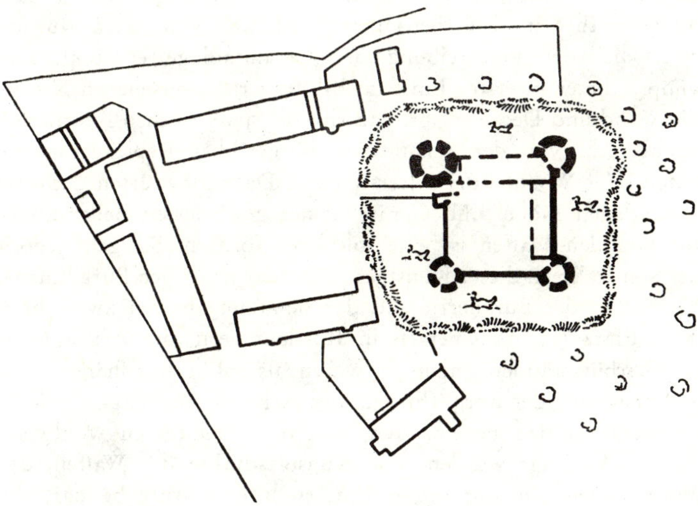

Z 134 Burg Friedewald (Hessen), Grundriß nach Wenzel aus Ebhardt I, 492

Ettlingen hat mehrere solche Anlagen geschaffen. Zu den einprägsamsten zählen *Herzberg* und *Friedewald.* Burg Herzberg liegt auf einer Basaltkuppe. Eine ältere Kernburg wird 1483—87 mit einem etwas verschobenen Viereck aus geraden, hohen Mauern mit runden Ecktürmen umfangen und 1536 durch einen fünften Turm ergänzt. Die Ausführung dieser Höhenburg zeigt große Sorgfalt. Von ihrer strengen Sachlichkeit geht eine bedeutende ästhetische Wirkung aus.

Z 134 Der Bau von Friedewald begann 1470 unter Landgraf Heinrich III. durch Hans Jakob von Ettlingen. Er errichtete auf quadratischem Grundriß eine regelmäßige, eckturmbewehrte Wasserburg. Der Turm an der Nordwestecke, der zugleich das Tor zu schützen hatte, war kräftiger ausgebildet. Die Arbeiten wurden 1487 durch die Weihe eines Altars im Rittersaal abgeschlossen.

f) Spätgotische Burgräume

Eine größere Anzahl erhaltener Innenräume der Spätgotik geben uns Kenntnis von Wandschmuck und Deckengestalt der Säle und Gemächer in deutschen Burgen. Manche von ihnen wurden bereits bei der Beschreibung der Gesamtanlage erwähnt. Die Synopse dieser in erster Linie zu Bildträgern ausersehenen Raumteile Wand und Decke ergibt, daß sich die spätgotischen Burgräume formal nicht von der Ausstattung bürgerlicher Repräsentationsbauten oder Wohnhäuser unterschieden. Darum bedürfen auch die vorhandenen Möbel und Geräte keiner gesonderten Behandlung. Nur von den Waffen ist eine solche zu fordern. Sie geht jedoch über den Rahmen dieser Kunstgeschichte der deutschen Burg hinaus. Die Waffen der Burgherrn und der Besatzung hatten zwar ihren festen Platz (im allgemeinen in Rüstkammern, die Artillerie in den Geschützständen), aber sie waren als solche unabhängig von der Entstehung der Burg. Ihre vorauszusehende Wirkung ist jedoch, besonders bei den Feuerwaffen, von den Architekten wohlweislich berücksichtigt worden. Die Kunstgeschichte der Waffen, der geschmiedeten wie der gegossenen, stellt eine Aufgabe dar, die bereits des öfteren als solche gesehen und behandelt wurde.

Die Wände mittelalterlicher Burgen-Innenräume, welche dem Kult, der Repräsentation oder dem Wohnen dienten, waren oft bemalt oder mit Teppichen behängt. Auch Holzgetäfel war keine

Z 135 Burg Freundsberg (Tirol), Gemalte Fensterumrandung nach Essenwein II, 97

Seltenheit. In Kapellen boten sich die Heilsgeschichte und die
Heiligenlegende als Themen an. Sie waren schon in den ältesten
T 13 Beispielen (*Hocheppan*) auf die Wand aufgetragen, manchmal auch
als Tafeln in die Wand eingelassen (*Karlstein*). Die Palasse wurden
gerne mit Sagenstoffen oder Heldendichtung geschmückt (*Runkel-*
T 184 *stein, Räzüns*, wo die Tristansage dargestellt ist – auf *Runkelstein*
T 141 und *Lochstädt* sind auch die neun guten Helden zu sehen). Der
Runkelsteiner Reigentanz gehört zu den köstlichsten weltlichen
Malereien seiner Zeit. Jagdszenen waren beliebt. In der Renaissance
wendet man sich mit Inbrunst der klassischen Mythologie zu. Ihre
Gestalten treten neben die biblischen Historien. Ein gutes Beispiel
dafür liefern die in den 40er und 50er Jahren des 16. Jahrhunderts
ausgemalten Räume des Schlosses zu *Büdingen*. Der Maler, Erhardo
Sanssdorfer wollte mit seinem italienisierten Vornamen wohl zum
Ausdruck bringen, daß er in Italien gelernt habe, was man auch
seinen Bildern anmerkt. Sein Bestes leistete er aber nicht in den von
Michelangelo abgesehenen Propheten und Evangelisten, sondern in
den entzückenden Genregruppen des Musikfreskos und der präch-
tigen „Sauhatz".

Recht phantasievoll sind die verschiedenen Rankenmalereien
mit eingestreuten Figuren, von denen uns aus der Mitte des 15. Jahr-
T 165 hunderts etwa im Haus Rübenach auf Burg *Eltz* etliches erhalten
blieb. In ähnlicher Weise sind Wände im Steinhaus zu *Wimpfen*
oder auf der dem Deutschen Orden gehörenden Burg *Reiffenstein*
in Südtirol um 1500 behandelt. Fensterumrahmungen im Wohn-
turm von Burg *Freundsberg* bei Schwaz in Tirol verbinden dieses
Z 135 Rankenwerk mit Architekturmalerei. Zu diesen Dekorationen dürf-
ten des öfteren noch gemalte Scheiben getreten sein, vor allem
Wappenscheiben, aber auch Kabinettscheiben mit Bildern aus dem
Ritterleben oder burlesken Szenen, wie sie aus dem humanistisch
gesinnten Kreis um den Hausbuchmeister verschiedentlich erhalten
sind (*Bürresheim*).

Die gotischen Burgräume waren meist flachgedeckt. Doch ist der
in der Regel zweischiffige, gewölbte Saal, wie die angeführten
Beispiele zeigten, ebenfalls oft gebaut worden. Gewölbte Stuben
T 166 sind seltener. Der „Fahnensaal" im Haus Rodendorf auf Burg *Eltz*
aus dem späten 15. Jahrhundert oder die „Kemenate" im Krummen

Z 136 Burg Nürnberg, Gemalte Decke im Kaiserzimmer nach Essenwein II, 115

Saalbau des Schlosses *Büdingen,* letzterer mit Mittelsäule, sind ihrem Charakter nach mehr Stuben als Säle. Gerne wölbte man Wohnerker ein und hat hier viele reizvolle Lösungen geschaffen. Erkerartig vorkragende Kapellenchöre waren ja seit der Hohenstaufenzeit im Burgenbau bekannt.

Die Holzdecken der Burgräume bestanden in früher Zeit, ähnlich denen in den Kirchen, aus Balken, an deren Unterseite Bretter angenagelt waren. Aufgelegte Leisten nahmen darauf eine Feldereinteilung vor. Leisten und Felder haben wir uns bemalt zu denken, die Felder ornamental oder figürlich, etwa mit Fabelwesen, Rittern und Tieren, wie das eine Decke des beginnenden 13. Jahrhunderts aus dem Burghause des bischöflichen Vogtes in *Metz* zeigt. Die jüngere Form der Holzdecke läßt die Balken frei, die Bretter liegen oben darüber. Die Balkenkanten werden dann profiliert und bemalt, öfter auch mit geschnitzten Ranken geschmückt. Durch Einfügung von stärkeren Hölzern zwischen den Balken in gleichmäßigen Abständen ergibt sich gelegentlich eine Kasettierung der Decken. Bei größeren Räumen werden die Balken durch einen oder mehrere Unterzüge von oft beachtlicher Stärke getragen, die
T 167 wiederum von kräftigen Pfeilern, meist aus Holz, gestützt werden (*Burghausen*). Ein gutes Beispiel gotischer Burgräume bietet die Kaiserburg *Nürnberg.* Im getäfelten Wohnraum des Kaisers trägt
Z 136 die Decke einen großen, gemalten Reichsadler aus der Zeit Friedrichs III. Die von der Täfelung freigelassene Putzwand aber ist mit einem Fresko versehen, auf dem die Abdankung Kaiser Karls V. und die Übernahme der Regierung durch Kaiser Ferdinand I. dargestellt ist — ein für die Geschichte des Reichs und auch die Kunstgeschichte der deutschen Burg vielsagendes, geradezu symbolhaftes Ereignis.

Im Jahre 1399 zogen Kurfürst Ruprecht von der Pfalz, nachmaliger deutscher König, die Erzbischöfe von Mainz und Trier, der Bischof von Speyer und der Wetterauer Städtebund, bestehend aus den Reichsstädten Frankfurt, Friedberg, Wetzlar und Gelnhausen, vor die im Besitz Hartmuts des Jüngeren von Kronberg befindliche Burg *Tannenberg* an der Bergstraße. Mit ihrer Artillerie legten sie Breschen in die Mauern, nahmen die Burg im Sturm und zerstörten sie gründlich. Der Bergfried wurde gesprengt.

1447 brachte Francesco Sforza nach heftiger Beschießung die stark befestigte Stadt *Mailand* in seine Gewalt. 1467 rückte der Feldhauptmann Ulrich der Gravenecker vor den *Aggstein* und zwang seine Besatzung durch Einsatz seiner „großen Büchse" zur Übergabe.

1476 und 1477 fiel die gefürchtete Artillerie Herzog Karls des Kühnen von Burgund, die stärkste Europas, in die Hände seiner Feinde, vor allem der Eidgenossen. Bei Grandson sollen es 113, bei Murten 63 und bei Nancy 103 Geschütze aller Art gewesen sein. Die Sieger verteilten die Beute und armierten damit ihre festen Plätze, lagerten sie in ihren Zeughäusern oder verwendeten sie anderweitig.

1519 brach die Artillerie des Schwäbischen Bundes die Feste *Asperg*, was Dürer in einer Zeichnung festgehalten hat. 1523 Z 137
legten die Feldschlangen des Landgrafen von Hessen und der Kurfürsten von der Pfalz und von Trier den neu erbauten Geschützturm der Burg *Nanstein* in Trümmer und beendeten damit eine Fehde, in der mit dem bei dieser Beschießung schwer verwundeten Franz von Sickingen auch die letzte Möglichkeit eines politischen Einsatzes der Reichsritterschaft starb.

Die Ritter haben als Besitzer und Bauherrn der Burgen dieser Entwicklung keineswegs tatenlos zugesehen. Sie nahmen die Herausforderung der Feuerwaffen an. Sie verstärkten ihre Burgmauern, und sie beschafften sich selber Artillerie. Wo eine Burg nicht nur beschossen wurde, sondern auch selber schoß, war sie ein aktiver Kampffaktor. Das erforderte freilich eine andere Beurteilung des militärischen Wertes einer Burg in ihren Baulichkeiten wie in ihrer

Lage; das hatte eine Umgruppierung der Kräfteverteilung, eine Bildung von Schwerpunkten für Abwehr und Ausfall, eine Vorverlegung der Verteidigung, den Bau von Gräben, Schanzen, Hindernissen, überhaupt die Entwicklung eines raffinierten Verteidigungssystems zur Folge. An seiner theoretischen Vorbereitung und Ausarbeitung haben bedeutende Männer mitgearbeitet, übrigens auch im Rückgriff auf die Antike: der römische Architekturtheoretiker Vitruvius diente als Lehrmeister.

Die Burg wurde befestigt, ohne daß sie ihre Wohnaufgabe einbüßte. Ja, gerade die Burgen der Landesherren wurden nicht nur militärisch verstärkt, sondern auch als Residenzen mit großem Aufwand ausgestattet. Die Festungsbaumeister traten auf den Plan, denen die Architekten mit militärischem Dienstgrad und entsprechender Befehlsbefugnis folgten. Sie waren die großen Schloßbaumeister bis ins 18. Jahrhundert hinein, als sich die Typen von Schloß und Festung bereits getrennt hatten.

Es war auch die Zeit der Geschützgießer und der Büchsenmeister. Die kurpfälzische Büchsenmeisterordnung des Philipp Mönch von 1496 gibt auf ihren illuminierten Blättern eine anschauliche Vorstellung von dem Studienmaterial eines solchen Waffenoffiziers. Ihre Ausführung ist von guter Qualität und steht dem Hausbuchmeister nahe, wie ja auch das „Hausbuch" selber zahlreiche Zeichnungen von Geschützen, Belagerungsmaschinen und auch von einer Gießhütte bringt.

Diese neue Epoche beginnt mit der Schaffung eines Bautypus, dem des „festen Schlosses". Nur in dieser Form bleibt die Burg im Zeichen der stärker werdenden Feuerwaffen lebensfähig. Der alte Typus der Ritterburg geht unter. So weit er nicht zerstört war oder aufgegeben wird, hat er nur noch als Wohnsitz Bedeutung. Das „feste Schloß" ist der Abgesang der Burg und ist zugleich ihre letzte große, künstlerische Aussage, ebenbürtig dem, was in der Blütezeit des deutschen Burgenbaus unter den Hohenstaufen geschaffen wurde. Die Anfänge des festen Schlosses liegen im 15. Jahrhundert. Sie sind uns bei der Schilderung gotischer Burgen verschiedentlich begegnet. Ein bezeichnender Vorgang war die Erneuerung der *Hohkönigsburg* im Elsaß. 1462 hatten die Stadt Basel, der Bischof von Straßburg, die Herren von Österreich und

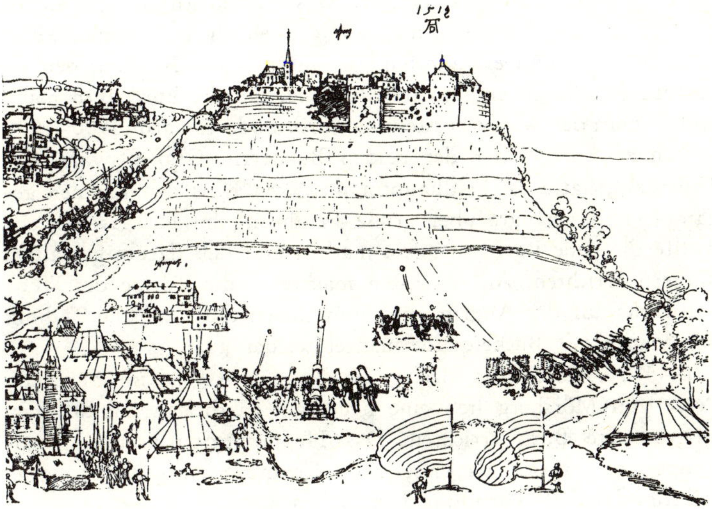

Z 137 Feste Asperg, Belagerung durch den Schwäbischen Bund. Zeichnung von Albrecht Dürer, 1519

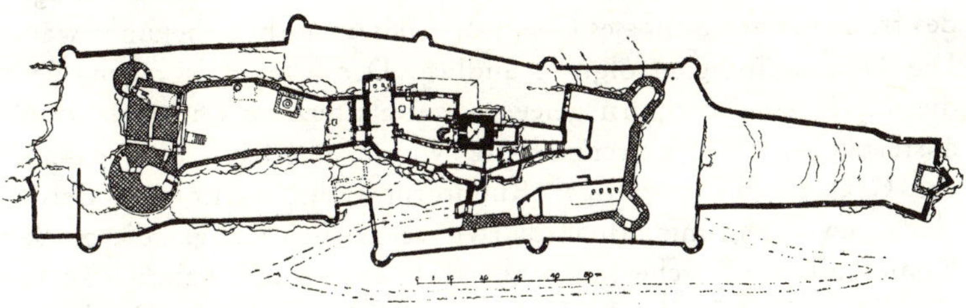

Z 138 Hohkönigsburg (Elsaß), Lageplan nach Tuulse 222

Rappoltstein mit einem Aufgebot von 500 Mann und sechs Büchsen die Burg genommen und zerstört. Kaiser Friedrich III. gab sie an die Grafen von Thierstein, die sie mit erheblichem Kostenaufwand
Z 138 instandsetzten und erweiterten. Es war fast ein Neubau, den sie aufführten. Sie gaben ihm die Prägung, die die Burg auch heute noch – nach der Wiederherstellung durch Bodo Ebhardt 1900–1908 – kennzeichnet. Einer der beiden Bauherrn, Graf Oswald von Thierstein, hatte als Feldhauptmann gegen Karl den Kühnen gekämpft und verfügte über große Erfahrung im Kriegswesen. Er wollte die neue Burg sturmfest machen und ließ darum gewaltige Mauern errichten. Am stärksten machte er die Türme des West-
T 192 bollwerks auf der Angriffseite. Sie nahmen die staufische Technik der Mauer mit Buckelquadermantel wieder auf.

1445 zerstörten die Basler die Burg *Mörsberg* im Sundgau. Peter von Mörsberg ließ eine neue, mit mächtigen Rundtürmen ausgestattete Burg errichten. Das Heptapyrgion von Konstantinopel, wo er sich als kaiserlicher Gesandter aufgehalten hatte, soll ihm dabei als Vorbild gedient haben.

Die Grafen von Leiningen, deren Hauptlinie auf der *Hardenburg* in der Pfalz ansässig war, Territorialherrn eines umfangreichen Streubesitzes in der Pfalz und im Elsaß, begannen um 1500 die Neugestaltung ihrer Stammburg. Der Grundriß läßt er-
Z 139 kennen, daß es sich um eine planvolle Neubefestigung handelte, und es will scheinen, daß Bauherrn und Architekten die Anlage des französischen Schlosses *Coucy-le-Château* nicht unbekannt war. Die Umgestaltung erfolgte gründlich. Der alte Halsgraben, der die auf einem Bergsporn gelegene mittelalterliche Burg von dem ansteigenden Hang getrennt hatte, wurde überbaut und jenseits des Grabens ein gewaltiger Rundturm errichtet. Er war durch einen gewölbten, mit Schießscharten versehenen Gang, „die große Kommunikation" geheißen, zugänglich. Im Grundsätzlichen ist es
Z 132 dieselbe Anlage wie beim „Dicken Turm" zu Friedberg. Das bergwärts gelegene Tor zur Hardenburg wurde durch einen großen, runden Torturm geschützt. Er beherrschte auch die gesamte Südflanke der Burg. Die Deckung der weniger gefährdeten, zum Isenachtal abfallenden Nordseite übernahmen ein kleinerer Eckturm und der sog. Kugelturm. Im Osten war der Burg ein Aus-

Z 139 Hardenburg (Pfalz), Grundriß nach Ebhardt I, 401

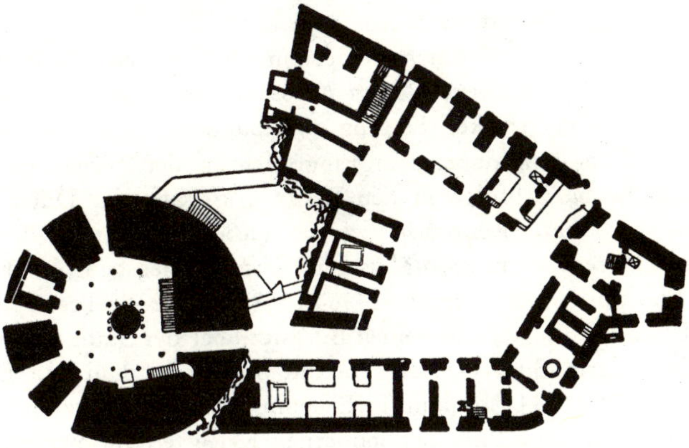

Z 140 Feste Kufstein (Tirol), Grundriß nach Ebhardt I, 710

fallgarten rechteckig vorgelagert, den ein sehr fester, „Münze“ genannter Bau mit zwei Rundtürmen – geradezu eine Miniaturausgabe des Hohkönigsburg-Bollwerks – begrenzte. Die Repräsentationsbauten, der Saal und der Marstall, mit teilweise noch erhaltenen Gewölben, lagen sämtlich auf der Westseite im Schutz des Torturms und des großen Rundturms, in dem sich auch die Gemächer des Burgherrn befanden. Beim Ausbau der Burg in den 40er Jahren des 16. Jahrhunderts war als maßgebender Baumeister Caspar Weitz aus Frankfurt tätig. Das Inventar des Gemachs, in dem der 1562 verstorbene Graf Johann Philipp wohnte, führt unter den Büchern auch „Victruvius de Archidectura“ und die „Koßmograuia Munsterij deutsch“ auf, sowie, was in dieser Grenzlandschaft einiges heißen will, „Könnigk Heinrichs von Frangkreich Bildnus gahr schöne“.

Franz von Sickingen ließ seine Burgen *Nanstein*, *Ebernburg* und *Hohenburg* neu befestigen und mit mächtigen Geschütztürmen ausstatten. Sie haben sein Schicksal nicht aufhalten können. Der mauerstarke Rundturm, der als Batterieturm diente und zugleich Befehlsstelle der Verteidigung ist, erscheint formal am deutlichsten ausgeprägt.

Nach diesem Grundsatz wurde auch die 1504 von Kaiser Maximilian I. belagerte und durch die berühmten Kanonen „Purlepaus“
Z 140 und „Weckauf“ zerschossene Burg *Kufstein* durch ihren Bezwinger bis 1522 zu einer starken Festung ausgebaut.

Maximilian kam durch sein Eingreifen in den Streit um die wittelsbachische Erbfolge in den Besitz von Kufstein. Durch die damals verhängte Reichsacht wurde auch die Position der in *Heidelberg* residierenden pfälzischen Wittelsbacher bedroht. Kurfürst Philipp der Aufrichtige (1476–1508), der große Freund von Kunst und Dichtung, hatte seinen Burgsitz über der Stadt zu einem Treffpunkt erlauchter Geister gemacht. Sein Sohn, Kurfürst Ludwig V. (1508–1544), begann, in Erkenntnis der ausgesetzten Lage seines Landes, diese Burg der modernen Kriegstechnik anzupassen (das „Sich-akkomodieren“ wurde für die bewegten Jahrzehnte der Reformationszeit geradezu das Stichwort der Pfälzer Politik). Ludwig V., „ein letzter markanter Gotiker“, gab „dem Schloß
T 203 seiner Ahnen durch Befestigungsanlagen großen Stils die bis auf

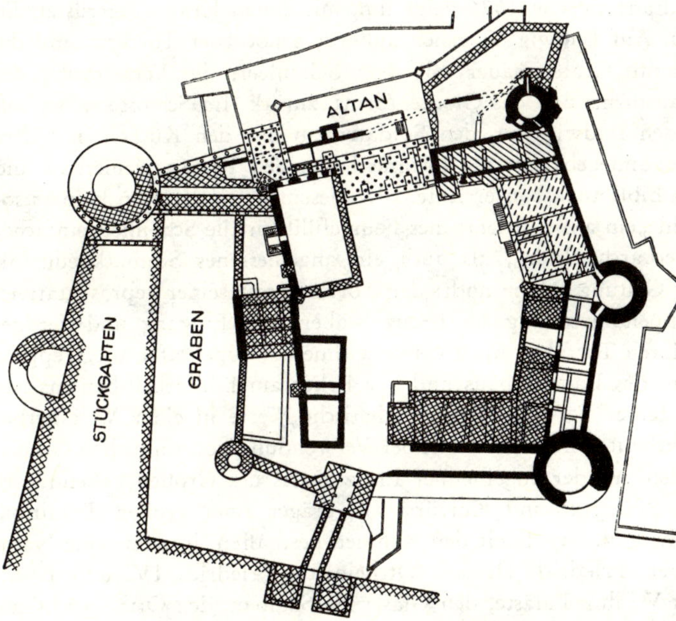


Z 141 Heidelberger Schloß, Grundriß nach Dehio/Gall, Rheinfranken 366

den heutigen Tag maßgebende Gesamtgestalt“ (Poensgen). Er ließ
Z 141 um die mittelalterliche Burg zwei rechtwinklig sich begegnende Wälle aufwerfen: den Nordwall auf der Neckarseite und den Stückgarten im Westen. An ihren Scheitel setzte er das gewaltigste unter den Heidelberger Bollwerken, den „Dicken Turm“. Die Stadtansicht von 1526 zeigt ihn, mit einem Kran ausgerüstet, im Bau. Auf Ludwig V. gehen außerdem noch der Torturm und die gesamte Grabenmauer mit dem Seltenleer, die Verstärkung des Krautturms und des Glockenturms, zurück. Im Schlosse selbst ließ er den Ludwigsbau, den Soldatenbau mit den Küchen und dem
T 202 Ökonomiegebäude, die Brunnenhalle, den Frauenzimmerbau und den Bibliotheksbau errichten. In diesem Bauprogramm kommt sowohl „ein außerordentliches Feingefühl für die Schönheit einfacher Zweckarchitektur“, als auch ein angemessenes Schmuckbedürfnis zur Geltung. Mehr noch: der Torturm mit seiner repräsentativen Wappendarstellung (in Bronze) über dem Eingang und der gewölbten Torfahrt, die 1524 bezeichnete Wappentafel am Treppenturm des Ludwigsbaus und der Erker am Bibliotheksbau machen ein feines Verständnis für ästhetische Werte in einer Welt herber Wehrbauten kund, und mit der Verwendung von römischen Granitsäulen aus der Ingelheimer Pfalz Karls des Großen bekennt sich der Pfalzgraf und Kurfürst als Träger einer großen Tradition. Ludwig V. hat damit den Rahmen geschaffen, in dem seine Nachfolger, Friedrich II. und Ottheinrich, Friedrich IV. und Friedrich V., ihre Paläste, den Gläsernen Saalbau, den Ottheinrichsbau, den Friedrichsbau und den Englischen Bau, aufführen und auch den Hortus palatinus anlegen konnten.

Wir wüßten gerne den für die Gestalt der Schloßbauten unter Ludwig V. verantwortlichen Baumeister. Denn, wenn wir auch eine erst im Laufe der Jahre in ihrem ganzen Umfang sichtbar werdende Entfaltung des Bauprogramms annehmen müssen, so waren doch schon im ersten Entwurf die entscheidenden Grundzüge der Neugestaltung zu erkennen, vor allem im „Dicken Turm“, dem Angelpunkt der ganzen Anlage. Die Steinmetzzeichen beweisen, daß man in Heidelberg mit einem großen Aufgebot von Werkleuten vorwiegend mittelrheinischer Herkunft arbeitete. Es ist auch das Zeichen des Moritz Lechler darunter. Daß er, der mehr

Steinmetz als Maurer gewesen zu sein scheint, auch der Architekt der Neubauten war, ist indes zu bezweifeln. Vielleicht hat er Teile, wie etwa den Torturm, ausgeführt. In Frage kommt noch Jacob Bach von Ettlingen, der 1491 und 1534 urkundlich bezeugt ist. Er wird bereits 1491 vom Pfalzgrafen in Heidelberg und von der Stadt Worms dem Rat der Stadt Frankfurt empfohlen. Dort übernimmt er 1499 die Bauleitung des „Pfarrturms" und vollendet ihn 1513. In Straßburg und in Magdeburg ist er im Festungsbau tätig. 1524 repariert er die Pfeiler der Heidelberger Neckarbrücke, die er vermutlich vor 1490 selbst erbaut hat. 1491 ist er in Marburg am Kugelhaus nachgewiesen. Trotzdem kann er nicht identisch sein mit dem seit etwa 1470 für die hessischen Landgrafen tätigen Johann Jacob von Ettlingen. Aber ein Vergleich der Rundtürme von Herzberg und Friedewald mit denen zu Heidelberg zeigt, daß hier enge Beziehungen vorliegen. Möglicherweise handelt es sich um Vater und Sohn.

An den späteren Bauten des Heidelberger Schlosses, die zwischen 1533 und 1554 entstanden, ist auch der Frankfurter Caspar Weitz beteiligt. Er hat in Frankfurt 1531 zusammen mit Jacob Bach an den Mainmühlen gearbeitet. Weitz könnte als Nachfolger von Jacob Bach angesprochen werden. Wie dieser ist er viel umhergekommen, er war in Münster und Lübeck, in Magdeburg und Wien, in Heidelberg und Aschaffenburg durchweg im Festungsbau beschäftigt.

Das große Bauen, durch das die Burgen sich in feste Schlösser verwandelten, hatte allerorts eingesetzt. Zu *Meißen* ließ Herzog Albrecht 1471–1480 durch Meister Arnold von Westfalen neben dem Bischofsschloß ein landesherrliches Schloß, die Albrechtsburg,
errichten. Sie wurde weniger nach Gesichtspunkten eines Wehrbaus Z 142
als nach denen einer fürstlichen Wohnung gestaltet. Der Bau schließt nördlich an Chor und Querhaus des Doms an und entfaltet sich in einer malerisch lockeren Aneinanderreihung von Gebäudetrakten mit Räumen verschiedener Größe, die durch ihre phantasievollen Gewölbeformen beeindrucken. Das Glanzstück des Außenbaus ist der große Wendelstein. Der im Obergeschoß gelegene Wappensaal, der zu den Nachfolgern des Wladislawschen Saals auf der Prager Burg gehört, wurde erst 1525 durch Jacob Hellmann von Schweinfurth vollendet.

Zu *Torgau* ließ Kurfürst Johann der Beständige nach 1533 das
Schloß Hartenfels durch Konrad Krebs von Büdingen errichten.
Im äußeren Umriß ist noch die Verwendung einer älteren Burg auf
oblongem Plan zu merken. Die auffallendste künstlerische Leistung
T 200 des Architekten ist wiederum der Wendelstein. Im großen Rechteck
des Hofes kommt dieses offene Treppenhaus mit reich gegliederten
und ornamentierten Pfeilern, Brüstungen, Gesimsen und der Spindel
inmitten zu prächtiger Wirkung.

Konrad Krebs entwarf 1537 das Schloß zu *Berlin*. Ein Schüler
des Torgauer Baumeisters, Kaspar Theis, erbaute dort die Erasmuskapelle
und trat 1540 auf Lebenszeit in die Dienste der Kurfürsten
von Brandenburg.

Das Motiv des Laubenhofs, das in einer Reihe von süddeutschen
Burgen bereits seit langem vertreten war, hat begreiflicherweise
auch die Baumeister der festen Fürstenschlösser angeregt. Pfalzgraf
T 199 Ottheinrich ließ 1530 durch Hans Knotz zu *Neuburg* an der
Donau solche Hoflauben bauen. Er stellte sie auf anmutige, gedrehte
Säulen und versah sie mit Gewölben. Ottheinrich ließ auch
eine Hofkapelle errichten und ausmalen, einen der ersten protestantischen
Sakralbauten Deutschlands.

Im *Heidelberger* Schloß entstand in den 40er Jahren die hübsche
Loggia des Gläsernen Saalbaus mit dreigeschossigen Lauben. Aber
erst nach der Jahrhundertmitte gelingen die großen Werke, vor
allem 1556 ff. der einzigartige Ottheinrichsbau, der schönste Renaissancepalast
Deutschlands, an dessen Gestalt und Bildprogramm der
Kurfürst selber entscheidenden Anteil hat. Der Arkadenhof des
Alten Schlosses in *Stuttgart* mit Laubengängen im Erdgeschoß und
zwei oberen Stockwerken wurde nach 1553 von Alberlin Tretsch
T 201 erbaut, der „Schöne Hof" der *Plassenburg* bei Kulmbach mit zwei
oberen Arkadengeschossen ab 1561 von Caspar Vischer. Die alte
Plassenburg war 1554 im Markgräflerkrieg verbrannt worden. Ihre
Z 143 Erscheinung hatte ein mächtiger, isolierter Rundturm bestimmt. Der
Neubau durch Markgraf Georg Friedrich, aus Mitteln der ihm
zugesprochenen Kriegsentschädigung, schuf 1560–1570 ein großartiges
Renaissance-Schloß, das nach außen streng und wehrhaft
blieb, dessen Schönheit sich aber im Inneren in den medaillongeschmückten
Bogenstellungen und den gotisierenden Gewölben der

Z. 142 Meißen, Albrechtsburg, Schnitt nach Essenwein II, 96/97

Umgänge offenbarte. Die Mitarbeiter Vischers waren Daniel Engelhart als zweiter Baumeister und wohl auch Erasmus Braune als Bildhauer.

Im Zuge der Landesverteidigung spielte die Plassenburg als nördliche Festung die gleiche Rolle wie die südliche Festung der Markgrafschaft, die *Wülzburg* bei Weißenburg. Sie ist 1588 von Georg Berwart dem Älteren geplant und begonnen und von seinem Sohn Blasius gegen 1600 beendet worden. Ihr Typus schließt in der Gestaltung des Schlosses, insbesondere des Hofes, an die Plassenburg an, die Formen sind aber nicht nur einfacher, sondern auch derber. Und der Grundriß der Burg setzt schon deutlich die neuen Theorien über die Anlage von befestigten Plätzen voraus, nach denen man die veralteten Anlagen umzubauen begann.

Es sind ja dieser Epoche, die sich in der Besinnung auf die Ursprünge um ein neues Verständnis des Menschen und seiner Werke gemüht hat, auch in der Theorie der Künste wichtige Erkenntnisse geschenkt worden. Mit Festungsbau haben sich Leonardo da Vinci und Michelangelo befaßt. Albrecht Dürers Studien über die Festungsbaukunst „Etliche Underricht zu Befestigung der Stett, Schloß und Flecken" von 1527 haben wohl ihren deutlichsten Niederschlag in Gesalt der Stadtfeste Munot über *Schaffhausen* am Rhein gefunden. Allerdings erst 1563—85, aber sein Baumeister Heinrich Schwarz berief sich auf Dürer. Im Inneren ist eine interessante Reitschnecke erhalten.

Für die mächtigen *Nürnberger* städtischen Rundtürme, die 1555—1559 an den vier Haupttoren durch Paul Behaim erbaut wurden, dürften die Ecktürme des Castello Sforzesco zu *Mailand* als Vorbilder gedient haben, welche 1455 Bartolomeo Gadio aus Cremona dort den Ecken der breiten Eingangsfront angefügt hatte.

Unter den Festungsbaumeistern des 16. Jahrhunderts nimmt der *Straßburger* Stadtbaumeister Daniel Specklin eine besondere Stelle ein. Er hat nicht nur die Modernisierung der Straßburger Stadtumwallung in die Wege geleitet, sondern auch eine Schrift über den Festungsbau („Architectura von Vestungen" 1589) verfaßt. Eine dort abgebildete Felsenburg — ein konstruierter Idealtyp mit
Z 144 starken Überhöhungen — wird seit dem 17. Jahrhundert als Abbildung der Burg *Fleckenstein* im Unterelsaß angesehen.

Z 143 Plassenburg bei Kulmbach, Ansicht der Feste vor 1554

Dort trug eine von Nordosten nach Südwesten ziehende,
T 191 52 m lange, 6–8 m breite Felsklippe seit der Hohenstaufen-
zeit die Burg eines angesehenen Geschlechts. Im 16. Jahrhundert
wurde sie vor allem auf der Ostseite, möglicherweise unter
Mitwirkung von Specklin, mit starken Vorwerken versehen, die
aber sämtlich verschwunden sind. Sie zeigten, wie sich die neuen
Grundsätze auch der bislang auf Grund ihrer natürlichen Lage
für uneinnehmbar gehaltenen Felsenburgen bemächtigten und aus
ihnen eindrucksvolle Bauwerke schufen.

Im Unterschiede zum Fleckenstein, der in den Kriegen des
17. Jahrhunderts zerstört wurde, blieb die über zerklüfteten Kalk-
felsen aufragende Burg *Wildenstein* im oberen Donautal unversehrt
erhalten. Sie erhielt unter dem Grafen Werner von Zimmern in der
ersten Hälfte des 16. Jahrhunderts ihre neue Gestalt. Die Kernburg
bildete ein unregelmäßiges Viereck. Die Südseite, durch die das Tor
führt, war stark bewehrt und durch eine Art vorgelagerter, mit
Türmen flankierter Schildmauer auf einem Felsenriff geschützt.
Z 145 Der Palas lag talwärts. In der Darstellung Merians ist diese Burg
Inbegriff einer durch Natur und Menschenhand auf beste ge-
schützten Festung geworden.

Die seit Beginn des 16. Jahrhunderts wachsende Bedrohung der
Ostgrenzen und -marken des Reichs durch die Türken führte zur
Anlage eines Netzes befestigter Stützpunkte, Widerstandsnester
und Zufluchtsstätten, in das auch die vorhandenen Burgen ein-
bezogen wurden. Sie kamen damit in eine geschichtliche Lage,
wie sie zu Beginn der Burgenzeit, als es galt, ererbtes, erworbenes
oder erobertes Land zu behaupten, oder in der kolonisatorischen
Epoche der Kreuzfahrer und Ordensritter, bestanden hatte. Wahr-
zeichen dieses Willens zur wehrhaften Selbstbehauptung ist Schloß
T 207 *Hochosterwitz* in Kärnten. Aus der Ebene des Zollfelds erhebt sich
dieser mächtige Felsklotz, der schon seit dem frühen Mittelalter
besiedelt war. 1570 gelangte die Burg in den Besitz des Landes-
hauptmanns von Kärnten, Georg Khevenhüller, der sie bis 1586 zu
einer unbesiegbaren Festung ausbauen ließ. Der Burgweg war in
Windungen durch 14 Tore hindurch emporgeführt. Die Krone der
ihn abschirmenden und die Burg gürtenden Mauern ist mit einer
Anzahl von spitzbehelmten Erkern besetzt. Eine Kirche fehlt im

Z 144 Burg Fleckenstein (Elsaß), Idealansicht nach Specklin (1589)

Bereich dieser Burgen genausowenig wie die Wohnbauten, die eine bescheidene Repräsentation zulassen.

Am Osthang des Rosaliengebirges im Burgenland thront Burg
T 206 *Forchtenstein*. Man hat von ihrem Turm aus einen weiten Blick über die ungarische Ebene. 1622 erwarben sie die Grafen Esterhazy, erweiterten sie und umgaben sie 1652 mit gewaltigen, bastionierten Vorwerken. Diese Maßnahmen bewährten sich, als die Türken 1683 vor Wien zogen und das Burgenland vom Feind verwüstet wurde. Da hielt als einziger Wellenbrecher in der Flut Burg Forchtenstein stand.

Die Burg ist auf länglichem Grundriß erbaut. Der runde Bergfried steht gegen die Angriffseite und ist dort keilförmig verstärkt (wie auf der Bolkoburg in Schlesien). Das Tor ist zwar noch für eine Zugbrücke eingerichtet, aber auch durch eine barocke Säulendekoration ausgezeichnet und mit Nischen für Heiligenfiguren versehen, so daß es ein schloßartiges Gepräge erhält. Hier auf Forchtenstein durfte sich angesichts der Weite östlicher Landschaft der deutsche Burgenbau in seiner mehrschichtigen Ausformung als Herrensitz, als festes Schloß, als Grenzburg und als Ort der Zuflucht in einer stolzen Anlage zum letzten Male bekunden und bewähren, zu einer Zeit, als anderwärts das Ende der Burg längst eingetreten war.

Z 145 Burg Wildenstein (Donau), Ansicht nach Merian

## Anhang III:

## Die Kirchenburgen

Auch die Kirchenburg, die befestigte Stätte des Gottesdienstes, ist eine Erscheinungsform der deutschen Burg. Es gibt eine ganze Gruppe solcher Kirchenburgen. Im oberen Elsaß finden wir am Hange von Rebhügeln die gotische Kirche von *Hunaweier* in einem Mauerring des 15. Jahrhunderts, der mit fünf Schalentürmen besetzt ist. Die Kirche von *Hartmannsweiler* steht in einem Bering, dessen vier, nur teilweise erhaltene Rundtürme wohl noch im ausgehenden 13. Jahrhundert entstanden waren. Weiter im Westen, im französisch sprechenden Raum um *Metz* ist die befestigte Kirche eine geradezu typische Erscheinung, wovon die wehrhaften Dorfkirchen von Arry, Lorry-Mardigny, Vaux und Lessy aus romanischer und frühgotischer Zeit Zeugnis ablegen. Die schönste dieser dörflichen Wehrkirchen ist die von *Chazelles*, deren Schiff und Chor mit Zinnen bekrönt sind.

In der Schweiz bietet *Muttenz* das Beispiel eines stark befestigten gotischen Kirchhofs. In der Südpfalz ist die gleichfalls gotische Kirche von *Dörrenbach* durch eine Mauer des 14. Jahrhunderts mit vier Rundtürmen geschützt. In *Ostheim* vor der Rhön hat sich eine bedeutende Kirchenburg aus der ersten Hälfte des 14. Jahrhunderts erhalten. Die mit Türmen verstärkte Mauer trägt einen Wehrgang. In Franken haben wir den *Kraftshof* bei Nürnberg als solche Kirchenburg anzusprechen. Ebenso besitzt *Hanberg* bei Erlangen eine gotische Befestigung aus Mauern und mehreren Türmen sowie Scheunen und Stallungen.

An der Donau wurde die Kirche von *Weißenkirchen* im Zeichen der Türkengefahr befestigt und die Kirche von *St. Michael* um 1500 von vorneherein als Wehrkirche angelegt. Sie steht innerhalb eines Berings an den felsigen Berghang geschmiegt. Stromabwärts wird sie von einem starken Rundturm gedeckt. Der Kirchturm selbst ist mit einer Plattform versehen und trägt Rundzinnen.

Das formale Schema dieser Kirchenburgen war einfach und wiederholt sich: eine freistehende Kirche wurde ringsum mit Mauern umgeben. Türme wurden im Zuge dieser Ringmauer nach Bedarf errichtet. Der Kirchturm versah die Stelle des Bergfrieds. An günstigem Ort legte man ein Tor an, sei es als Pforte, sei es als Torhaus oder -turm. Wirtschaftsbauten wurden an die Mauer angelehnt, so daß der Hof, der Raum um die Kirche, unbebaut blieb, was auch schon darum geboten war, weil er als Friedhof diente.

Nach diesem Schema wurden zunächst auch die Kirchenburgen im Lande Siebenbürgen erbaut. Als Musterbeispiel darf eine der besterhaltenen Anlagen dienen, die Kirchenburg von *Tartlau.* Sie Z 146
war in ihrer ersten Gestalt eine kreuzförmige Zentralkirche mit Mittelturm, vom Deutschen Orden erbaut. Ihre Umwallung bestand aus einem nach dem Viereck zu gedehnten Ring. Die Kirche wurde später erweitert, was aber auf den Verlauf der Wehrmauer keinen Einfluß hatte. Doch erhielt die Kirchenburg eine Vorburg, eine Art Barbakane, die sie nicht nur sturmsicherer machte, sondern ihr auch durch ihre gegliederte Stirnseite ein gefälliges Ansehen gab. Die Wohn- und Speicherräume waren von innen her radial an die hohe Ringmauer angefügt und mit breitem Pultdach, dessen Traufe in den Hof führte, überdeckt. Das Turmdach erhielt gleich über dem Gesims eine Bogengalerie, welche den Blick in die Runde freigab. Erst darüber war der pyramidenförmige Turmhelm errichtet.

Am Beispiel der Kirchenburg *Schönberg* schildert Hermann
Phleps die geschichtliche Ausformung des Typus der siebenbürgi- Z 147
schen Kirchenburg. Eine turmlose, basilikale Kirche aus dem zweiten Viertel des 13. Jahrhunderts, als König Andreas II. die Sachsen der „Sieben Stühle“ 1224 privilegierte, wurde mit einem Ring aus Palisaden umzäunt und mit einem Torbau versehen. Diese Anlage fiel dem Mongolensturm von 1241 zum Opfer. Die überlebenden Bewohner und die neuen Siedler stellten für ihre Gottesdienste zunächst nur den Chor der Kirche wieder her, errichteten abermals einen Palisadenzaun mit einem Torhaus und erbauten an der Kirche einen bergfriedartigen, quadratischen Westturm, den sie mit einem Wehrgang versahen. In einem nächsten Bauabschnitt

bauten sie auch das Kirchenschiff wieder auf. Über dem Chor wurde ein zweiter Turm von der Art des ersten, nur etwas schlanker und niedriger, errichtet. Das geschah auch andernorts, so daß die Siebenbürger Kirchen bereits im 13. Jahrhundert einen recht wehrhaften Charakter erhielten und ein Erlaß des Königs Andreas III. vom Jahre 1291 verlangte, daß diese Bauten zerstört werden müßten, wenn man sie als gefährlich erkennen sollte. Das war aber nicht der Fall. Die Türme blieben stehen, ihre Zahl nahm sogar zu. Um 1420 setzte mit der aufziehenden Türkenbedrohung ein neues Bauen im ganzen Lande ein. Zu Schönberg wurde daher der bisherige Palisadenwall durch eine feste Mauer mit Wehrgang und vier Ecktürmen ersetzt. Die beiden Kirchtürme wurden erhöht. Auch die Kirche wurde zur spätgotischen Pseudobasilika umgestaltet. Im 16. Jahrhundert zog man die Außenwände der Ecktürme, die mit Erkern versehen wurden, hoch, und deckte die Türme nach dem Hof zu mit Pultdächern. „Es trat ein architektonisches Motiv besonderer Art in Erscheinung, das auch viele andere Kirchenburgen Siebenbürgens mit seinem an unerschrockene Schildhalter mahnenden Bild adelt."

Die Kirchtürme mit vorkragenden Wehrgängen, oft in Fachwerk ausgeführt oder zierlich bekrönt wie zu *Keisd*, die erhöhten Chorbauten, deren eigenartigster der dreifach aufgestockte Chor von
T 178 *Wurmloch* ist, machen den malerischen Reiz und die architektonische Besonderheit dieser Kirchenburgen aus. Die Türme prägen das Bild. Unter den Torbauten blieb der prächtigste im Stundenturm von *Schäßburg* erhalten, mit vorgekragtem Obergeschoß auf Konsolen, offener Galerie und bewegten, barocken Dachhauben. Manchmal ist das Wehrgeschoß über das ganze Kirchenschiff geführt *(Probstdorf, Scharosch)*.

Neben den ausgebauten Kirchturm tritt öfter ein selbständiger Wehrturm, einzeln im Hofe stehend oder in die Ringmauer einbezogen.

Die befestigten Chöre wollten den Raum des Heiligen schützen, den Raum, in dem die Bauherrn und Verteidiger dieser Burgen die tiefste Kraft für Leben und Sterben empfingen. Die weitschauenden Wehrtürme aber sollten helfen, zu bewahren und zu behaupten. Diese Aufgabe erschien denen, die hier über ihren Familien, ihren

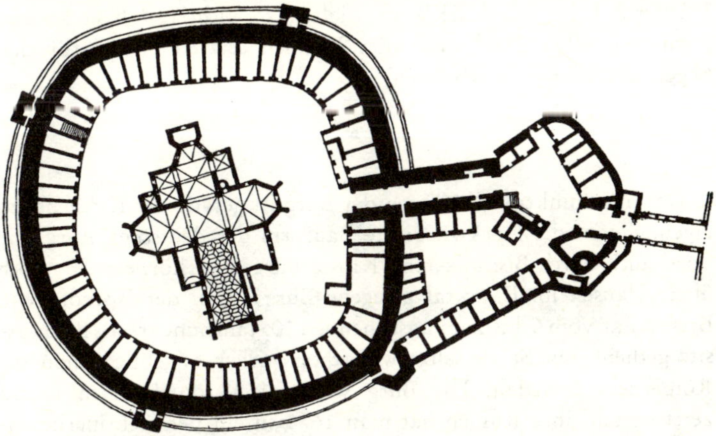

Z 146 Kirchenburg Tartlau (Siebenbürgen), Grundriß nach Lux aus Ebhardt II, II, 619

Z 147 Kirchenburg Schönberg (Siebenbürgen), Darstellung ihrer Entwicklung nach Phleps, Siebenbürgen 106

Häusern, ihrem Land die Wacht hielten, so wichtig, daß sie an ihre Erfüllung allen Fleiß und alles Können setzten und dafür den Segen des Himmels erbeteten.

*

Das mehrfunktionelle Wesen der Burg ist gerade der Kirchenburg eigen. Sie ist die merkwürdigste Bauform der deutschen Burg. Sie wird auch durch Bischofs- und Klosterburgen verkörpert. Die hoch über Klausen im Eisacktal gelegene Burg *Säben* der Bischöfe von Brixen hat vom 6. bis zum ausgehenden 10. Jahrhundert als Bischofssitz gedient. Die Stätte selbst war schon vorher, angeblich schon zur Römerzeit, besiedelt. Die Burg wurde 1535 durch einen Brand zerstört und ihre Ruinen hat man 1681 in ein Benedektinerinnen-Stift verwandelt. Doch bewahrt der von einer gezinnten Ringmauer umgebene Komplex in seinem Gesamtbilde und in Einzelheiten, wie dem Kassiansturm, noch burgartiges Gepräge.

Von den beiden bischöflichen Burgen Tourbillon und Valeria über *Sitten* an der Rhône, die auf steilen Felskegeln die Stadt und das Tal beherrschen, verwendet Valeria römische Reste. Die bewehrte, romanische Burgkirche Notre-Dame-de-Valère ist steingewordener Ausdruck eines kämpferischen Glaubens.

Einige benediktinische Klosterburgen sind dort entstanden, wo es der Mönch unternahm, die Stätte seiner Gottesverehrung streitbar zu schützen. Als gutes Beispiel einer solchen deutschen Klosterburg darf die *Komburg* bei Schwäbisch Hall gelten. Ihr aus dem Anfang
T 10 des 12. Jahrhunderts stammendes Tor enthält im Obergeschoß eine turmgekrönte Kapelle. Das burgartige Gepräge mancher älteren Klosteranlagen rührte auch daher, daß Burgen den Mönchen übergeben wurden, wie wir das von der *Limburg* an der Haardt oder von *Melk* an der Donau wissen.

Die eindrucksvollsten Verwirklichungen des Gedankens der Klosterburg wurden außerhalb des deutschen Volks- und Sprachraums vollbracht, sollen aber hier zur Kennzeichnung dieses Typus und um ihrer Zugehörigkeit zum gleichen Lebenskreise genannt werden. Es sind der *Mont-Saint-Michel* an der normannischen Küste und die *Sagra di San Michele* am Ausgang des Susatals in den piemontesischen Alpen. Der in die endlose Weite des Meers hinausgehaltene spitze Inselberg und der auf die Felsen des Hochgebirgs mit gewaltigen Substruktionen gesetzte kantige Mauerblock, so stehen diese Bauwerke, Wächtern gleich vor den Welten, denen sie ihre Gestalt verdanken; Außenposten gegenüber dem Amorphen, das es durch die Form zu überwinden galt.

Alle diese Burgen wuchsen auf dem geistigen Wurzelgrund, der die Gesamtheit abendländischer Wehrbauten in großer Fülle und nach eigenen Gesetzen über 800 Jahre lang hervorbrachte. Die Kirchen-Burgen, die in ihrer Besonderheit nicht einem irdischen Machtanspruch, sondern dem Glauben an das ewige Reich zu großartigen Formvorstellungen verhalfen, lassen diese Zusammenhänge sehr klar erkennen. Vielleicht wird uns gerade an ihnen bewußt, daß auch die Burg in ihrem Werden und Vergehen, wie alle Geschichte, nach einem tiefen Worte Rankes, unmittelbar zu Gott ist.

# SCHRIFTTUM

## Zur Einleitung:

CLASEN, K. H., Artikel „Burg“ im Reallexikon zur deutschen Kunstgeschichte (RdK), III, Stuttgart 1954

MAURER, H. M., Bauformen der hochmittelalterlichen Adelsburg in Südwestdeutschland, Ztschr. f. d. Gesch. d. Oberrhein, Bd. 115/1967

PIPER, O., Burgenkunde, München 1912 (2)

RIEDBERG, L., Deutsche Burgengeographie, Leipzig 1939

TILLMANN, C., Lexikon der deutschen Burgen und Schlösser, 4 Bde., Stuttgart 1958—61

VIOLLET-LE-DUC, Dictionnaire raisonné de l'architecture française du XIe au XVIe siècle, 10 Bde., Paris 1875 ff.

## Zu I: Bauformen der Burg:

CLASEN, K. H., Art. „Bergfried“ und „Burgkapelle“ im RdK I und III

COHAUSEN, A. v., Die Befestigungsweisen der Vorzeit und des Mittelalters, Wiesbaden 1898

EBHARDT, B., Deutsche Burgen, Berlin 1898—1908

EBHARDT, B., Der Wehrbau Europas im Mittelalter, I, Berlin 1939, II a und b, Stollhamm (Oldb.) 1958

ESSENWEIN, A. v., Die Kriegsbaukunst, Handbuch der Architektur, 2. Teil, IV, 1. Darmstadt 1889

ESSENWEIN, A. v., Der Wohnbau, Handb. d. Arch., 2. Tl., IV, 2. Darmstadt 1892

KNAPP, W., Möglichkeit und Ziel einer Typologie in der Burgenkunde, in: Studium generale V/1952

MEYER, W., Den Freunden ein Schutz, den Feinden zum Trutz. Die Deutsche Burg. Frankfurt a. M. 1963

Deutsche Burgen und Feste Schlösser, Text von W. PINDER, Königstein und Leipzig 1913

SCHMIDT, R., Burgen des deutschen Mittelalters, München 1959

Schmitt, P., Will, R., Wirth, J., Salch, Ch.-L., Châteaux et Guerriers de l'Alsace Médiévale, Straßburg 1975

Schuchardt, C., Die Burg im Wandel der Weltgeschichte, Potsdam 1931

Simon, K., Studien zum roman. Wohnbau in Deutschland, Straßburg 1902

G. Stein, Zu einer Typologie mittelalterlicher Burgengrundrisse, in: Der Burgenfreund 2/1956

Tuulse, A., Burgen des Abendlandes, Wien—München 1958

## Zu II: Geschichte der Burg:

*(B. Römische Paläste, Kastelle und Gehöfte):*

Eiden, H., Die spätrömische Kaiserresidenz Trier im Lichte neuer Ausgrabungen. Rheinischer Verein für Denkmalpflege und Heimatschutz, 1952

Niemann, G., Der Palast Diokletians in Spalato, Wien 1910

Swoboda, K., Römische und romanische Paläste, Wien 1919

*(C. Der Pfalzenbau bis zur Salierzeit):*

Brühl, C., Königspfalz und Bischofsstadt in fränkischer Zeit, in: Rheinische Vierteljahrsblätter XXIII/3—4, 1958

Büttner, H., Zur Burgenbauordnung Heinrichs I., in: Blätter für deutsche Landesgeschichte 92/1956

Diepenbach, A., „Palatium" in spätrömischer und fränkischer Zeit. Diss. Gießen 1921

Doll, A., Zur Frühgeschichte der Stadt Speyer, eine topographische Untersuchung ... in: Mitt. des Hist. Vereins f. d. Pfalz 52/1954

Donin, K., Neues zur Baugeschichte der Burgkapelle in Oberranna, in: Mitt. d. Gesellsch. f. vergleichende Kunstforschung, Wien 14/1961

Emmerich, W., Landesburgen in ottonischer Zeit, in: Archiv f. Geschichte von Oberfranken, Bayreuth 37/1957

Ewig, E., Trier im Merowingerreich, Trier 1954

Fichtenau, H., Byzanz und die Pfalz zu Aachen, in: Mitt. d. Instituts f. österr. Geschichtsforschung 59/1951

Grimm, P., Stand und Aufgaben der archäologischen Pfalzenforschung, Berlin 1961

Haupt, A., Die älteste Kunst insbesondere die Baukunst der Germanen von der Völkerwanderung bis zu Karl d. Gr., Leipzig 1909

Herzog, E., Die ottonische Stadt, Berlin 1964

Hölscher, U., Die Kaiserpfalz Goslar, Berlin 1927

Mayer, H., Bamberger Residenzen, München 1951

Niebelschütz, E. v., Das Kaiserhaus in Goslar, Berlin-München 1949

Piendl, M., Die Pfalz Kaiser Arnulfs bei St. Emmeran in Regensburg in: Thurn und Taxis-Studien 2/1962

Plath, K., Nimwegens Kaiserpfalz, in: Der Burgwart 10/1908/09

Rauch, Chr., Die Königspfalz Karls d. Gr. zu Ingelheim, in: Neue deutsche Ausgrabungen, Münster i. W. 1930

Rothe, E., Goslar als Residenz der Salier, Berliner Diss., Dresden 1940

Schlag, G., Die deutschen Kaiserpfalzen, Frankfurt a. M. 1940

Schöne, W., Die künstlerische und liturgische Gestalt der Pfalzkapelle Karls d. Gr. in Aachen, in: Zeitschr. f. Kunstwissensch. 15/1961

Schroller, H., Bericht über die Untersuchungen der Königspfalz Werla, in: Wissensch. Nachr. d. Universität Göttingen 1939

Schuchhardt, C., Die frühgeschichtlichen Befestigungen in Niedersachsen, Bad Salzuflen 1925

Weirich, D., Zur Baugeschichte der Zentralkirche auf dem Valkhof von Nijmegen, in: Das Münster 8/1955

Zeller, A., Forschungen an karolingischen Bauten im Rheingau und in Rheinhessen, 1. u. 2. Heft, Berlin 1935/6

*(D. Die Blütezeit des Burgenbaus unter den Hohenstaufen):*

Arens, F., Die Königspfalz Wimpfen (Denkmäler deutscher Kunst, hrsg. v. Deutschen Verein für Kunstwissenschaft) Berlin 1967

Asche, S., Die Wartburg, Dresden 1955

Binding, G., Burg Münzenberg. Diss. Bonn 1963

Binding, G., Kaiserpfalz in Gelnhausen. München-Berlin 1962

Binding, G., Das Palatium in Seligenstadt, in: Archiv f. hess. Geschichte und Altertumskunde, NF 26/1961

Bingemer, H., Die Erbauungszeit des Saalhofs in Frankfurt und der Burgen zu Gelnhausen und Münzenberg, Frankfurt a. M. 1937

Bruhns, L., Hohenstaufenschlösser, Königstein und Leipzig 1937

Clemen, P., Untersuchung, Ausgrabungen und Sicherung der Hohenstaufenpfalz Kaiserswerth, in: Jahrbuch f. Denkmalpflege in der Rheinprovinz, 5/1900 und 13/1909

EBHARDT, B., Burg Trifels, Untersuchungen zur Baugeschichte, Marksburg 1938

FAUST, H., Das Schloß in Büdingen, Diss. Darmstadt 1928

GAUL, O., Die ehem. lippische Residenz Rheda, in: Mitt. aus der lippisch. Geschichte u. Landeskunde, 24/1955

HOTZ, W., Staufische Reichsburgen am Mittelrhein, Berlin 1937

HOTZ, W., Kaiserpfalzen und Ritterburgen in Franken und Thüringen, Berlin 1940

HOTZ, W., Pfalzen und Burgen der Hohenstaufenzeit im Elsaß, in: Jahrbuch der Stadt Freiburg i. Br., Bd. 4/1940

HOTZ, W., Gelnhausen, Amorbach 1951

HOTZ, W., Burg Wildenberg im Odenwald, Amorbach 1963

LEHMANN, H., Die Kyburg und ihre Umgebung, Zürich 1928

LEISTIKOW, D., Burg Krautheim, in: Württemb. Franken 43/1959

MERKELBACH, L., Burg und Schloß Kilchberg, Stuttgart 1965

SCHLAG, G., Die Kaiserpfalz Kaiserslautern, in: Westmärk. Abhandlungen z. Landes- u. Volksforschung, 4/1940

SCHLAG, G., Die Kaiserpfalz Hagenau, in: Oberrheinische Kunst 10/1942

SCHLIPPE, J., Die Burg Breisach, in: Nachrichtenblatt d. Denkmalpflege in Baden-Württemberg, 2/1959

SCHÜRER, O., Romanische Doppelkapellen, in: Marburger Jahrb. f. Kunstwissenschaft, 5/1929

SCHÜRER, O., Die Kaiserpfalz Eger, Berlin 1934

SPRATER, F., Der Trifels, Speyer 1950 (3)

TRENDEL, G., und ULRICH, H., Châteaux des Vosges et du Jura Alsacien, Straßburg 1969

VOSS, G., und LEHFELD, P., Die Bau- und Kunstdenkmäler Thüringens, H. 41: Wartburg, Jena 1917

WÄSCHER, H., und GIESAU, H., Burg Querfurt, Querfurt 1941

WEIRICH, D., Die Palastkapelle Barbarossas auf dem Valkhof in Nijmegen, in: Das Münster 7/1954

WILL, R., Le château, dit „Burg“ de Haguenau, in: Etudes Haguenauiennes, Nouv. Série I/1955

WILL, R., Les châteaux des Vosges, in: Les Vosges alsaciennes, Straßburg 1966

WINTER, L., Die Burg Dankwarderode, Braunschweig 1883

WÜLFING, O. E., Burgen der Hohenstaufen in der Pfalz und im Elsaß, Düsseldorf 1959

WÜLFING, O. E., Burgen der Hohenstaufen in Schwaben, Franken und Hessen, Düsseldorf 1960

ZUMSTEIN, H., Châteaux forts du XIIe siècle en Alsace, in: Cah. Als. d'archéol., d'art et d'hist., Bd. XI, Straßburg 1967
ZUMSTEIN, H., Chateaux forts de l'époque romane tardive en Alsace, in: Cah. Als d'archéol., d'art et d'hist., Bd. XV, Straßburg 1971

*(E. Die gotische Burg — nach Landschaften):*

BACKES, M., Burgen und Schlösser am Rhein, Neuwied o. J.
BRONNER, C., Odenwaldburgen, 3 Bde., Groß-Umstadt 1924, Mainz 1927
CLASEN, K. H., Die mittelalterliche Kunst im Gebiete des deutschen Ordensstaates Preußen, Bd. I Die Burgbauten, Königsburg 1927
FREY, D., Das Burgenland, Wien 1929
GLASMEYER, H., Westfälische Wasserburgen, Dortmund 1956
HALMER, F., Niederösterreichische Burgen, Wien 1956
HOTZ, W., Burgen am Rhein und an der Mosel, Berlin 1956
KREISEL, H., Burgen und Schlösser in Franken, München-Berlin 1955
KREISEL, H., Burgen und Schlösser in Altbayern, München-Berlin 1957
MÖLLER, W., Burgenkunde für das Odenwaldgebiet, Mainz 1938
MRUSEK, H.-J., Burgen in Sachsen und Thüringen, München 1965
MUMMENHOFF, K., Wasserburgen in Westfalen, München-Berlin 1958
PIPER, O., Österreichische Burgen, 8 Bde., Wien 1902/10
POESCHEL, E., Das Burgenbuch von Graubünden, Zürich-Leipzig 1930
RENARD, E., Rheinische Wasserburgen, Bonn 1924
SCHMID, B., Die Burgen des deutschen Ritterordens in Kurland, in: Zeitschr. f. Bauwesen, 71/1921
SCHMID, B., Die Burgen des deutschen Ritterordens in Preußen, Berlin 1938
SCHMIDT, R., Burgen und Schlösser in Schwaben, München-Berlin 1958
STEINBRECHT, K., Die Baukunst des deutschen Ritterordens in Preußen, Berlin 1885—1910
WÄSCHER, H., Feudalburgen in den Bezirken Halle u. Magdeburg, 2 Bde., Berlin 1962
WEINGARTNER, J., Tiroler Burgenkunde, Innsbruck u. Wien 1950
WILDEMANN, TH. Rheinische Wasserburgen, Neuß 1955
WINNIG, A., Der deutsche Ritterorden und seine Burgen, Königstein 1956
WOLFF, F., Elsässisches Burgenlexikon, Straßburg 1908

*(E. Die gotische Burg — nach einzelnen Bauwerken):*

BORNHEIM gen. SCHILLING, W., Schloß Bürresheim, München-Berlin 1952
CLASEN, K. H., Der Hochmeisterpalast der Marienburg, Königsberg 1924

Clasen, K. H., Marienburg und Marienwerder, Berlin 1931
Diemand, A., Die Harburg im Ries, Regensburg 1930
Ebhardt, B., Die Hohkönigsburg im Elsaß, Baugeschichtl. Untersuchung und Bericht über die Wiederherstellung, Berlin 1908
Fehr, G., Burg Karlstein, Berlin 1944
Fehr, G., Benedikt Ried, München 1961
Hager, L., Burg zu Burghausen, Amtl. Führer, München 1957
Hiecke, R., Die Marksburg, München-Berlin 1952
Menclová, D., České hrady, Prag 1972
Merz, W., Die Lenzburg, Aarau 1904
Michel, Fr., Burg Eltz, München-Berlin 1952
Niess, P., Die Ronneburg, Marksburg 1936
Schmid, B., Die Marienburg, ihre Baugeschichte, Würzburg 1955
Schwemmer, W., Die Burg zu Nürnberg, Berlin 1944
Schürer, O., Prag, Kultur, Kunst, Geschichte. Stuttgart 1943 (5)

*(F. Die festen Schlösser):*

Brunnen, H., Burg Trausnitz/Landshut. Amtl. Führer. München 1956
v. Freeden, M. H., Festung Marienberg. Berlin 1944
Hotz, W., Die Hartenburg im 16. Jahrhundert, in: Mannheimer Geschichtsblätter 1937
Khevenhüller, G.-Metzsch, Die Burg Hochosterwitz in Kärnten und ihre Geschichte, Klagenfurth 1953
Lang, R., Der Unot zu Schaffhausen, in: 16. Neujahrsblatt des hist.-antiquar. Vereins u. d. Kunstvereins Schaffhausen 1909/10
Mader, H., Bau- und Kunstgeschichte der Plassenburg, Erlangen 1933
v. Reitzenstein, A., Ottheinrich von der Pfalz, Bremen-Berlin 1938
Thulin, O., Schloß Hartenfels zu Torgau, Berlin 1947
Zeller, A., Das Heidelberger Schloß, Heidelberg 1905

*(Anhang I: Burgen Kaiser Friedrichs II. in Italien):*

Agnello, G., L'Architettura sueva in Sicilia, Rom 1935
Bottari, St., Monumenti Suevi di Sicilia, Palermo 1950
Hahn, H., Hohenstaufenburgen in Süditalien, München 1961
Haseloff, A., Die Bauten der Hohenstaufen in Unteritalien, Leipzig 1920
Ipser, K., Kaiser Friedrich II., Leben und Werk in Italien, Leipzig 1942
Kantorowicz, E., Kaiser Friedrich II., 2 Bde. Berlin 1927 und 1931 (Neudruck 1963)

KRÖNIG, W., Staufische Baukunst in Unteritalien (Kunsthistorikertagung 1948) Berlin 1950
STHAMER, E. Dokumente zur Geschichte der Kastellbauten Kaiser Friedrichs II. und Karls I. von Anjou, Leipzig 1912 und 1926
STHAMER, E., Die Verwaltung der Kastelle im Königreich Sizilien unter Kaiser Friedrich II. und Karl I. von Anjou, Leipzig 1914
WALDBURG-WOLFEGG, Graf H., Vom Südreich der Hohenstaufen. München 1954
WILLEMSEN, C. A., Kaiser Friedrichs II. Triumphtor zu Capua. Wiesbaden 1953
WILLEMSEN, C. A., Castel del Monte. Wiesbaden 1955

*(Anhang II: Kreuzfahrerburgen im Morgenland):*

ENLART, C., Les monuments des croisés dans le royaume de Jérusalem, Paris 1925—28
FEDDEN, R., und THOMSON, J., Kreuzfahrerburgen im heiligen Land (Crusades Castles), Wiesbaden 1959
GEYER, M., Die Kreuzzüge und der Burgenbau im Abend- und Morgenland. Diss. Dresden
MÜLLER-WIENER, W., Burgen der Kreuzritter im Heiligen Land, auf Zypern und in der Ägäis, München 1966

*(Anhang III: Die Kirchenburgen):*

C. TH. MÜLLER, A. v. REITZENSTEIN, H. R. ROSEMANN, Die Kunst in Siebenbürgen, Berlin 1934
SIGERUS, E., Siebenbürgisch-sächsische Kirchenburgen, Hermannstadt 1923
ZILLICH, H., Siebenbürgen und seine Wehrbauten, Königstein und Leipzig 1941

# REGISTER

## A. Burgen und Orte

Z = Zeichnung im Text T = Tafel im Bildteil

## B. Künstler

# FOTONACHWEIS

Lala Aufsberg, Sonthofen: 40, 45, 58, 61, 63, 85, 86, 87, 89, 99, 100, 101, 103, 109, 110, 112, 119, 122 b, 125, 126, 128, 132, 148, 149, 151, 153, 154, 155, 158, 159, 161, 163, 164, 165, 166, 172, 175, 187, 190, 193, 207

Bayerische Staatsgemäldesammlungen, München: 8 b

Bildarchiv Foto Marburg, Marburg: 2, 136, 137, 141, 142, 144, 200

Dr. Harald Busch, Frankfurt/Main: 4, 5, 143

Rappr. Drescher, Meran: 185

Dr. Harro Frels, Göttingen: 131

Dr. Eva Frodl-Kraft, Wien: 12, 13

Hermann Hessler, Frankfurt/Main: 6, 177

Dr. Walter Hotz, Reinheim: 3, 15, 19 b, 23 a, 41, 49, 55, 59, 83, 84, 96, 98, 122 a, 123, 124, 127, 129, 133, 174, 179, 191, 202, 203

Jos. Jeiter, Hadamar: 93, 196

Kokott, Burghausen: 169

W. Kratt, Karlsruhe: 11

Landesbildstelle Württemberg, Stuttgart: 10

Landeskonservator Rheinland, Bonn: 94, 156, 162, 176

Landeskonservator von Westfalen-Lippe, Münster: 104, 105, 160

MAS, Barcelona: 1

Niederschlesisches Bildarchiv, Herder-Institut, Marburg: 197

Karl Christian Raulfs/Fotoarchiv Dr. Hotz, Reinheim: 16, 17, 18, 19 a, 20, 21, 22, 23 b, 24 a, 24 b, 25, 26, 27, 28 a, 28 b, 29, 30, 31, 32, 33 a, 33 b, 34 a, 34 b, 35, 39, 42, 43, 46, 47, 48, 54, 56, 57, 62, 64, 65, 66, 67, 68, 69, 70, 71, 72, 73 a, 73 b, 74, 75, 76, 77, 78, 79, 80, 81, 82, 90, 91, 97, 106, 108, 113 a, 113 b, 115, 118, 120, 182, 183, 204, 205

Hans Retzlaff, Tann: 9, 201

Hans Saebens, Worpswede: 95, 171

Schleswig-Holsteinisches Landesmuseum, Schleswig: 180

Helga Schmidt-Glassner, Stuttgart: 7, 88, 92, 94, 107, 130, 134, 135, 140, 145, 146, 147, 152, 157, 167, 169, 170, 173, 181, 184, 186, 188, 189, 194, 195, 198, 199, 206, 208

Hedi u. Theodor Seeger, Egg (Zürich): 36a, 36b, 37, 44, 50, 51, 52, 53, 111, 116, 117, 121, 130, 150, 192

Aus dem Blauen Buch „Siebenbürgen – Ein abendländisches Schicksal": 178

Ehem. Staatliche Bildstelle, München: 60, 138, 139

Staatliche Museen, Kupferstichkabinett, Berlin-Dahlem: 8a

Stadtgeschichtliches Museum, Frankfurt: 38

Dr. Dieter Weirich: 14

Otto Ernst Wülfing, Düsseldorf: 102

1 S. Maria de Naranco bei Oviedo (Spanien). Ehem. Königshalle

2 Aachen, Münster. Oberer Umgang mit Thron Karls des Großen

3 Würzburg, Feste Marienberg. Kapelle

4 Goslar, Kaiserhaus mit Ulrichskapelle

5 Goslar, Ulrichskapelle

6 Krukenburg bei Helmarshausen, Kapelle

7 Donaustauf bei Regensburg, Torturm mit Kapelle

8 a  Bamberg, Pfalz Heinrichs II., nach Zeichnung um 1480
8 b  Nimwegen, Valkhof, nach Gemälde von Jan van Goyen, 1646

9 Regensburg, Saal im ehem. Herzogshof

10 Komburg, Klostertor mit Michaelskapelle

11 Schweinberg bei Wertheim, Fenster aus der Burg
(Karlsruhe, Landesmuseum)

12 Burg Tirol, Portal zur Kapelle

13 Hocheppan (Südtirol), Apsiden der Burgkapelle

14 Nimwegen, Valkhof. Apsis der von Friedrich Barbarossa errichteten Kapelle

15 Hagenau, Bild eines christlichen Kaisers aus der Kapelle der Kaiserpfalz (Museum)

16 Gelnhausen, Kaiserpfalz. Palas, Torhalle mit Kapelle und Turm

17 Gelnhausen, Kaiserpfalz. Torhalle

18 Gelnhausen, Kaiserpfalz. Palasarkaden

19 a Gelnhausen, Kaiserpfalz. Kämpferornament im Palas
19 b Hagenau, Ehem. Kaiserpfalz. Kämpferornament (Museum)

20 Gelnhausen, Kaiserpfalz. Säule im Palas

21 Gelnhausen, Kaiserpfalz, Palas. Figur an einem Kapitell

22 Gelnhausen, Kaiserpfalz. Säule im Palas

23 a Hagenau, Ehem. Kaiserpfalz. Sirene als Friesfüllung (Museum)
23 b Gelnhausen, Kaiserpfalz. Bärtiger Kopf als Konsole

24 a Gelnhausen, Kaiserpfalz. Säule
24 b Burg Münzenberg (Wetterau), Palas. Säule am Kamin

25 Gelnhausen, Kaiserpfalz. Teil des Kamins im Palas

26 Gelnhausen, Kaiserpfalz. Schmuckplatte am Palaskamin

27 Kaiserslautern, Ehem. Kaiserpfalz. Bruchstück einer Schmuckplatte
(Museum)

28 a Kaiserslautern, Ehem. Kaiserpfalz. Bruchstück eines Löwen
28 b Kaiserslautern, Ehem. Kaiserpfalz. Ruinenansicht nach Zeichnung

29 Burg Münzenberg, Südseite

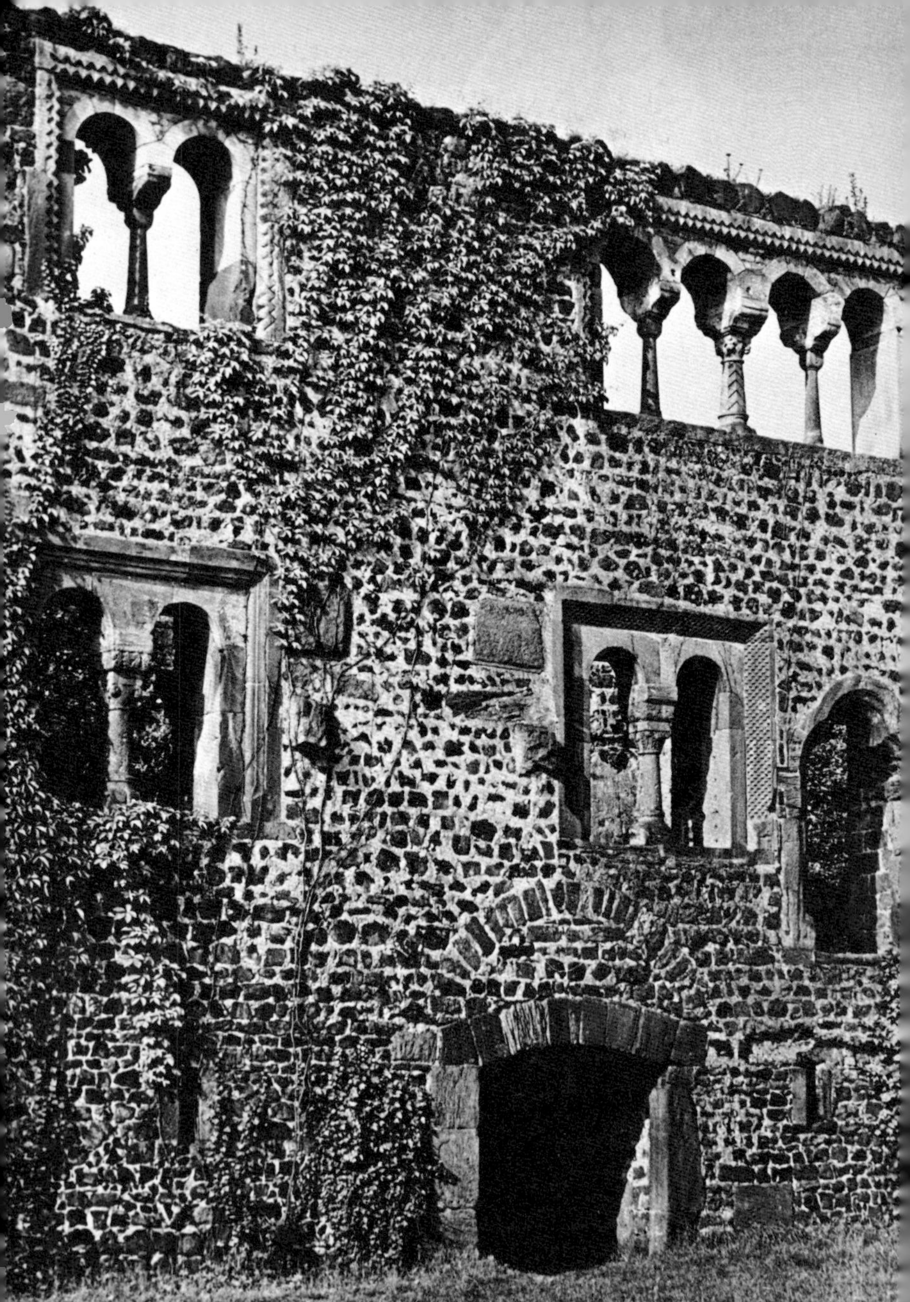

30 Münzenberg, Palas

31 Münzenberg, Palas. Galerie des Saals

32 Münzenberg, Fenster am Palas

33 a Münzenberg, Kämpferornament
33 b Münzenberg, Kämpferornament

34 a  Münzenberg, Säule von einem Kamin
34 b  Wimpfen, Kaiserpfalz. Säule im Hause Schwibbogenstraße 83

35 Burg Hohenecken, Fenster im Palas

36 a  Burg Kinzheim, Maske an einem Eckquader
36 b  Girbaden (Elsaß), Kapitell aus dem Palas

37 Landsberg (Elsaß), Kapellenerker in der Palaswand

38 Frankfurt, Saalhof. Wandgliederung der Kapelle

39 Schloßeck bei Bad Dürkheim (Pfalz), Portal

40 Burgprozelten, Inneres Tor. Dahinter kleiner Bergfried

41 Wildenberg (Odenwald), Torturm mit Erker der St. Georgskapelle

42 Wildenberg, Doppelfenster im Palas-Erdgeschoß

43 Wildenberg, Schmuckplatte aus dem Wohnbau (Amorbach)

44 Bernstein (Elsaß), Palas

45 Hohenrechberg (Schwaben), Palas

46 Wimpfen, Kaiserpfalz. Roter Turm

47 Wimpfen, Kaiserpfalz. Säulengang im Palas

48 Wimpfen, Kaiserpfalz. Arkatur des Palas

49 Wimpfen, Kaiserpfalz. Portal zur Kapelle

50 Ulrichsburg (Elsaß), Palasfenster

51 Ulrichsburg, Palasarkaden von innen

52 Ulrichsburg bei Rappoltsweiler

53 Rathsamhausen bei Ottrott (Elsaß), Teil des Palaskamins

54 Salzburg (Franken), Tor

55 Trifels, Brunnenturm

56 Trifels, Kapitell

57 Trifels, Kapellenerker am Turm

58 Breuberg (Odenwald), Inneres Burgtor

59 Hohbarr (Elsaß), Kapelle

60 Kaiserswerth, Kaiserpfalz. Ruinen des Palas

61 Nürnberg, Kaiserburg. Heidenturm mit Kapelle und Palasgiebel

62 Nürnberg, Kaiserburg. Unterkapelle

63 Nürnberg, Kaiserburg. Oberkapelle

64 Nürnberg, Kaiserburg. Kapitell in der Oberkapelle

65 Eger, Kaiserpfalz. Kapitell in der Oberkapelle

66 Eger, Kaiserpfalz. Unterkapelle

67 Eger, Kaiserpfalz. Oberkapelle

68 Eger, Kaiserpfalz. Oberkapelle mit Alabastersäule

69 Eger, Kaiserpfalz. Kapitellmasken in der Oberkapelle

70 Eger, Kaiserpfalz, „Schwarzer Turm“

71 Wartburg, Figürliches Kapitell im Palas

72 Wartburg, Arkaden der Hofwand des Palas

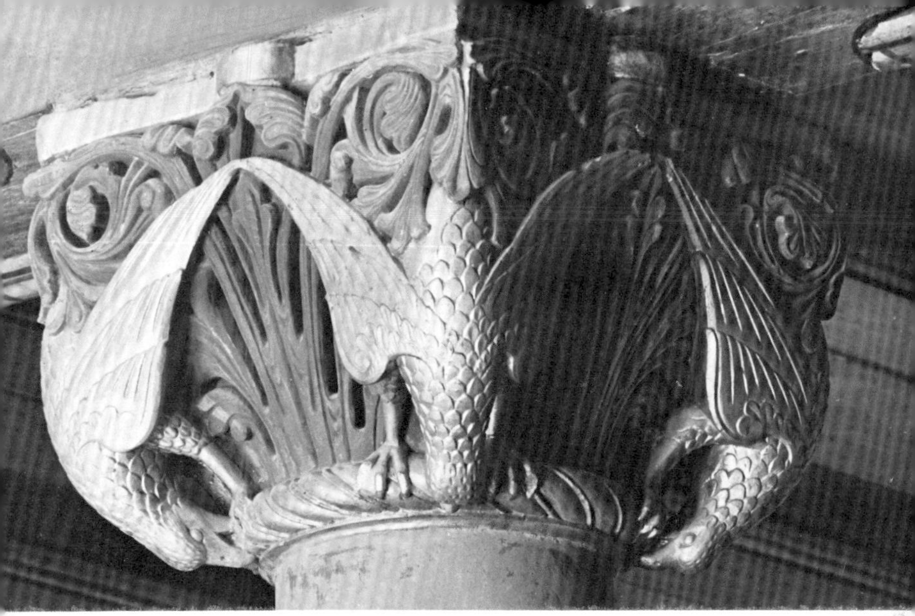

73 a Wartburg, Palas. Kapitell im Landgrafenzimmer
73 b Wartburg, Palas. Kapitell in den Hofarkaden

74 Landsberg bei Halle an der Saale, Burgkapelle von Osten

75 Landsberg bei Halle, Oberkapelle

76 Landsberg bei Halle, Portal zur Burgkapelle

77 Neuenburg an der Unstrut, Unterkapelle

78 Neuenburg an der Unstrut, Mittelpfeiler der Oberkapelle

79 Burg Gnandstein (Sachsen), Palas

80 Rudelsburg bei Bad Kösen an der Saale

81 Lobedaburg bei Jena, Turmpalas

82 Schönburg bei Naumburg an der Saale, Palas und Bergfried

83 Boymont (Südtirol), Bergfried und Palas

84 Steinsberg im Kraichgau, Ringmauer und Bergfried

85 Gräfenstein (Pfalz), Kernburg. Mantelmauer mit Bergfried

86 Burg Liebenzell im Nagoldtal, Schildmauer und Bergfried

87 Burg Berneck (Schwarzwald), Schildmauer

88 Burg Haag (Oberbayern), Wohnturm

89 Burg Bruck bei Lienz, Wohnturm

90 Salzburg (Franken)

91 Burg Rothenfels am Main

92 Burg Flossenbürg (Oberpfalz)

93 Burg Runkel an der Lahn

94 Kleve, Schwanenburg, Archivolte am Portal

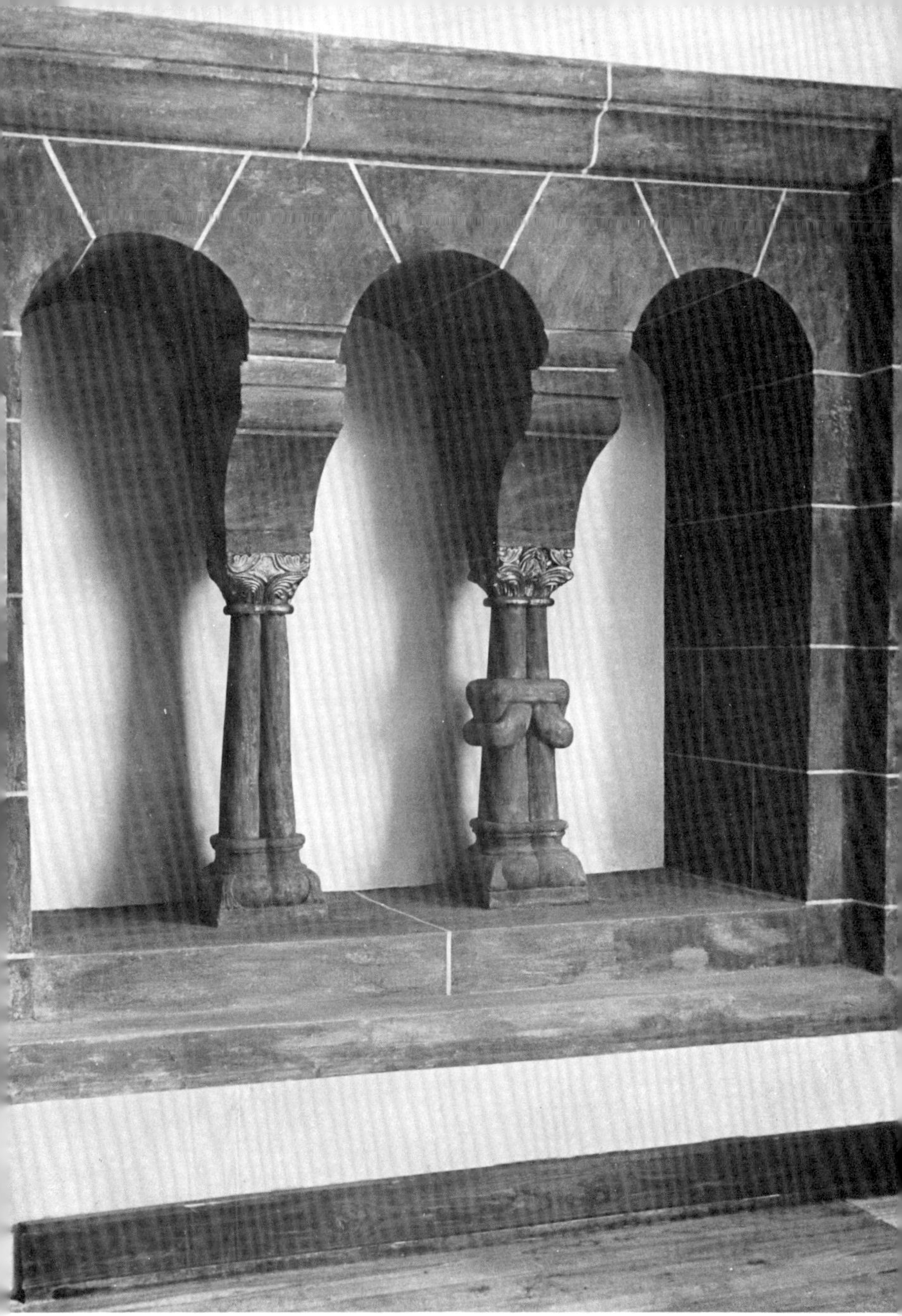

95 Schloß Büdingen, Arkade im Palas

96 Schloß Babenhausen (Hessen). Ehem. Palas, Arkatur der Erdgeschoßhalle

97 Wildenberg, Palas. Kapitelle im oberen Saal

98 Wildenberg, Palas. Fenstergruppe des Festsaals

99 Vianden (Luxemburg), Portal zum Palas

100 Neckarsteinach, Hinterburg. Palas

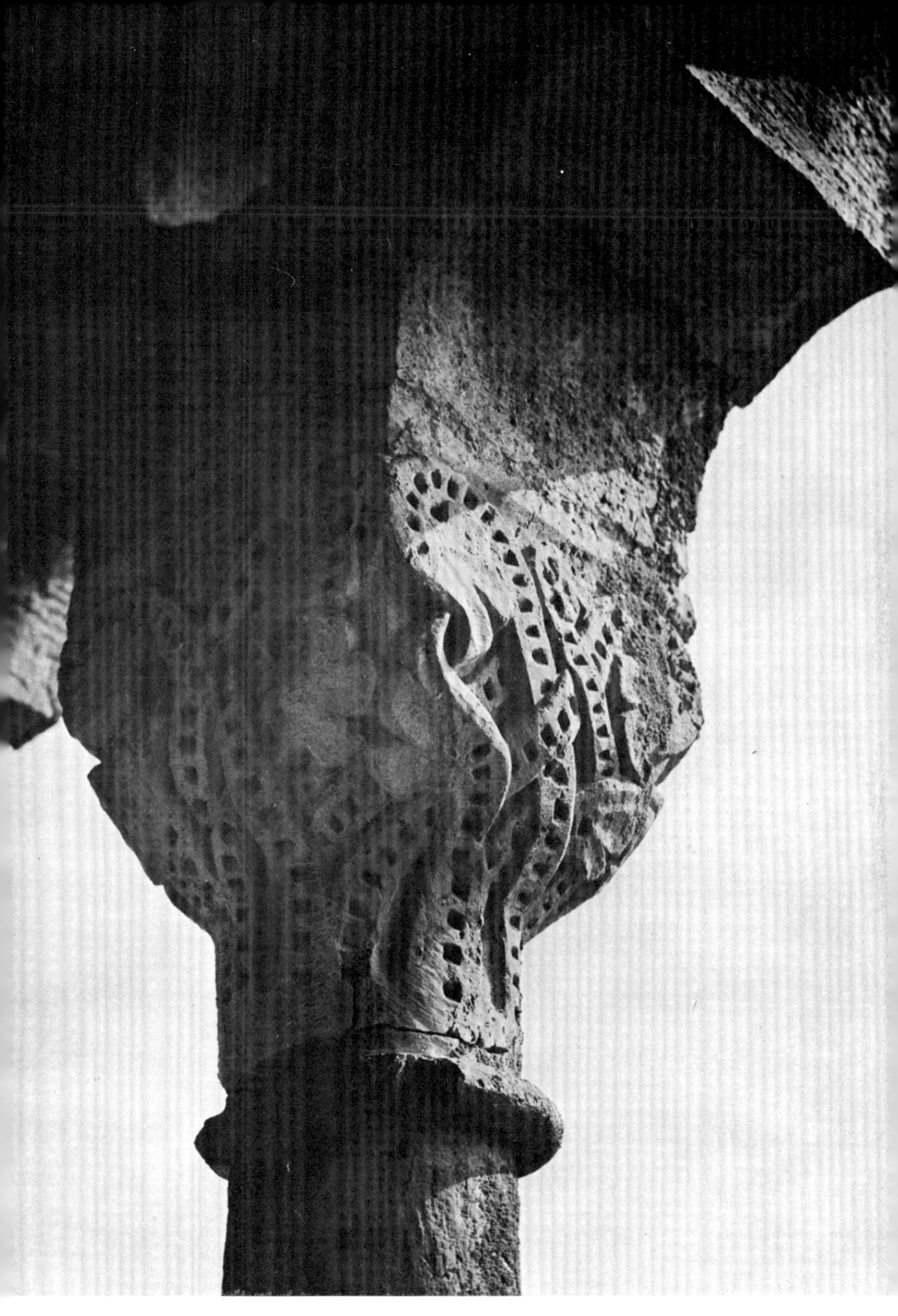

101 Leofels im Jagsttal, Kapitell im Palas

102 Leofels im Jagsttal, Palaswand

103 Lahr, ehem. Wasserburg. Eckturm („Storchenturm“)

104 Rheda (Westfalen), Burg mit Torturm

105 Rheda, Kapelle im Torturm der Burg

106 Burg Krautheim an der Jagst, Kapitell in der Kapelle

107 Burg Neipperg, Kamin im Wohnturm

108 Burg Krautheim, Palasportal

109 Burg Vianden (Luxemburg), Kapelle und Palasgiebel

110 Burg Vianden, Oberkapelle

111 Oberburg Kobern an der Mosel, Matthiaskapelle

112 Oberburg Kobern, Matthiaskapelle und Bergfried

113 Salzburg (Franken), Kapitelle aus dem großen Palasfenster

114 Salzburg (Franken), Palas (sog. „Münze“)

115 Burgprozelten am Main, Palas

116 Wasenburg (Elsaß), Palas und Schildmauer

117 Burg Kinzheim (Elsaß), Teil des Palas und Bergfried

118 Spangenberg (Pfalz)

119 Hohengeroldseck (Schwarzwald), Palas

120 Ehrenstein (Thüringen)

121 Ortenberg (Elsaß)

122 a Seligenstadt am Main, Kaiserhaus
122 b Gravina-di-Puglia, Schloß

123 Termoli (Molise), Sog. „Friedrichsturm“ („Torre di Federico“)

124 Castel del Monte (Apulien), Portal

125 Castel del Monte (Apulien)

126 Castel del Monte, Sog. „Thronsaal“ im Obergeschoß

127 Bari, Hafenkastell. Eckturm

128 Catania, Kastell „Ursino“

129 Castel Lagopesole, Toranlage mit angrenzenden Wohnbauten

130 Pfäffingen (Schweiz), Wohnturm

131 Friesach (Kärnten), Petersberg, Bergfried

132 Burg Katzenstein bei Nördlingen

133 Burg Fürstenberg mit Blick auf Mals (Südtirol)

134 Passau. Die Festen Niederhaus und Oberhaus

135 Lenzburg (Schweiz)

136 Marienwerder (Westpreußen). Ehem. Kapitelschloß mit Dansker

137 Marienburg (Westpreußen), Mittelschloß und Hochschloß

138 Marienburg, Hochmeisterpalast. Sommerremter

139 Marienburg, Hochmeisterpalast. Wasserseite

140 Heilsberg (Ostpreußen), Schloßhof

141 Lochstädt (Ostpreußen), Remter in der Ordensburg

142 Rehden (Westpreußen), Ordensburg

143 Marburg an der Lahn, Schloß. Sog. „Rittersaal“

144 Marburg an der Lahn, Schloßkapelle

145 Trausnitz an der Pfreimd (Oberpfalz)

146 Burg Karlstein an der Beraun (Böhmen)

147 Burg Heidenreichstein (Niederösterreich)

148 Kasselburg (Eifel), Wohnturm als Doppelturmtor

149 Ehrenburg (Hunsrück), Kernburg

150 Burg Lichtenberg (Elsaß), Wohnturm

151 Schönburg bei Oberwesel/Rhein, Mantelmauer mit Türmen und Palas

152 Burgschwalbach (Taunus)

153 Reichenberg bei St. Goarshausen am Rhein, Schildmauerturm

154 Ehrenfels am Rhein

155 Meersburg am Bodensee, Altes Schloß

156 Konradsheim (Rheinland), Palas

157 Veynau (Rheinland)

158 Marksburg bei Braubach am Rhein

159 Bürresheim in der Eifel

160 Schloß Gemen (Westfalen)

161 Pfalzgrafenstein bei Caub

162 Lechenich (Rheinland), Ecktürme und Wohnturm der Burg

163 Burg Eltz (Mosel) mit den Häusern (von rechts nach links) Platteltz, Rübenach und Rodendorf

164 Burg Eltz, Hof mit den Häusern Kempenich (links), Platteltz und Rübenach (rechts)

165 Burg Eltz, Wohnraum im Haus Rübenach

166 Burg Eltz, Sog. „Fahnensaal“ im Haus Rodendorf

167 Burghausen an der Salzach, Palas. Große Stube des Herzogs

168 Burghausen an der Salzach

169 Burghausen, Saal im Dürnitzstock

170 Blutenburg bei München, Kapelle

171 Schloß Büdingen, Kapelle

172 Burg Prunn über dem Altmühltal

173 Burg Hirschberg bei Beilngries (Oberpfalz)

174 Friedberg (Hessen), Adolfsturm in der Burg

175 Steinheim am Main, Bergfried der Burg

176 Kleve, Schwanenburg (wiederhergestellt)

177 Hall in Tirol, Bergfried der Burg Hasegg, sog. „Münzerturm“

178 Wurmloch in Siebenbürgen

179 Rapottenstein (Niederösterreich)

180 Schloß Gottorf bei Schleswig, Saal

181 Harburg an der Wörnitz

182 Kadolzburg (Franken), Hofwand des „Alten Baus“

183 Lauenstein, Saal im Thünabau

184 Runkelstein (Südtirol), Saal im Vintlertrakt

185 Churburg bei Schluderns (Vintschgau)

186 Viechtenstein (Oberösterreich)

187 Füssen (Allgäu), Hohes Schloß. Saalbau im Nordflügel

188 Hohensalzburg, Goldene Stube

189 Hohensalzburg, Großer Saal

190 Heimfels bei Sillian (Tirol)

191 Fleckenstein (Elsaß)

192 Hohkönigsburg (Elsaß), Bollwerkturm

193 Würzburg, Feste Marienberg. Scherenbergtor und Kiliansturm

194 Hornberg am Neckar. Zwingertor mit Palasgiebel und Bergfried

195 Gaildorf (Württemberg), Burgtor

196 Spangenberg (Niederhessen), Torturm

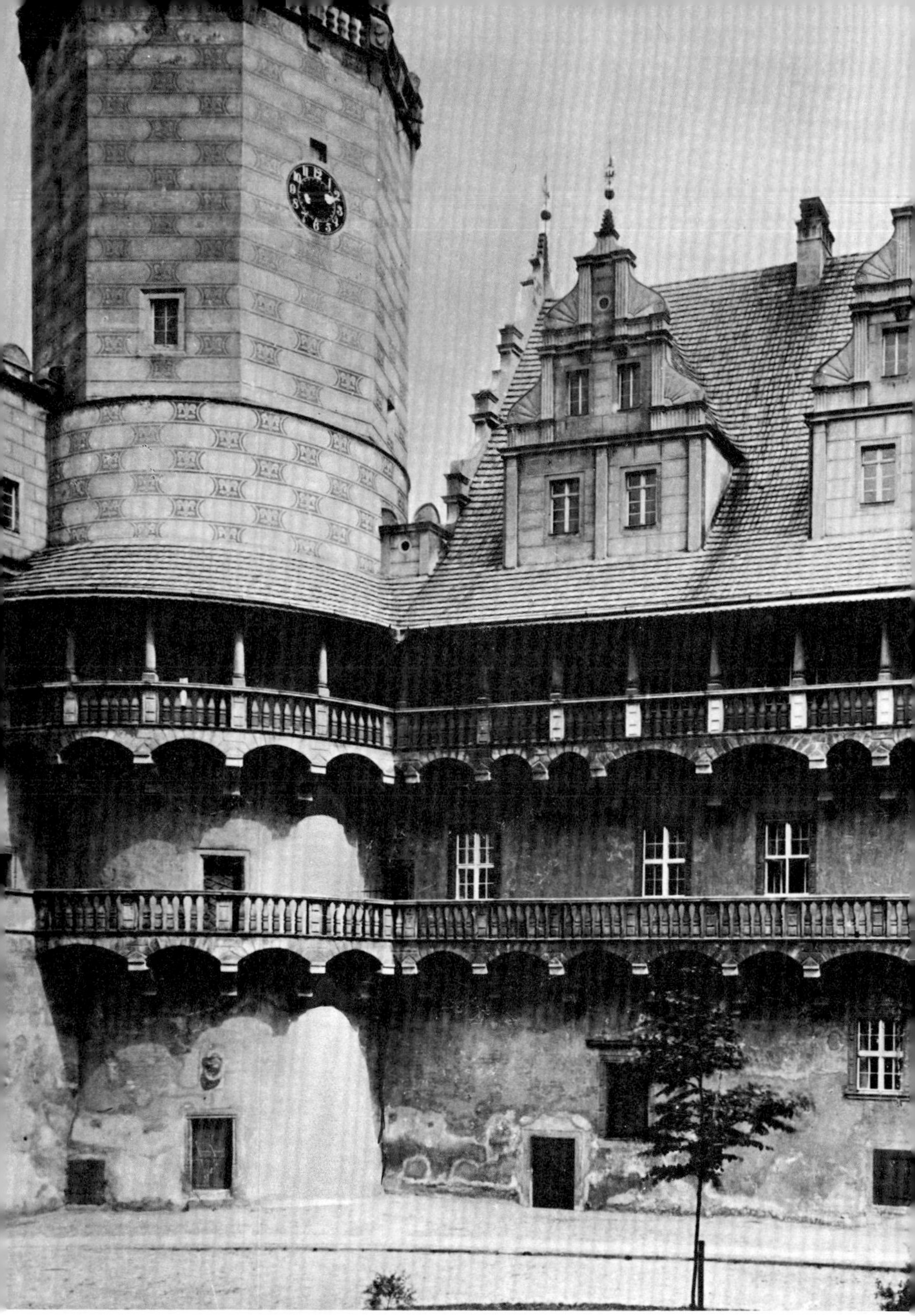

197 Öls (Schlesien), Schloßhof

198 Ingolstadt, Sog. „Schöner Saal“ im Schloß

199 Neuburg an der Donau, Schloßhof

200 Torgau, Schloß. Großer Wendelstein

201 Plassenburg bei Kulmbach, Laubengang im 1. Obergeschoß

202 Heidelberg, Schloß, Brunnenhalle

203 Heidelberg, Schloß. Apothekerturm

204 Schallaburg bei Melk (Niederösterreich)

205 Schallaburg, Arkadenhof

206 Forchtenstein im Burgenland

207 Hochosterwitz in Kärnten

208 Kapfenburg bei Aalen (Württemberg), Kapelle